JN089171

改訂新版

まるごと授業 算数 2年(上)

喜楽研の
QRコードつき授業シリーズ

授業
板書と展開がよくわかる

企画・編集：原田 善造・新川 雄也

わかる喜び学ぶ楽しさを創造する教育研究所　略称 喜楽研

はじめに

「子どもたちが楽しく学習ができた」「子どもたちのわかったという表情が嬉しかった」という声をこれまでにたくさんいただいております。喜楽研の「まるごと授業算数」を日々の授業に役立てていただき誠にありがとうございます。今回は，それを一層使いやすくなるように考え，2024年度新教科書にあわせて「喜楽研のQRコードつき授業シリーズ　改訂新版　板書と授業展開がよくわかる まるごと授業算数 1年～6年」(上下巻計12冊)を発行することにいたしました。

今回の本書の特徴は，まず，ICTの活用で学習内容を豊かにできるということです。ＱＲコードから各授業で利用できる豊富な資料を簡単にアクセスすることができます。学習意欲を高めたり，理解を深めたりすることに役立つ動画や画像，子どもたちの学習を支援するワークシートや，学習の定着に役立つふりかえりシートも整えております。また，授業準備に役立つ板書用のイラストや図も含まれています。

次に，本書では，どの子もわかる楽しい授業になることを考えて各単元を構成しています。まず，全学年を通して実体験や手を使った操作活動を取り入れた学習過程を重視しています。子ども一人ひとりが理解できるまで操作活動に取り組み，相互に関わり合うことで，協働的な学びも成り立つと考えます。具体物を使った操作活動は，それを抽象化した図や表に発展します。図や表に表すことで学習内容が目で見えるようになりイメージしやすくなります。また，ゲームやクイズを取り入れた学習活動も満載です。紙芝居を使った授業プランもあります。それらは，子どもたちが楽しく学習に入っていけるように，そして，協働的な学びの中で学習内容が習熟できるような内容になっています。全国の地道に算数の授業づくりをしておられる先生方の情報を参考にしながらまとめ上げた内容になっています。

学校現場は，長時間勤務と多忙化に加えて，画一的な管理も一層厳しくなっていると聞きます。新型コロナ感染症の流行もありました。デジタル端末を使用することで学び方も大きく影響されてきています。そんな状況にあっても，未来を担う子どもたちのために，楽しくてわかる授業がしたいと，日々奮闘されている先生方がおられます。また，新たに教員になり，子どもたちと楽しい算数の授業をしてともに成長していきたいと願っている先生方もおられます。本書を刊行するにあたり，そのような先生方に敬意の念とエールを送るとともに，楽しくわかる授業を作り出していく参考としてお役に立ち，「楽しくわかる授業」を作り出していく輪が広がっていくことを心から願っています。

2024年3月

本書の特色

すべての単元・すべての授業の指導の流れがわかる

学習する全単元・全授業の進め方を掲載しています。学級での日々の授業や参観日の授業，研究授業や指導計画作成等の参考にしていただけます。

各単元の練習問題やテストの時間も必要なため，本書の各単元の授業時数は，教科書より少ない配当時数にしています。

1時間の展開例や板書例を見開き２ページでわかりやすく説明

実際の板書をイメージできるように，板書例を２色刷りで大きく掲載しています。また，細かい指導の流れについては，３～４の展開に分けて詳しく説明しています。どのように発問や指示をすればよいかが具体的にわかります。先生方の発問や指示の参考にしてください。

QR コンテンツの利用で，わかりやすく楽しい授業，きれいな板書づくりができる

各授業展開ページの QR コードに，それぞれの授業で活用できる画像やイラスト，ワークシートなどの QR コンテンツを収録しています。印刷して配布するか，タブレットなどのデジタル端末に配信することで，より楽しくわかりやすい授業づくりをサポートします。画像やイラストは大きく掲示すれば，きれいな板書づくりにも役立ちます。

ベテラン教師によるポイント解説や教具の紹介なども収録していますので参考にしてください。

ICT 活用のアイデアも掲載

それぞれの授業展開に応じて，電子黒板やデジタル端末などの ITC 機器の活用例を掲載しています。子ども自身や学校やクラスの実態にあわせて ICT 活用実践の参考にしてください。

2年（上）目 次

はじめに …… 2
本書の特色 …… 3
本書の使い方 …… 6
QR コンテンツについて …… 8

ひょうとグラフ

学習にあたって・指導計画 …… 10
第 1 時　種類別に表に表す …… 12
第 2 時　表をグラフに表す …… 14
第 3 時　表とグラフに表す …… 16

たし算のひっ算

学習にあたって・指導計画 …… 20
第 1 時　2 位数+2 位数（繰り上がりなし） …… 22
第 2 時　1，2 位数+1，2 位数（繰り上がりなし） …… 24
第 3 時　2 位数+2 位数（繰り上がりあり）① …… 26
第 4 時　2 位数+2 位数（繰り上がりあり）② …… 28
第 5・6 時　1, 2 位数+1, 2 位数 …… 30
第 7 時　たし算のきまり …… 32
第 8 時　たし算の文章問題 …… 34

ひき算のひっ算

学習にあたって・指導計画 …… 36
第 1 時　2 位数−2 位数（繰り下がりなし） …… 38
第 2 時　2 位数−1, 2 位数（繰り下がりなし） …… 40

QR コンテンツについて

授業内容を充実させるコンテンツを多数ご用意しました。右の QR コードを読み取るか下記 URL よりご利用ください。

URL: https://d-kiraku.com/4545/4545index.html
ユーザー名：kirakuken
パスワード：QcC8rm

※ 各授業ページの QR コードからも，それぞれの時間で活用できる QR コンテンツを読み取ることができます。
※ 上記 URL は，学習指導要領の次回改訂が実施されるまで有効です。

第 3 時　2 位数−1 位数（1 年生の計算） …… 42
第 4 時　2 位数−2 位数（繰り下がりあり） …… 44
第 5 時　2 位数（何十）−2 位数（繰り下がりあり） …… 46
第 6 時　2 位数−1, 2 位数（繰り下がりあり） …… 48
第 7 時　たし算とひき算の関係 …… 50
第 8 時　ひき算（求差）の文章問題 …… 52
第 9 時　たし算ひき算の文章問題 …… 54

長さのたんい

学習にあたって・指導計画 …… 58
第 1・2 時　長さ比べゲーム …… 60
第 3 時　長さの単位（cm）普遍単位 …… 62
第 4 時　cm ものさしを作る …… 64
第 5 時　cm より短い単位（mm） …… 66
第 6 時　30cm ものさしで測定する …… 68
第 7 時　長さの単位換算 …… 70
第 8 時　直線をひく …… 72
第 9 時　長さのたし算・ひき算 …… 74

1000 までの数

学習にあたって・指導計画 …… 78
第１時　３位数になる数を調べる …… 80
第２時　３位数の読み方・書き方 …… 82
第３時　空位のある３位数の読み方・書き方 …… 84
第４時　３位数の構成 …… 86
第５時　３位数の相対的な大きさ …… 88
第６時　数直線 …… 90
第７時　1000（千）という数 …… 92
第８時　数の大小 …… 94
第９時　何十，何百のたし算・ひき算 …… 96

水のかさのたんい

学習にあたって・指導計画 …… 100
第１時　かさ比べ　水運びリレー① …… 102
第２時　かさの単位（dL）　普遍単位 …… 104
第３時　かさの単位（L） …… 106
第４・５時　L と dL で表す　水運びリレー② …… 108
第６時　かさの単位（mL） …… 110
第７・８時　かさのたし算・ひき算 …… 112

時こくと時間

学習にあたって・指導計画 …… 114
第１時　時刻から時間を求める …… 116
第２時　時刻を求める …… 118
第３時　１日の時刻と時間 …… 120

計算のくふう

学習にあたって・指導計画 …… 124
第１時　３つの数のたし算 …… 126
第２時　（　）を使った式の計算 …… 128

たし算とひき算のひっ算

学習にあたって・指導計画 …… 130
第１時　２位数＋２位数＝３位数（百の位へ繰り上がり） …… 132
第２時　２位数＋２位数＝３位数（十・百の位へ繰り上がり） …… 134
第３時　２位数＋1，２位数＝３位数 …… 136
第４時　３位数−２位数（百の位から繰り下がり） …… 138
第５時　３位数−２位数（十・百の位から繰り下がり） …… 140
第６時　（百何）−1，２位数 …… 142
第７時　百−1，２位数 …… 144
第８時　３位数＋1，２位数 …… 146
第９時　３位数−1，２位数 …… 148

三角形と四角形

学習にあたって・指導計画 …… 152
第１時　三角形づくりゲーム …… 154
第２・３時　四角形づくりゲーム …… 156
第４時　直角 …… 158
第５時　長方形 …… 160
第６時　正方形 …… 162
第７・８時　直角三角形 …… 164

本書の使い方

◆ 板書例

時間ごとに表題（見出し）を記載し，1～4の展開に合わせて，およそ黒板を4つに分けて記載しています。（展開に合わせて1～4の番号を振っています）大切な箇所や「まとめ」は赤字や赤の枠を使用しています。ブロック操作など，実際は操作や作業などの活動もわかりやすいように記載しています。

◆ 目標

1時間の学習を通して，児童に身につけてほしい具体的目標を記載しています。

◆ POINT

時間ごとの授業のポイントやコツ，教師が身につけておきたいスキル等を記載しています。

◆ 授業の展開

① 1時間の授業の中身を3～4コマの場面に切り分け，およその授業内容を記載しています。

② Tは教師の発問等，Cは児童の発言や反応を記載しています。

③ 枠の中に，教師や児童の顔イラスト，吹き出し，説明図等を使って，授業の進め方をイメージしやすいように記載しています。

第1時
2位数－2位数
繰り下がりなし

本時の目標：2位数－2位数で，繰り下がりなしの筆算方法を理解し，計算ができる。

板書例

あめは 何こ のこって いますか

1 あめが 38 こ ありました。
26 こ 食べました。
あめは 何こ のこって いますか。

しき　38－26

答え　12こ

2

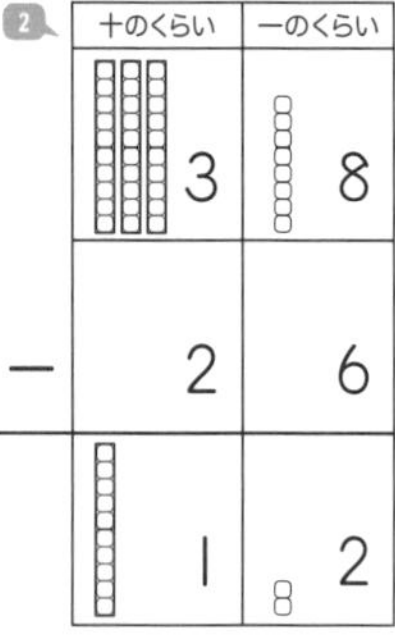

	十のくらい	一のくらい
	3	8
－	2	6
	1	2

POINT たし算と同じように，具体物→半具体物→数字と抽象化させながら，筆算ができるようにします。

1 あめを算数ブロックに置き換えて考えよう

問題文を提示する。

C　残りを求めるからひき算です。38－26です。
T　あめを算数ブロックに置き換えて，答えを考えてみましょう。

このひき算の問題の場合，38個から26個を取るので，26個があるわけではない。そのため，ひく数は数字だけで表す。

2 ブロックを「位の部屋」に入れて，答えを求めよう

T　ブロックを「位の部屋」に入れましょう。

まずは，ブロック操作で答えを確かめる。

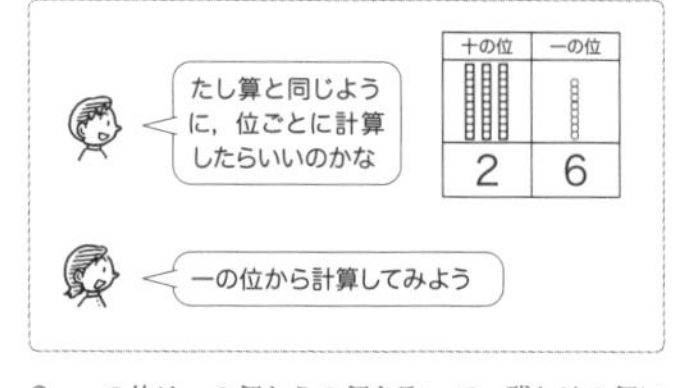

C　一の位は，8個から6個を取って，残りは2個になります。
C　十の位は，3本から2本を取って，残りが1本になります。
C　答えは，10が1本と1が2個で12です。
C　ひき算も，たし算と同じように位ごとに計算したらいいね。

40

◆ **準備物**

1時間の授業で使用する準備物を記載しています。準備物の数量は，児童の人数やグループ数などでも異なってきますので，確認して準備してください。

QRは，QRコードから使用できます。

◆ **ICT**

各授業案のICT活用例を記載しています。

◆ **QRコード**

1時間の授業で使用するQRコンテンツを読み取ることができます。

印刷して配布するか，児童のタブレットなどに配信してご利用ください。

（QRコンテンツの内容については，本書p8, 9で詳しく紹介しています）

※QRコンテンツがない時間には，QRコードは記載されていません。

※QRコンテンツを読み取る際には，パスワードが必要です。パスワードは本書p4に記載されています。

準備物
・算数ブロック（板書用，児童用）
QR ふりかえりシート
QR 動画「38 − 26」

ICT
たし算の筆算と同様に，実物投影機でブロック操作を拡大表示しながら，ノートに筆算の書き方を指導すると，児童の理解を深めることに繋がる。

3 <ひっ算をしよう>

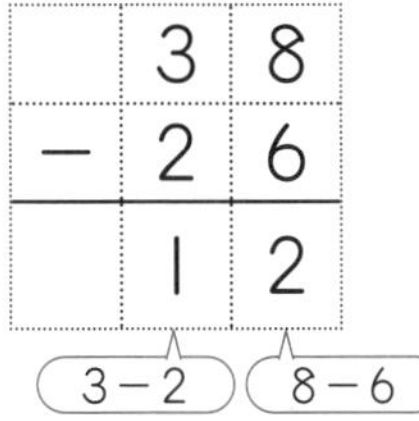

4 47 − 15

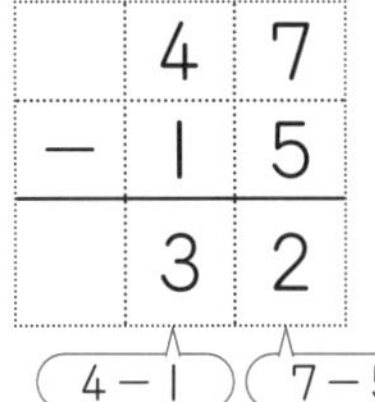

・くらいを そろえて かく

・くらいごとに 計算する

3 ブロックで操作したことを，数字に置き換えてみよう

T　ブロックを動かしたように，計算をやってみましょう。ブロックの横に数字を書く。

C　一の位は，8 − 6 = 2 で 2 を書きます。

C　十の位は，3 − 2 = 1 で 1 を書きます。

C　答えは 12 になります。

T　ノート（5mm 方眼）を利用して，38 − 26 を筆算でしてみましょう。

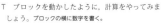

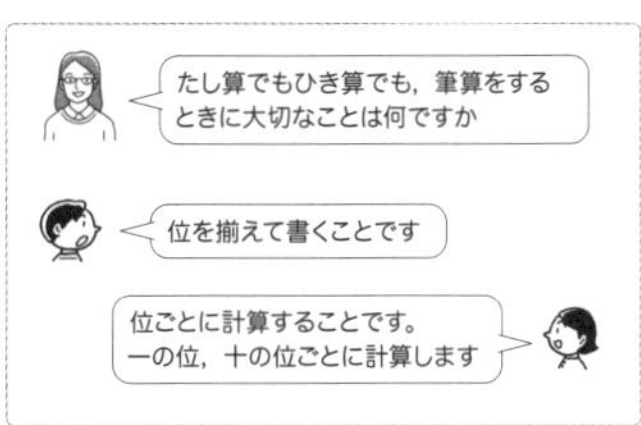

たし算でもひき算でも，筆算をするときに大切なことは何ですか
位を揃えて書くことです
位ごとに計算することです。一の位，十の位ごとに計算します

4 47 − 15 を筆算でしてみよう

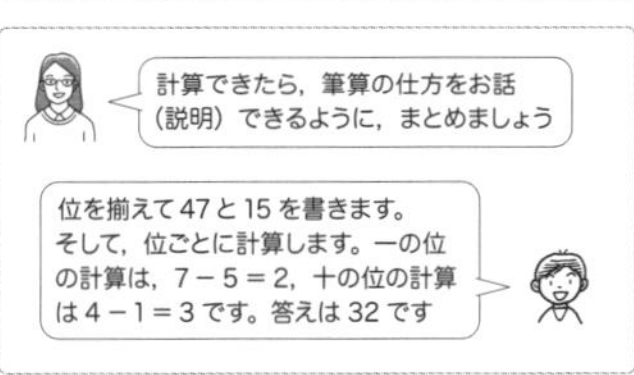

C　筆算は，一の位から計算をしておくとよかったね。ひき算も同じかな。

ブロック操作をして答えを確かめる。

たし算の筆算の学習を生かして，たし算との共通点を見出しながら，ひき算の筆算の仕方をも子どもたち自らで解決できるようにしたい。

ふりかえりシートを活用する。

ひき算のひっ算　39

QR コンテンツの利用で
楽しい授業・わかる授業ができる

見てわかる・理解が深まる動画や画像

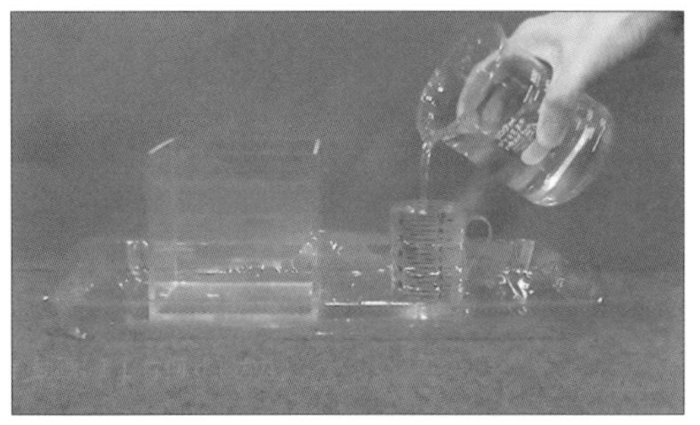

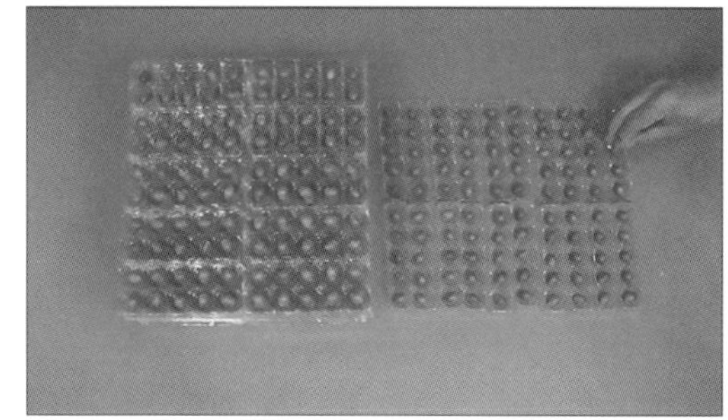

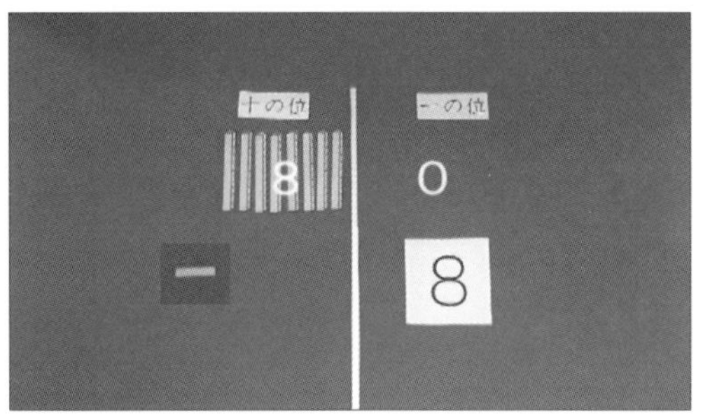

文章や口頭では説明の難しい内容は，映像を見せることでわかりやすく説明できます。視覚に訴えかけることで，児童の理解を深めると同時に，児童が興味を持って授業に取り組めます。

※動画には音声が含まれていないものもあります。

授業のポイント解説や簡単で便利な教具などを紹介

各学年でポイントとなる単元の解説やカードを使った計算ゲームなど，算数のベテラン教師による動画が視聴できます。楽しいだけでなく，どの子も「わかる」授業ができるような工夫が詰め込まれています。

指導のポイント・教具紹介　　板書用絵カード

授業で使える「ふりかえりシート」「ワークシート」

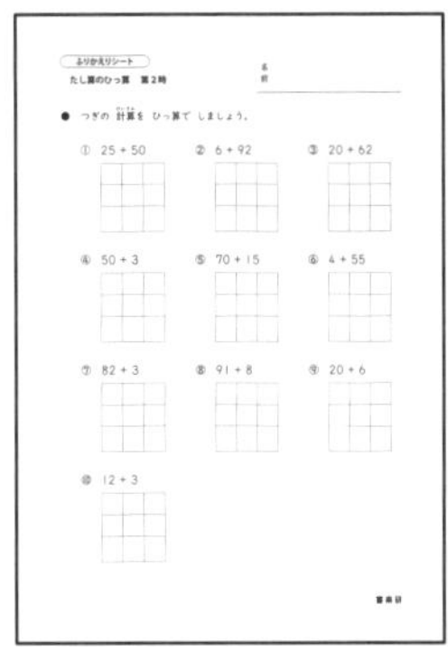

ふりかえりシート
たし算のひっ算　第２時
名前

● つぎの 計算を ひっ算で しましょう。

① 25 + 50　② 6 + 92　③ 20 + 62
④ 50 + 3　⑤ 70 + 15　⑥ 4 + 55
⑦ 82 + 3　⑧ 91 + 8　⑨ 20 + 6
⑩ 12 + 3

喜楽研

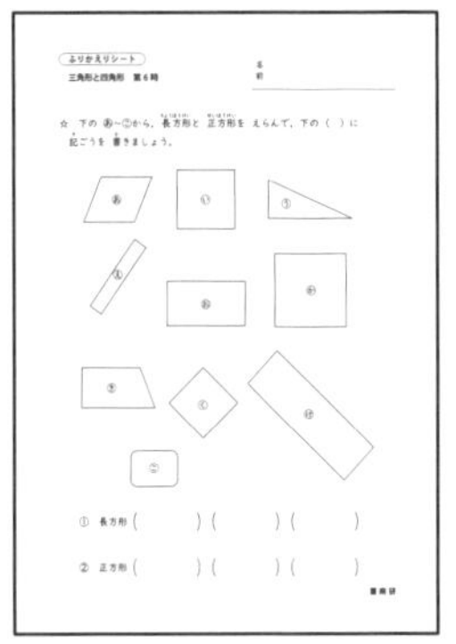

ふりかえりシート
三角形と四角形　第６時
名前

☆ 下の あ～こから，長方形と 正方形を えらんで，下の（　）に 記ごうを 書きましょう。

① 長方形（　　）（　　）（　　）
② 正方形（　　）（　　）（　　）

喜楽研

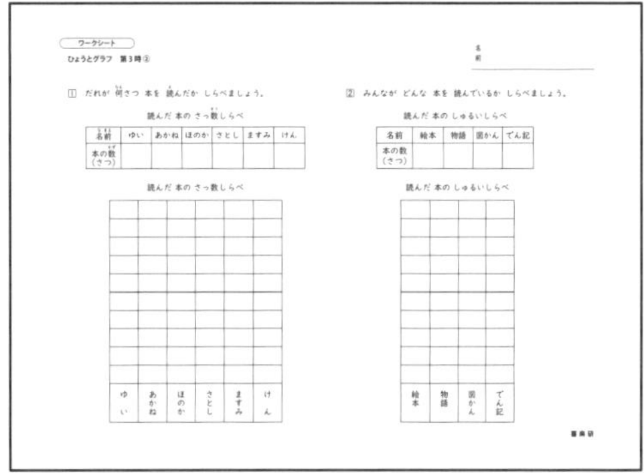

ワークシート
ひょうとグラフ　第３時②
名前

1 だれが 何さつ 本を 読んだか しらべましょう。

読んだ 本の さっ数しらべ

名前	ゆい	あかね	ほのか	さとし	ますみ	けん
本の数（さつ）						

読んだ 本の さっ数しらべ

ゆい	あかね	ほのか	さとし	ますみ	けん

2 みんなが どんな 本を 読んでいるか しらべましょう。

読んだ 本の しゅるいしらべ

名前	絵本	物語	図かん	でん記
本の数（さつ）				

読んだ 本の しゅるいしらべ

絵本	物語	図かん	でん記

喜楽研

授業の展開で使える「ワークシート」や，授業のまとめや宿題として使える「ふりかえりシート」などを収録しています。

クラスの実態や授業内容に応じて，印刷して配布するか，児童のタブレットなどに配信してご利用ください。

板書作りにも役立つ「イラストや図」「カード」

カードやイラストは，黒板上での操作がしやすく，楽しい授業，きれいな板書に役立ちます。また，イラストや図は，児童に配信することで，タブレット上で大きくはっきりと見ることもできます。

※ QR コンテンツを読み取る際には，パスワードが必要です。パスワードは本書 p4 に記載されています。

ひょうとグラフ

全授業時数３時間

◎ 学習にあたって ◎

＜この単元で大切にしたいこと＞

児童は，日常の事象を統計的に処理することを，この単元ではじめて学習します。身のまわりの事象を観点に基づいて分類整理し，表やグラフに表すことで，事象の様子が分かりやすくなったと感じることが大切です。また，表やグラフをいろいろな角度から読み取る学習もします。この単元の学習を通して，表やグラフに表すことのよさを理解して，身近な事柄を表やグラフに表そうという態度を養います。

＜数学的見方考え方と操作活動＞

資料を整理し，どのような観点で調べるのかを決めるところから始まります。データを表にしていく段階では，落ちや重なりがないように，並べて整理することが有効です。それを簡単なグラフに表して，データの特徴を読み取ります。表にすると事象と数値が整理されているため，分かりやすく正確になること，そしてグラフにすると視覚的に数量の大小関係や順序もとらえやすくなることに気づくようにします。そして，事象について考察できるようにします。

＜個別最適な学び・協働的な学びのために＞

カードを種類ごとに並べるときや，グラフに○で表すときなど，５のまとまりがわかるように提示すると数がわかりやすくなります。ばらばらに配置されたものをもれなく整理する工夫も共有できるようにしましょう。

子どもたちは，はじめて「グラフ」というものに出会います。データをどのような観点で調べるのか，どのように整理すれば正確に数字に置き直して表にすることができるのかを話し合い，表やグラフに正しく表すことができたかを確かめ合います。最後には，表やグラフにすることで，どんなよさがあるのか，そして，どんなことが分かったのか，自分の考えを持って話し合います。友達のいろいろな考えを認め合うことも大切な学習です。

◎ 評　価 ◎

知識および技能	身のまわりにある事柄を分類整理して，表やグラフに表したり，読み取ったりすることができる。表やグラフに表すことのよさを理解する。
思考力，判断力，表現力等	事柄を分類整理する方法や，表やグラフに表す方法を工夫して考えている。
主体的に学習に取り組む態度	簡単な事柄を分類整理して，表やグラフに表して読み取ろうとしている。

◎ 指導計画　3時間 ◎

時	題	目　標
1	種類別に表に表す	身のまわりにあるものの数量を分類整理して簡単な表に表すことができる。
2	表をグラフに表す	まとめた表から簡単なグラフに表すことができる。グラフを読み取ることができる。
3	表とグラフに表す	身のまわりのことを素材にして，観点を決めて表やグラフに表すことができる。

第1時
種類別に表に表す

本時の目標　身のまわりにあるものの数量を分類整理して簡単な表に表すことができる。

板書例

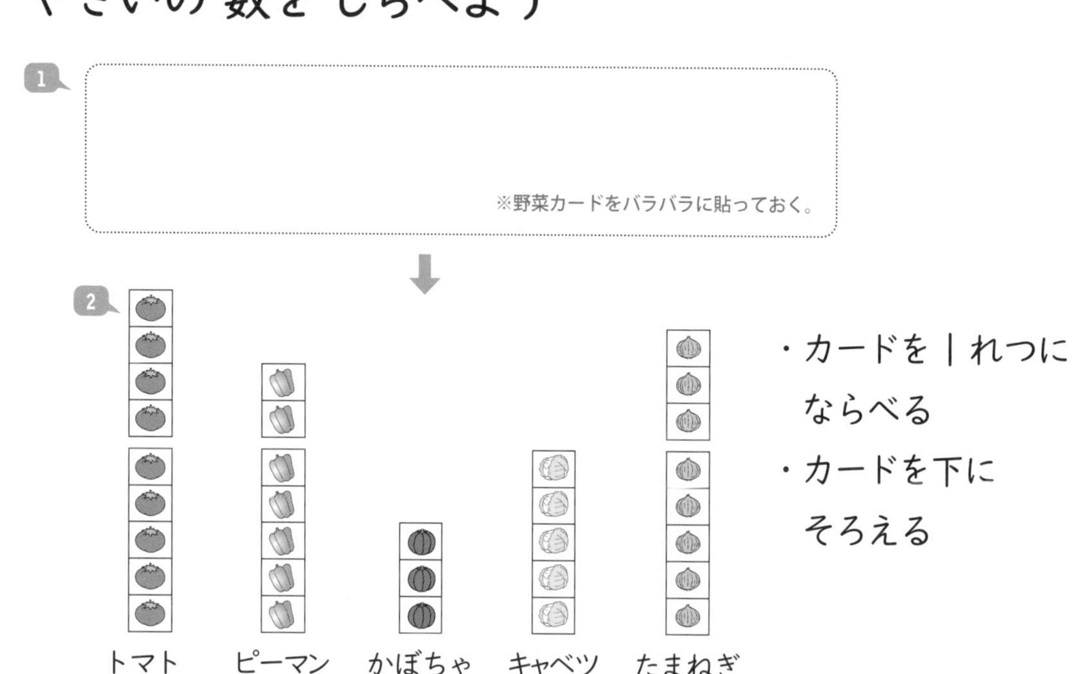

POINT「整理したらわかりやすい」という考えは，これから算数を学習していく上でも大切な考えです。QR「児童用表」を何枚か

1 野菜の数を数えよう

野菜カードをバラバラに黒板に貼る。

T　いろいろな野菜がありますね。

児童にどんな野菜があるかを聞きながら野菜の名前を確認する。

それぞれ何個あるでしょうか
1，2，3，…どこまで数えたかわからなくなってきたよ
同じ種類でまとめたら，数えやすくなると思うよ

C　ピーマンはピーマンでかためたらいいね。

種類ごとにカードを並べ替える。(児童に操作させてもよい)

カードをバラバラに提示することで，集合にすればわかりやすくなることに気づかせる。

2 野菜のカードを整理して数を調べよう

C　もっと数えやすい置き方はないかな。

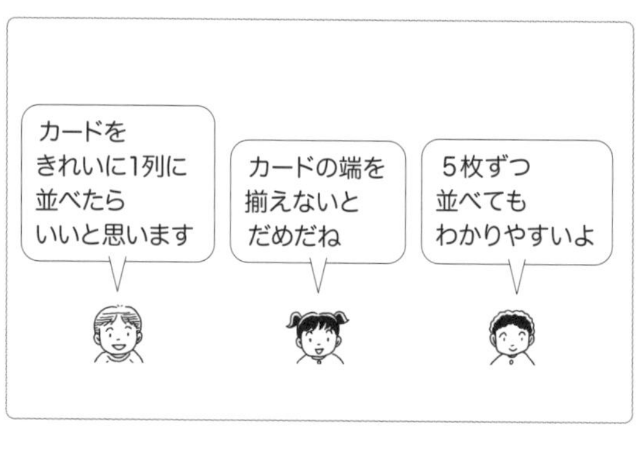

カードをきれいに1列に並べたらいいと思います
カードの端を揃えないとだめだね
5枚ずつ並べてもわかりやすいよ

種類ごとにカードを縦に１列に並べ替える。(児童に操作させてもよい)

C　どの野菜が多いかもよくわかるね。

C　並べて，整理したらわかりやすいね。

C　はじめのバラバラに比べたら，パッと見てわかるよ。

整理したらわかりやすいと児童が感じられるようにする。

準備物	QR 板書用絵カード QR 児童用表 QR ふりかえりシート

ICT	デジタルコンテンツを使用して，表の数の表し方について確認し，表に数字を整理することによって，数量を分類整理する力の習熟を図ることができる。

<ひょうに あらわそう>

3

やさいの 数 しらべ

しゅるい	トマト	ピーマン	かぼちゃ	キャベツ	たまねぎ
数（こ）	9	7	3	5	8

4

ひょうにすると，数が せいりされて，数が すぐに わかる。

印刷しておくと，次時以降でも使用でき便利です。

3 野菜の数を表に整理しよう

T それぞれの野菜の数を表に書いていきます。表というのは，このように，トマトが何個，ピーマンが何個，…というように，数を整理して書いたものです。

T まず，上の段に，カードと同じ順に，野菜の名前を書きましょう。

QR 児童用の表を使用できる。

表に「数（こ）」とあるので，数字だけ書けばよいことを伝える。

4 野菜の数を表に表すことで，どんなことがわかりやすくなるかな

C 野菜の数が一目でわかって便利です。

C 表にまとめたら，野菜の数が何個かがすぐにわかります。

C きれいに整理して書いてあるから，数がすぐにわかります。

数を表に表すよさをまとめる。

ふりかえりシートの活用

果物に線を入れながら，数えていこう

表を子ども自身が作成することも学習のひとつであるが，２年生では，無理をせず，「種類」と「数」が書き込めるように表を準備しておくとよい。

第2時
表をグラフに表す

本時の目標 まとめた表から簡単なグラフに表すことができる。グラフを読み取ることができる。

板書例

ひょうを グラフに あらわそう

やさいの 数しらべ

○				
○				○
○	○			○
○	○			○
○	○		○	○
○	○		○	○
○	○	○	○	○
○	○	○	○	○
○	○	○	○	○
トマト	ピーマン	かぼちゃ	キャベツ	たまねぎ

2

1 やさいの 数(かず)しらべ

やさい	トマト	ピーマン	かぼちゃ	キャベツ	たまねぎ
数(こ)	9	7	3	5	8

数を ○で あらわす

3
- ○の 高(たか)さで 多(おお)い 少(すく)ないが わかる
- いちばん 多い やさいは トマト
- いちばん 少ない やさいは かぼちゃ
- 3ばんめに 多い やさいは ピーマン

POINT グラフ用紙の様式にはじめて触れたときの子どもの気づきはとても貴重です。たくさんの情報を読み取ることができるよう,

1 表をグラフに表そう

表を提示する。

T 前の時間に，野菜の数を表にまとめました。今日は，この表を「グラフ」というものに表してみます。

グラフを提示する。ワークシートを使って学習する。

下に野菜の名前が書いてあるね
トマトは○が9個かいてあるよ
野菜の数だけ○をかいていくのかな

C 前の時間に，カードを揃えて1列に並べたけど，○も1列にかいていくんだね。

2 グラフを完成しよう

T トマトは9個なので，○を9個かいていきます。カードの端を揃えたように，○も下を揃えて，下からかいていきましょう。

黒板で教師が見本を見せる。

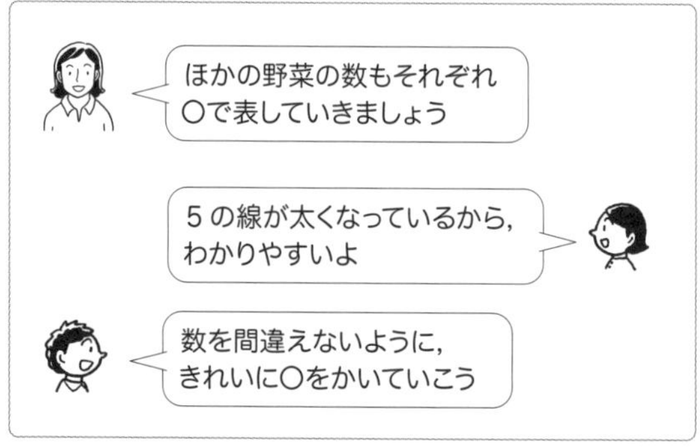

ほかの野菜の数もそれぞれ○で表していきましょう
5の線が太くなっているから，わかりやすいよ
数を間違えないように，きれいに○をかいていこう

T 隣の人がかいたものと同じになっているか見比べてみましょう。

全体で，正しくグラフがかけているか確認し，数を○で表したものをグラフということを説明する。

準備物

QR ワークシート
QR ふりかえりシート

ICT

デジタルコンテンツを使用して，表の数字をグラフに表す方法を確認することを通して，簡単なグラフに表したり，グラフを読んだりすることに繋がる。

4

すきな おやつしらべ

おやつ	ポテトチップス	ケーキ	くだもの	クッキー	アイスクリーム	せんべい
人数（人）	5	6	3	3	4	2

・せんべいは ２人で 人気がない
・ケーキと ポテトチップスの ちがいは １人

ひょうは 数が すぐに わかる

すきな おやつしらべ

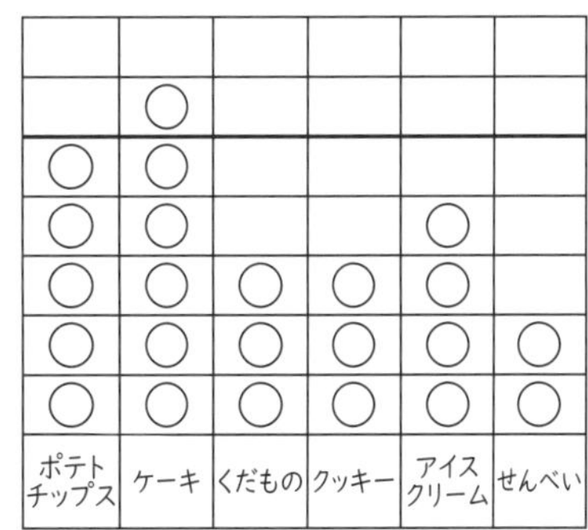

・いちばん 多いのは ケーキ
・くだものと ケーキは 同じ

グラフは 数の 多い 少ないが わかる

わかったことや気づいたことを出し合いましょう。

3 グラフをかいて気づいたことを話し合おう

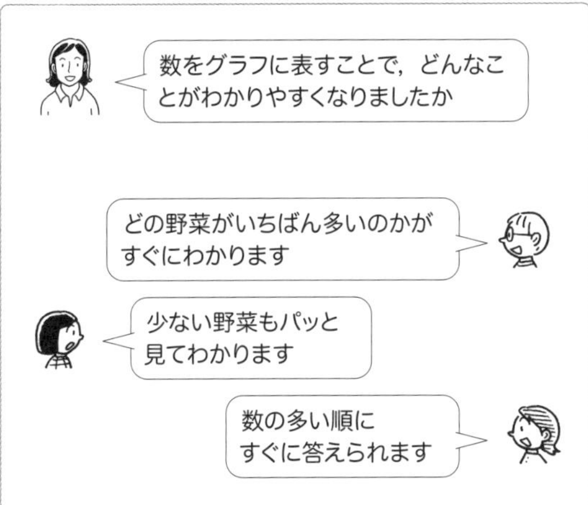

数をグラフに表すことで，どんなことがわかりやすくなりましたか
どの野菜がいちばん多いのかがすぐにわかります
少ない野菜もパッと見てわかります
数の多い順にすぐに答えられます

「いちばん多い（少ない）野菜は何か」「３番目に多い野菜は何か」など，グラフからの読み取りをする。

C　○の高さで，多い少ないがわかるね。

4 「好きなおやつ調べ」の表とグラフを見てわかったことを話し合おう

表とグラフを提示する。

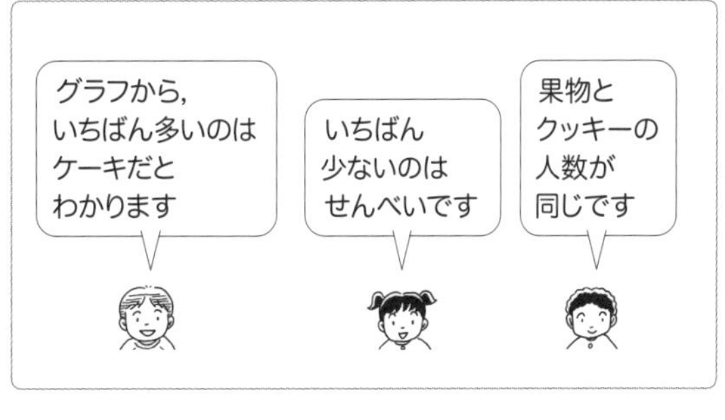

グラフから，いちばん多いのはケーキだとわかります
いちばん少ないのはせんべいです
果物とクッキーの人数が同じです

C　表からは，それぞれの人数がわかります。

C　せんべいは２人しかいなくて，人気がありません。

C　ポテトチップスとケーキの違いは１人です。表からもわかるけど，グラフを見たらすぐにわかります。

グラフは，数の多い少ないがわかりやすく，表は数がすぐにわかるという，それぞれのよさをまとめる。

第3時
表とグラフに表す

本時の目標　身のまわりのことを素材にして，観点を決めて表やグラフに表すことができる。

板書例

ひょうや グラフに あらわそう

2 読んだ 本の さっ数しらべ

名前	ゆい	あかね	ほのか	さとし	ますみ	けん
本の数（さつ）	4	6	3	4	7	5

ゆい	あかね	ほのか	さとし	ますみ	けん
ゆい 図かん	あかね でん記	ほのか でん記	さとし 絵木	ますみ でん記	けん 図かん
ゆい 物語	あかね 図かん	ほのか でん記	さとし 物語	ますみ でん記	けん 図かん
ゆい 絵本	あかね 物語	ほのか 物語	さとし 図かん	ますみ 図かん	けん 物語
ゆい 図かん	あかね 物語		さとし 図かん	ますみ 絵本	けん 物語
	あかね 絵本			ますみ 絵本	けん 物語
	あかね 絵本			ますみ 物語	
				ますみ 物語	

読んだ 本の さっ数しらべ

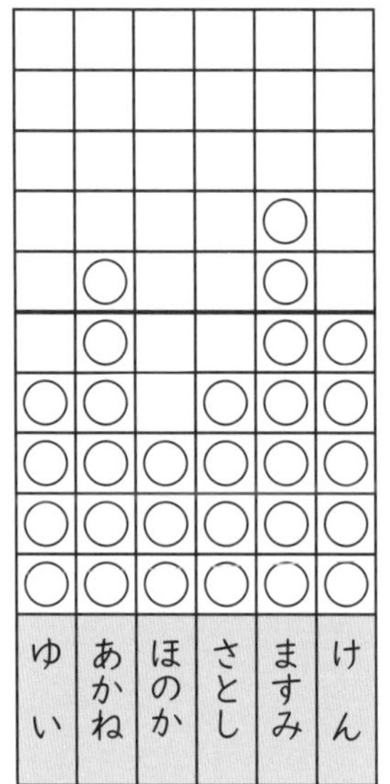

POINT 見のまわりのことを素材にして，学習したことを生かして表やグラフに表していきます。QR「ワークシート」の表やグラ

1 図書カードを見て，調べることを決めよう

T　ここに，7人の図書カードがあります。カードには，名前と借りた本の種類が書かれています。この図書カードを使って，調べたいことを決めて，表やグラフに表しましょう。

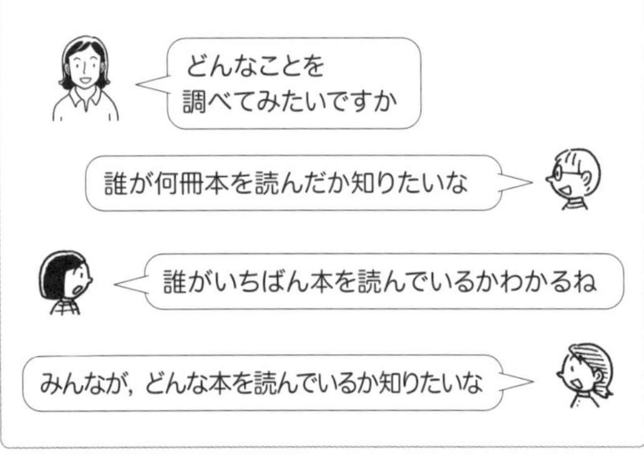

どんなことを
調べてみたいですか
誰が何冊本を読んだか知りたいな
誰がいちばん本を読んでいるかわかるね
みんなが，どんな本を読んでいるか知りたいな

図書カードを黒板にバラバラに貼る。（ワークシートを使用してもよい）

「誰が何冊本を読んだか」「どんな本を読んだか」の2つの観点で調べる手順を考えていく。

2 誰が何冊本を読んでいるかを調べよう

T　このカードをどう整理したらよいですか。

C　ゆいさんは，ゆいさん。あかねさんは，あかねさん，のように名前でまとめたらいいです。

児童が黒板でカードを操作する。

T　はじめに，表に数を整理して，グラフに表しましょう。

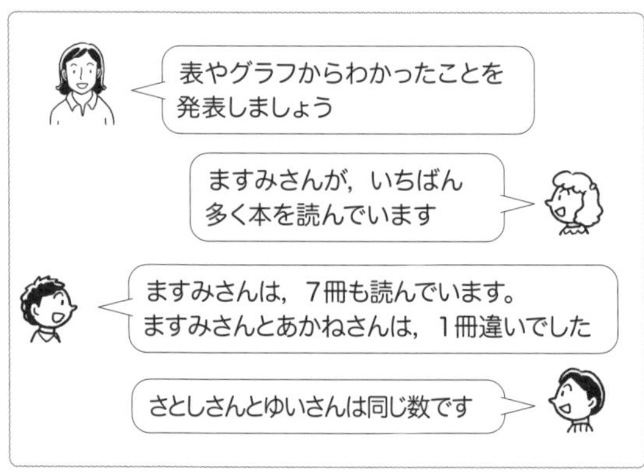

表やグラフからわかったことを
発表しましょう
ますみさんが，いちばん
多く本を読んでいます
ますみさんは，7冊も読んでいます。
ますみさんとあかねさんは，1冊違いでした
さとしさんとゆいさんは同じ数です

C　表やグラフにすると，すっきりとするね。

準備物

QR ワークシート
QR ふりかえりシート

ICT

児童が身のまわりのことを素材にして，表やグラフにまとめた資料をスキャンして全体に共有すると，表やグラフに表すことのよさに気づくことができる。

読んだ 本の しゅるいしらべ

3

本のしゅるい	絵本	物語	図かん	でん記
本の数（さつ）	6	10	8	5

・ひょうや グラフに あらわすと すっきりする

・知りたい ことが よく わかる

読んだ 本の しゅるいしらべ

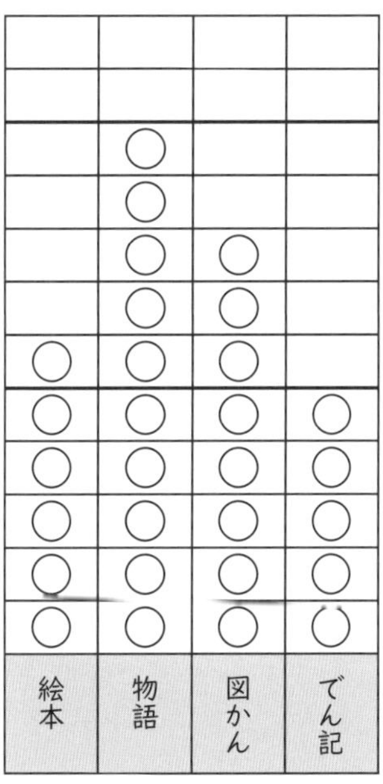

フを利用できます。

3 どんな種類の本を読んでいるか調べよう

T　今度は，このカードをどう整理したらよいですか。

C　本の種類別に整理したらいいです。

同じように，黒板のカードを並べ替えて，表とグラフに表していき，わかったことや感想を発表する。

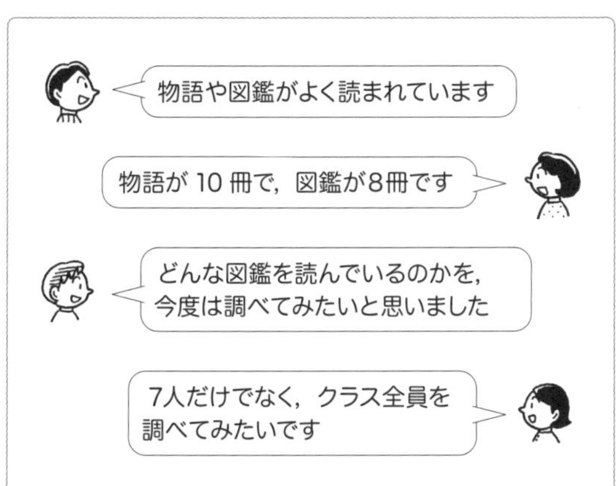

物語や図鑑がよく読まれています
物語が 10 冊で，図鑑が8冊です
どんな図鑑を読んでいるのかを，今度は調べてみたいと思いました
7人だけでなく，クラス全員を調べてみたいです

C　1つのカードから２つのことを調べることができました。どちらも，知りたいことがよくわかりました。

4 「みんなが家で飼いたい動物」を表とグラフに表そう

ふりかえりシートを活用する。調べたいことを子どもたちから聞き取り，題材を決めて，調べたことを表やグラフに表す活動でもよい。

これまでの学習を生かして，データをわかりやすく表やグラフに整理していく。

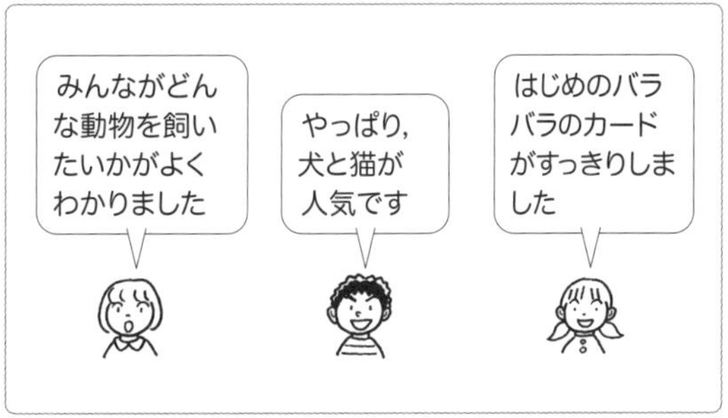

みんながどんな動物を飼いたいかがよくわかりました
やっぱり，犬と猫が人気です
はじめのバラバラのカードがすっきりしました

表やグラフに表すことのよさを，本時間を通して再度子どもたちが感じ取れるようにしたい。

第１時　ふりかえりシート

名前 ____________________

● くだものの 数(かず)を しらべて，ひょうに 数を かきましょう。

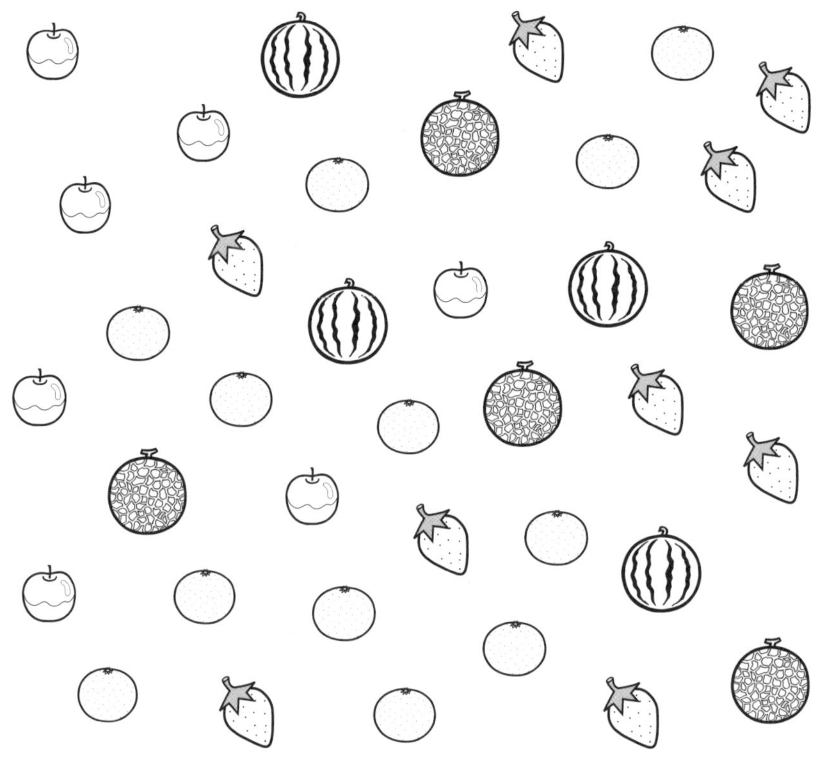

くだものの 数 しらべ

くだもの	りんご	いちご	すいか	みかん	メロン
数（こ）					

第２時　ワークシート

名前

● ひょうの 数(かず)を グラフに あらわしましょう。

やさいの 数しらべ

やさい	トマト	ピーマン	かぼちゃ	キャベツ	たまねぎ
数（こ）	9	7	3	5	8

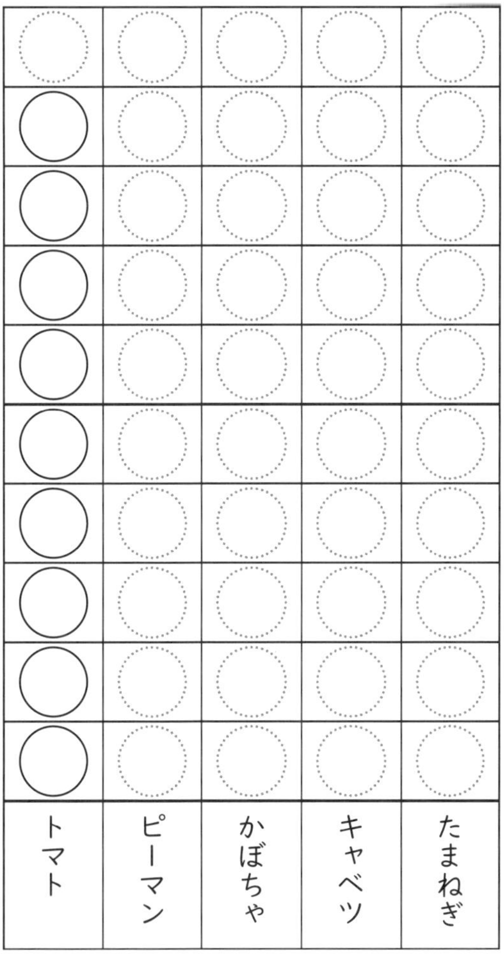

○	○	○	○	○
○	○	○	○	○
○	○	○	○	○
○	○	○	○	○
○	○	○	○	○
○	○	○	○	○
○	○	○	○	○
○	○	○	○	○
○	○	○	○	○
○	○	○	○	○
トマト	ピーマン	かぼちゃ	キャベツ	たまねぎ

たし算のひっ算

全授業時数 8 時間

◎ 学習にあたって ◎

<この単元で大切にしたいこと>

本単元は，1 年生での学習が基礎となっています。しかし，1 年生の内容が十分に身についていない児童がいることが当然だと考え，この単元で繰り上がりの計算を，もう一度学習して補うぐらいの心づもりでしましょう。筆算は，十進位取り記数法を的確に表した計算方法です。位を揃えると，十の位でも 1 位数＋ 1 位数の計算でできることが分かります。その学習に対応した半具体物を使って意味の理解を図ることが大切です。また，筆算の方法を言葉で表すことを大切にし，言語表現活動で学習の定着を図るようにします。

本単元の柱は筆算の計算ですが，たし算の意味（合併，添加，求大）についても再度おさえておくようにします。各時間の導入の多くは文章問題にし，文章問題作りの学習も取り入れています。計算を常に現実の具体的な場面とつながりをもたせて考えられるようにすることが大切です。

既習をもとにして，どのように筆算をすればいいのか，まずは児童自身が考えることが大切です。例えば，筆算をする場合，一の位からするのか，十の位からするのかです。繰り上がりがない場合は，どちらからしても大した問題はありません。それが，繰り上がりがある計算になると，一の位から始めた方が合理的だということを，児童自身が判断できます。このように，回り道でも児童自身が判断できることが深い学びにつながります。

<数学的見方考え方と操作活動>

計算の仕方を考えたり，説明したりするのに，半具体物の算数ブロック（タイル）を活用します。算数ブロックは数量の大きさを正確に表すと同時に，10 で結集すると，十の位に繰り上がる十進位取り記数法を，的確に表現することができます。

<個別最適な学び・協働的な学びのために>

1 年生での繰り上がりの計算がまだ十分に身についていない児童もいます。数字だけの計算ではなく，ブロック操作と合わせて筆算学習を進めていきます。位の部屋にブロックと数字を入れることで，ぐんと理解が深まります。また，ペアで，お話（説明）しながら筆算をすることで，筆算の手順の定着を図るとともに，教え合いなども生まれてきます。

◎ 評　価 ◎

知識および技能	既習の計算方法をもとに，筆算形式による２位数の加法の計算の仕方を理解し，計算ができるようになる。
思考力，判断力，表現力等	２位数の加法の筆算の仕方を，既習の計算方法をもとに考えたり表現したりしている。
主体的に学習に取り組む態度	筆算形式の２位数の加法計算のよさに気づき，生活や学習に活用しようとしている。

◎ 指導計画　８時間 ◎

時	題	目　標
1	２位数＋２位数 (繰り上がりなし)	2位数+2位数で，繰り上がりなしの筆算方法を理解し，計算ができる。
2	1,2 位数＋ 1,2 位数 (繰り上がりなし)	1，2位数+1，2位数（繰り上がりなし）で，空位や欠位がある筆算方法を理解し，計算ができる。
3	２位数＋２位数 (繰り上がりあり) ①	2位数+2位数（繰り上がりあり）の筆算方法を理解し，計算ができる。
4	２位数＋２位数 (繰り上がりあり) ②	２位数＋２位数のいろいろな型の筆算に習熟する。
5・6	1,2 位数＋ 1,2 位数	1，2位数+1，2位数（繰り上がりあり，なし）のいろいろな型の筆算に習熟する。
7	たし算のきまり	加法において，交換法則が成り立つことを理解する。
8	たし算の文章問題	加法になる問題場面の違いを理解できる。文章問題を作り，加法の理解を深める。

第1時
2位数＋2位数
繰り上がりなし

本時の目標　2位数＋2位数で，繰り上がりなしの筆算方法を理解し，計算ができる。

板書例

あめは あわせて 何(なん)こですか

1

ソーダあじの あめが 23こ
コーラあじの あめが 12こ
あります。
あわせると あめは 何こに
なりますか。

しき　23＋12

答(こた)え　35こ

2

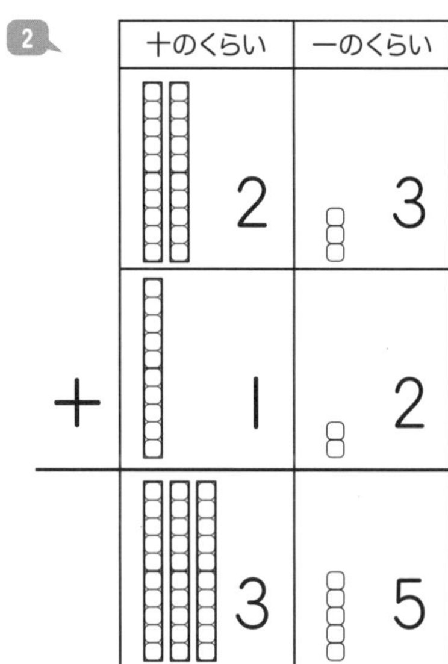

POINT 半具体物とあわせて位取りの枠に筆算を書くことは，本時以降の学習につながります。

1 あめを算数ブロックに置き換えて考えよう

問題文を提示する。

C　式は合わせるからたし算です。23＋12です。

T　23個と12個のあめを算数ブロックに置き換えて答えを考えてみましょう。

23だから，
10を2本と，
1を3個出したよ
12は，10が1本と
1が2個。たし算だから，
これらを合わせたら
いいね

C　合わせると，10が3本と，1が5個になるよ。

23をブロックで表すときに，1を23個出す児童は，数を10で結集させるという認識が不十分である。10のかたまりを使えば，23がわかりやすいことを理解させる。

2 ブロックを「位の部屋」に入れて，答えを求めよう

T　23と12のブロックを，それぞれ「位の部屋」に入れてみましょう。

まずは，ブロック操作で答えを確かめる。

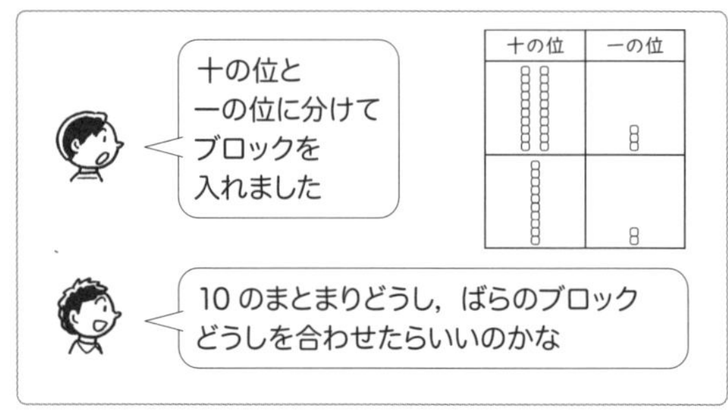

T　位ごとにたし算していきます。

黒板で位ごとにブロックを合わせて，ブロックを答えの枠へ移動させる。

C　一の位は，3個と2個で5個。

C　十の位は，2本と1本で3本になります。

C　答えは，10が3本と1が5個で35です。

準備物
・算数ブロック（板書用，児童用）
QR ふりかえりシート

ICT
実物投影機を使ってノートを拡大して映し出す。ノートへどのように筆算を書くとよいのかを丁寧に指導すると，児童にもわかりやすい。

3 <ひっ算をしよう>

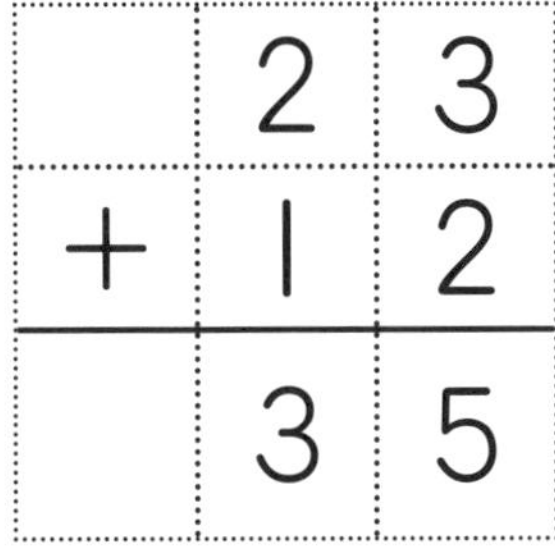

	2	3
+	1	2
	3	5

・くらいを そろえて かく

・くらいごとに 計算する

4 25 + 54

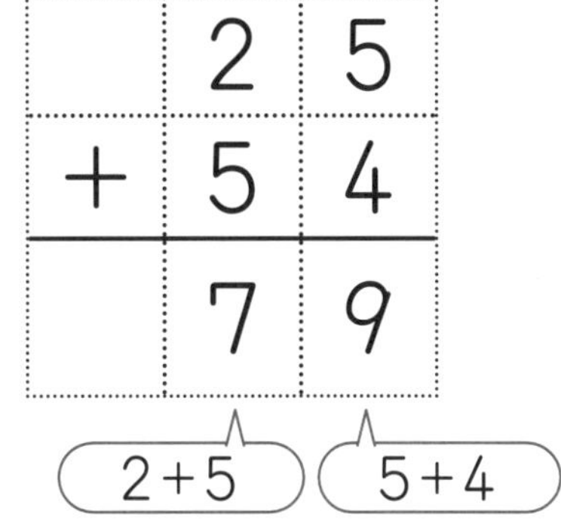

	2	5
+	5	4
	7	9

2+5　5+4

3 ブロックで操作したことを，数字に置き換えてみよう

「位の部屋」の被加数と加数にブロックを入れて，その横に 23 と 12 の数字を書く。

T　ブロックを動かしたように，計算をやってみましょう。
C　一の位は，3＋2＝5で5を書きます。
C　十の位は，2＋1＝3で3を書きます。
C　答えは 35 になります。
C　一の位どうし，十の位どうしの数をたせばいいんだね。

この計算の仕方を筆算といいます。ノート (5mm 方眼) を利用して，23＋12 を筆算でしてみましょう

【筆算の仕方】
❶ 位を揃えて書く
❷ 一の位，十の位ごとに計算する

	2	3
+	1	2
	3	5

4 25 + 54 を筆算でしてみよう

計算できたら，筆算の仕方を言葉でまとめましょう

位を揃えて 25 と 54 を書きます。そして，位ごとに計算します。5＋4＝9，2＋5＝7で，答えは 79 です

T　答えをブロックで確かめましょう。

ブロック操作をして確かめる。

繰り上がりのない計算では，どちらの位から計算しても問題はない。「どうして○の位から始めたの？」と疑問を投げかけておき，繰り上がりのある計算の学習で，一の位から計算した方が便利であることに気づかせたい。

ふりかえりシートを活用する。

第 2 時

1, 2位数 ＋ 1, 2位数
繰り上がりなし

本時の目標 1，2位数＋1，2位数（繰り上がりなし）で，空位や欠位がある筆算方法を理解し，計算ができる。

板書例

おり紙は 何まいに なりましたか

1

おり紙を 32 まい もって いました。
姉から 5まい もらいました。
おり紙は 何まいに なりましたか。

しき　32 + 5

㋐

	3	2
+	5	
	8	2

㋑

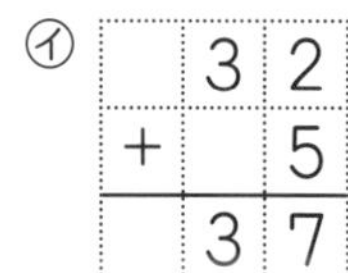

	3	2
+		5
	3	7

・5 は 一のくらいの 数
・くらいを そろえて ひっ算

答え　37 まい

2

	十のくらい	一のくらい
	3	2
+		5
	3	7

POINT 間違いを価値ある学びにつないでいける宝物にしましょう。

1 問題文を読んで，筆算で答えを求めてみよう

問題文を提示する。

C　式は，32 ＋ 5 になります。

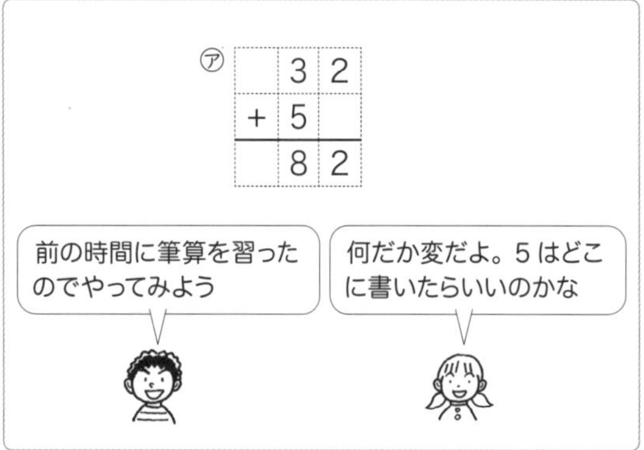

T　筆算の仕方が 2 つありますね。どちらが正しいか考えてみましょう。

筆算の 2 時間目，㋐のような間違いは必ずおこる。間違いは，学習の絶好のチャンスととらえて展開に生かしていく。

2 筆算の間違いを説明しよう

T　先生が筆算をするので，よく見ていてください。

㋐のように筆算をする。

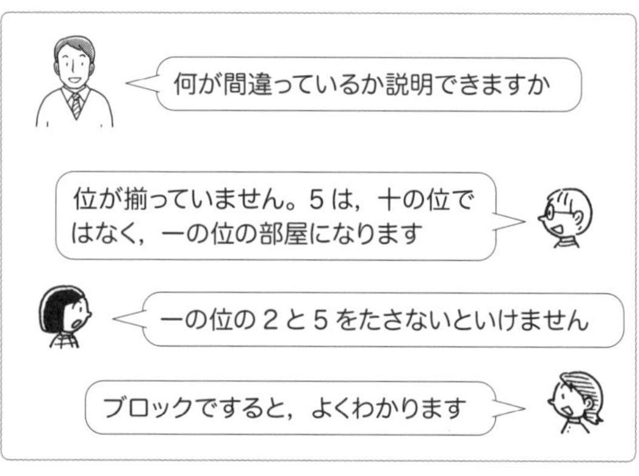

何が間違っているか説明できますか
位が揃っていません。5 は，十の位ではなく，一の位の部屋になります
一の位の 2 と 5 をたさないといけません
ブロックですると，よくわかります

児童に説明の機会を与える。1 人で終わらせるのではなく，何人かにチャンスを設ける。

T　では，ブロックを使って確かめましょう。

C　一の位は，2 ＋ 5 ＝ 7，十の位は，3 がそのまま下りてくるんだね。

準備物	・算数ブロック（板書用，児童用） QR ふりかえりシート QR 文章問題作りシート

ICT	デジタルコンテンツを活用して，繰り返して問題を解くことによって，筆算の計算の習熟を図ることができる。

3 20 + 54

	2	0
+	5	4
	7	4

2+5　0+4

4 6 + 32

	十のくらい	一のくらい
		6
+	3	2
	3	8

※ 計算練習をする。

一のくらいは　一のくらいどうしで，
十のくらいは　十のくらいどうしで　たす。

3 20 + 54 の筆算の仕方を口に出しながらやってみよう

C　位を揃えて書いたけど，一の位は 0 + 4 でいいのかな。

位を揃えて書きます。
そして，位ごとに計算します。
一の位は，0 + 4 = 4，十の位は，
2 + 5 = 7 で，答えは 74 になります

T　十の位に数がない計算や，一の位が 0 の数の筆算の仕方を，ノートにまとめましょう。

空位や欠位がある計算も「位を揃えて書いて，位ごとに計算する」という筆算の仕方に変わりはないが，自分の言葉でまとめて書くようにする。

4 練習問題をしよう

同じ型の練習問題をする。

① 6 + 32　② 28 + 40　③ 7 + 80

筆算の仕方を口に出しながらやってみましょう

位を揃えて書きます。
6 は，一の位に書きます。
そして，位ごとに計算します。
一の位は，6 + 2 = 8，十の位は 3 で，
答えは 38 です

口に出しながら繰り返し計算することで，筆算の手順の定着を図る。早くできた児童は，「20 + 4」の式になる文章問題作りに挑戦する。文章問題作りシートをたくさん準備しておき，エンドレスな学習につなげる。その間に個別支援をして，全員が本時の目標を達成できるようにする。

ふりかえりシートを活用する。

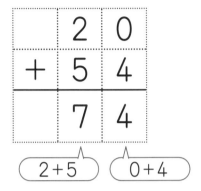

第 3 時

2位数 + 2位数

繰り上がりあり ①

本時の目標 ２位数＋２位数（繰り上がりあり）の筆算方法を理解し，計算ができる。

板書例

どんぐりは　あわせて　何(なん)こですか

1 ここなさんは，どんぐりを 27 こ，
ふみやさんは，36 こ ひろいました。
どんぐりは あわせて 何こですか。

しき　27 + 36

答(こた)え　63 こ

2
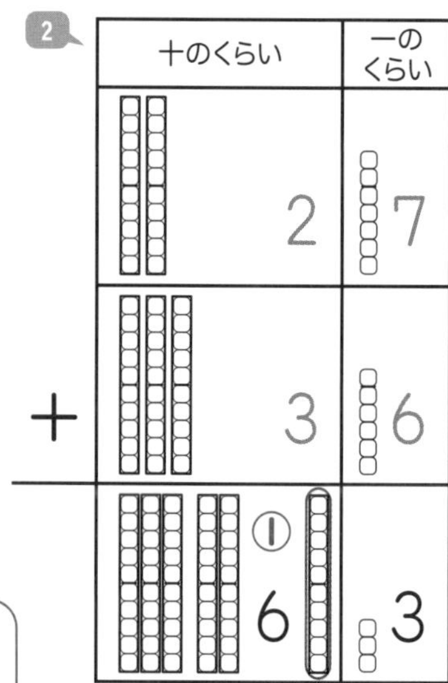

十のくらい
一のくらい
2
7
+
3
6
①
6
3

一のくらいから くり上げた 数(かず)を 小さく 書(か)いて
おいて，十のくらいの 計算(けいさん)で あわせる。

POINT 繰り上がりのたし算で躓いている児童もいることを踏まえて，ゆっくりとブロックで考えられるようにします。

1 問題文を読んで，筆算で答えを求めてみよう

問題文を提示する。

C　式は，27 ＋ 36 です。筆算でしてみよう。

C　位を揃えて書いて，位ごとに計算するよ。

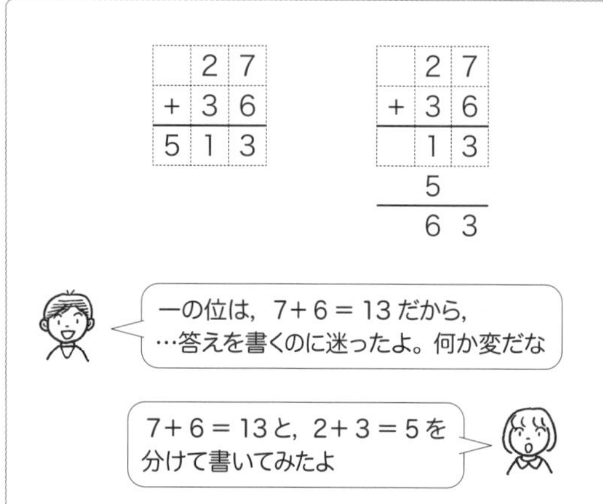

2 7
+ 3 6
5 1 3
2 7
+ 3 6
1 3
5
6 3
一の位は，7＋6＝13 だから，
…答えを書くのに迷ったよ。何か変だな
7＋6＝13と，2＋3＝5を
分けて書いてみたよ

C　これまでの計算と違うね。一の位の計算の答えが，13 になって 10 を超えてしまうよ。

2 ブロックを使って答えを確かめよう

T　一の位からブロックを動かしてみましょう。

C　7 個と 6 個で 13 個。

C　10 個は，1 本にして，十の位の部屋に持っていきます。

C　一の位は 3 個になります。

T　十の位はどうなりますか。

C　2 本と 3 本に，一の位から持ってきた 1 本をあわせると 6 本になります。

C　10 が 6 本と 1 が 3 個で答えは 63 になります。

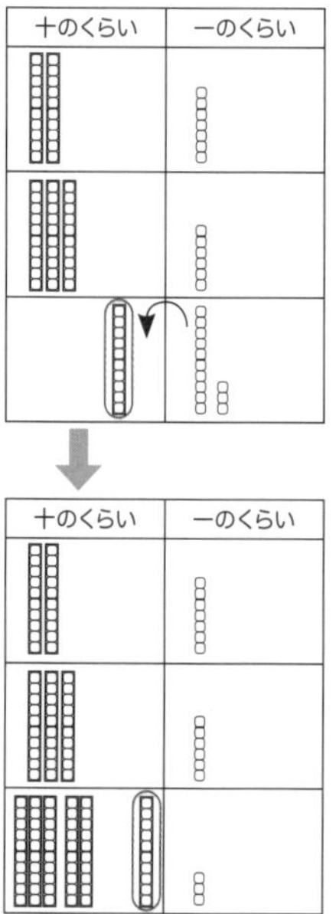

準備物
・算数ブロック（板書用，児童用）
QR ふりかえりシート
QR 動画「27 + 36」

ICT
たし算の筆算の手順をパートごとに用意し，プレゼンテーションソフトで映し出す。全員で声に出しながら筆算の手順を唱えると，理解が深まりやすい。

3

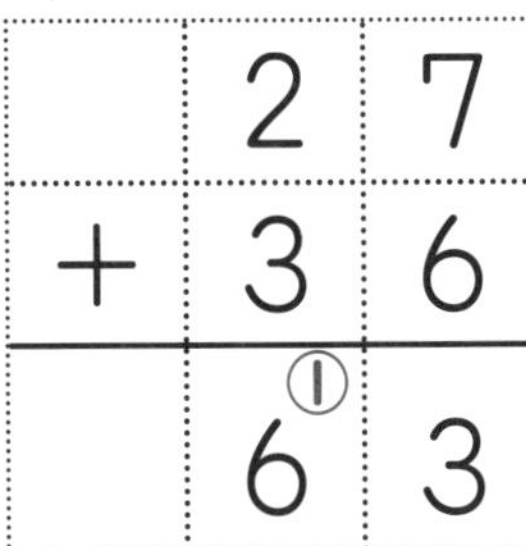

くり上げた｜を
わすれずに たす

4

❶ くらいを そろえて 書く
❷ まず，一のくらいから 計算
❸ 7 + 6 = 13
一のくらいは 3 で，
十のくらいに｜くり上げる
❹ つぎに，十のくらいの 計算
❺ 2 + 3 = 5 に，
くり上げた｜を たして 6
❻ 答えは 63

3 ブロックで操作したことを，数字に置き換えて計算してみよう

C　一の位は 7 + 6 = 13 で，10 を十の位に移動します。一の位の答えは 3 です。

C　十の位は，2 + 3 + 1 = 6 で 6 になります。

	2	7
+	3	6
	6①	3

たし算の筆算で，繰り上げた 1 をどこに書くかは，特にきまりがない。右のように上に書いている教科書も多い。本書では，ブロック操作に対応した場所とする。

	1	
	2	7
+	3	6
	6	3

4 「お話」をしながら，27 + 36 を筆算でしてみよう

T　27 + 36 を，こんなふうに「お話」をしながら筆算でしてみましょう。

❶ 位を揃えて書きます
❷ まず，一の位から計算します
❸ 7 + 6 = 13
一の位は 3 で，十の位に 1 繰り上げます
❹ 次に，十の位の計算をします
❺ 2 + 3 = 5 に，繰り上げた 1 をたして 6
❻ 答えは 63 になります

全員で声を出してやってみた後，各自で練習する。

言葉にしながら筆算をすることで，筆算の手順の定着を図ることに繋がり，「筆算を説明する」ことができるようになる。

ふりかえりシートを活用する。

第4時 2位数＋2位数
繰り上がりあり ②

本時の目標　2位数＋2位数のいろいろな型の筆算に習熟する。

板書例

あわせて 何円(なんえん)ですか

1

38円と 47円の おかしを 買(か)いました。
あわせて 何円に なりますか。

しき　38 + 47

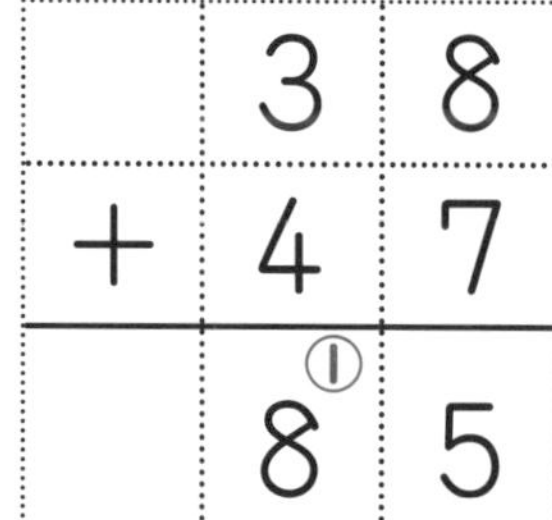

答(こた)え　85円

2

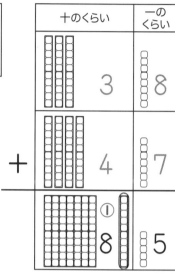

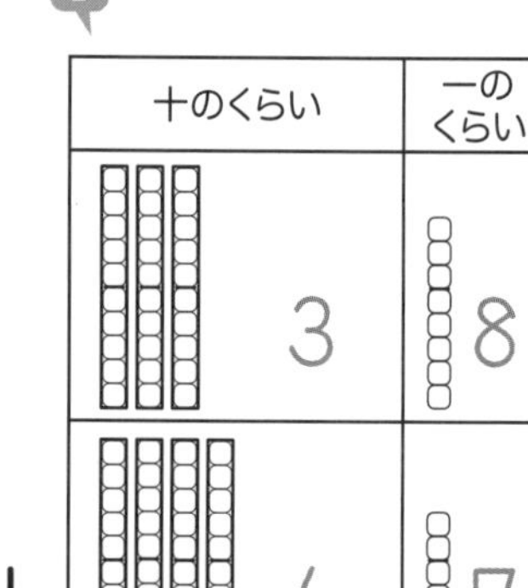

POINT　お話（説明）をしながら筆算やブロック操作をすることで定着が深まり，伝え合うことが上達するでしょう。

1 問題文を読んで，筆算で答えを求めてみよう

問題文を提示する。

C　式は，38 + 47 です。筆算でしてみよう。

C　これも十の位に繰り上がりがある計算かな。

T　「お話」をしながら筆算をしてみましょう。

早くできた児童は，ノートに筆算の手順を書いてみる。

2 ブロックを使って答えを確かめよう

T　役割を決めて，みんなでやってみましょう。

38と47それぞれのブロックを出す人が2名，お話をしながら，一の位の操作をする人が1名，十の位の操作をする人が1名の計4名を決める。

一の位から合わせます。8個と7個を合わせると15個です。10個を1本にして，十の位へ繰り上げます。一の位は5個です

次に，十の位をします。3本と4本に，繰り上げた1本を合わせて，8本になります

C　答えは85円だね。筆算の答えと同じになったよ。

準備物
・算数ブロック（板書用，児童用）
QR ふりかえりシート
QR 文章問題作りシート

ICT
繰り上がりのある筆算の手順をプレゼンテーションソフトで映し出す。全員で声に出しながら筆算の手順を唱えると，理解が深まりやすい。

3 24 + 36

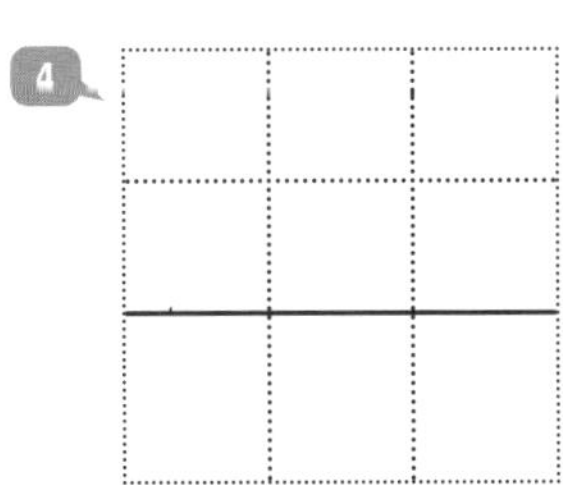

	2	4
＋	3	6
	6	0

❶ くらいを そろえて 書く
❷ 一のくらいから 計算
❸ □＋□＝□
十のくらいに 1 くり上げる
❹ 十のくらいの 計算
❺ □＋□＋1＝□
くり上げた 1 を たす
❻ 答えは □

※ □に数字を入れる。

4

※ 計算練習をする。

3 「お話」をしながら，24 ＋ 36 を筆算でしてみよう

T　まずは，ひとりでお話をしながらやってみましょう。各自で，つぶやきながらノートにする。

T　では，黒板で「お話」をしながら，筆算をしてもらいます。一の位は○○さん，十の位は○○さんお願いします。

位を揃えて書きます。まず，一の位から計算します。4＋6＝10　一の位は0で，十の位に1繰り上げます。繰り上げた1を小さく書いておきます

次に，十の位の計算をします。2＋3＝5に，繰り上げた1をたして6です。答えは，60です

C　一の位の答えが0になるね。0を書き忘れないようにしよう。

4 練習問題をしよう

同じ型の練習問題をする。

① 34 ＋ 37　② 29 ＋ 56　③ 58 ＋ 15
④ 32 ＋ 48　⑤ 14 ＋ 36

T　今度は声に出さないで，頭の中でお話をしながらやってみましょう。早くできた人は，「28 ＋ 54」の式になる文章問題（お話）を作りましょう。

個別支援の必要な児童への指導をする。全員が終わった頃を見計らって答え合わせをする。指名した5人に黒板で筆算をしてもらう。

ふりかえりシートを活用する。

第5·6時 1，2位数＋1，2位数

本時の目標　1，2位数＋1，2位数（繰り上がりあり，なし）のいろいろな型の筆算に習熟する。

板書例

ひっ算（さん） 名人（めいじん）に なろう

＜どうして まちがったのかな＞

① 39 + 5

1

	3	9
＋	5	
	8	9

2

	3	9
＋		5
	①4	4

・くらいが そろって いない
　5は 一のくらい

② 6 + 32

1

	6	
＋	3	2
	9	2

2

	十のくらい	一のくらい
		6
＋	3	2
	3	8

・6は 一のくらい

POINT　サイコロゲームや迷路の「ふりかえりシート」などで楽しく計算の習熟を図りましょう。

1 筆算の間違いを見つけよう

T　①～④の計算を筆算でしました。

C　あれ？何か変だよ。

T　そうです，これらの筆算は間違っています。どんな間違いをしているかわかりますか。

間違いをお話（説明）できるようにしましょう。そして，正しい計算をノートに書きましょう
①は，位が揃っていないね
④は，一の位の答えがないよ

児童が間違えやすい計算を4問扱う。間違いを見つけることで注意して計算するようになる。

2 筆算の間違いをお話（説明）しよう

T　筆算の間違いが見つかりましたか。間違いをお話して，正しく計算してください。

黒板で児童が発表する。

②は，位を揃えて計算していません。6は一の位になります。正しい答えは，38になります

④は，一の位の計算が4＋6＝10になります。一の位の答えは0になるけど，0を書き忘れています。正しい答えは80になります

C　計算のときに気をつけないといけないことがわかりました。

再度，「位を揃えて書く」「位ごとに計算する」「繰り上がりがあるときは忘れずに計算する」ことをまとめる。

準備物	・ゲーム用サイコロ QR ふりかえりシート QR 動画「39 + 7」

ICT	サイコロが児童分用意できない場合は，インターネット上にある無料のサイコロ WEB サイトを利用すると手軽にサイコロを使った学習ができる。

③ 36 + 48

1

	3	6
+	4	8
	7	4

2

	3	6
+	4	8
	①8	4

・くり上げた 数を
たして いない

④ 54 + 26

1

	5	4
+	2	6
	8	

2

	5	4
+	2	6
	①8	0

・一のくらいの 答えの
0を かいて いない

・くらいを そろえて かく　・くらいごとに 計算する
・くり上げた 数を わすれずに たす

3 ペアでサイコロ計算ゲームをしよう

□準備物
計算ゲーム用サイコロ (ペアに 2 個ずつ)
工作用紙で作る

十の位のサイコロ
(0 ～ 4 の数)

一の位のサイコロ
(4 ～ 9 の数)

※ 立方体の積み木にシールを貼ってもよい。

□進め方
❶ ペアで対戦する。
❷ じゃんけんをして，勝った人から始める。
❸ 一の位と十の位のサイコロ 2 個を同時に 2 回ふる。
❹ 1 回目の数がたされる数になる。
(0 が出たら，1 位数の数になる)
❺ 2 回目の数がたす数になる。
❻ ノートに筆算で計算する。
相手は，計算が正しくできているかチェックする。
❼ もう 1 人も❶～❻をする。
❽ 答えの大きい方が勝ちとなる。

T　相手の筆算が間違っていないかしっかり見ましょう。間違いを見つけたら，どこが間違っているか教えてあげましょう。

T　3 回対戦したら，相手を変えてやってみましょう。

ふりかえりシートを活用する。

第7時

たし算のきまり

本時の目標　加法において，交換法則が成り立つことを理解する。

板書例

たし算の きまりを しろう

1

2年生は，1組が 28人，2組が 26人です。
あわせて 何人ですか。

しき [28]＋(26)＝54　　しき (26)＋[28]＝54

	2	8
＋	2	6
	5	4

	2	6	たされる数
＋	2	8	たす数
	5	4	答え

答え　54人

POINT　1年生の学習でもたし算の交換法則について触れています。2位数でも成り立つことを知り，加法において交換法則が成り

1 問題文を読んで，筆算で答えを求めよう

問題文を提示する。

C 「合わせて」だから，たし算になるね。

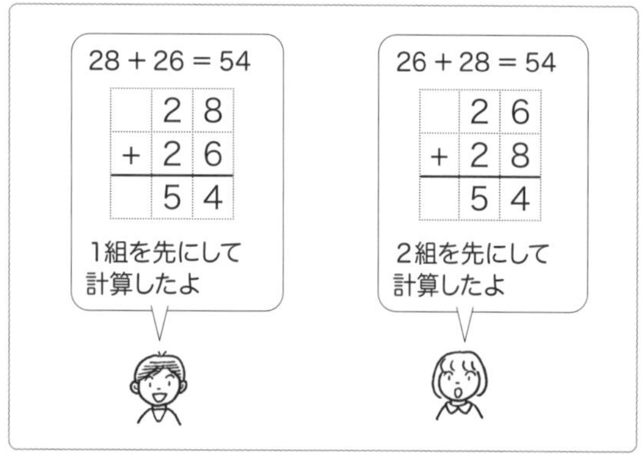

C　どちらを先に計算しても同じ答えになるね。

C　28と26を入れかえて計算してみよう。

たされる数とたす数を入れかえて筆算して，答えが同じになることを確かめる。

2 答えが同じになることを図に表してみよう

T　1組と2組の人数をテープの長さに表してみます。そして，2本のテープを合わせます。

まずは，1組のテープを左（前）にして合わせ，次に，2組のテープを左（前）にして合わせる。

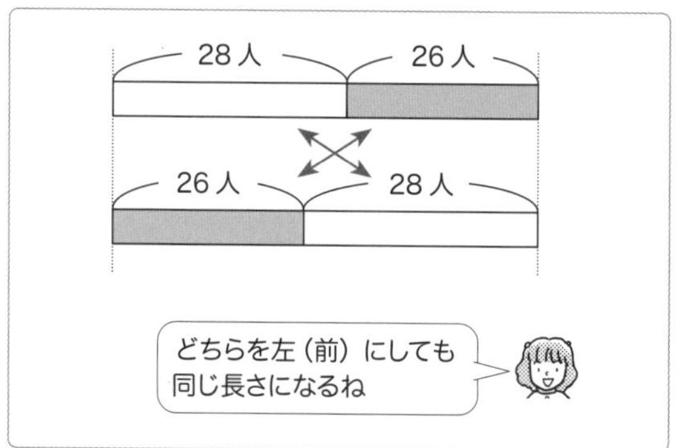

C　28と26，どちらを先にしても，合わせた数は変わらないね。

準備物
- テープ２本
- QR ふりかえりシート

ICT
デジタルコンテンツを活用して，繰り返して問題を解くことによって，交換法則についての理解を深めることができる。

図

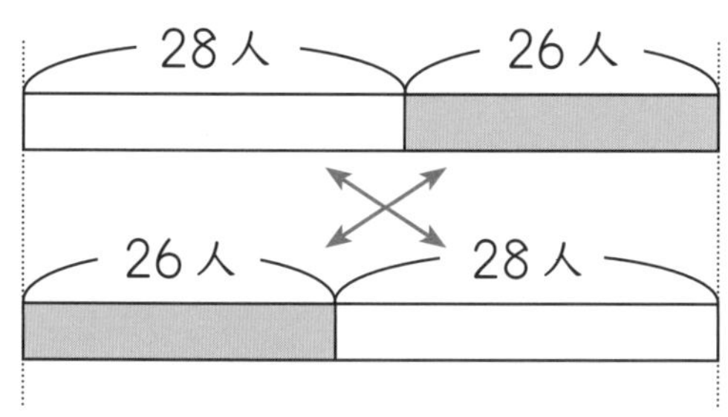

長さは　同じ

3

しき　28 + 26 = 26 + 28

たされる数と　たす数を　入れかえて
計算しても　答えは　同じに　なる。

立つことを明確にします。

3　図，式，筆算の３つでまとめよう

T　たし算で，たされる数とたす数を入れかえたら，答えはどうなりましたか。

C　答えは同じでした。

筆算では，上と下を入れかえても答えは同じでした
テープでは，左と右を入れかえても同じ長さになりました

C　たされる数とたす数を入れかえても答えは同じだから，式も「28 ＋ 26」と「26 ＋ 28」が同じになります。

T　28 ＋ 26 ＝ 26 ＋ 28 と表すことができますね。

4　ほかの数字でも確かめてみよう

T　34 ＋ 16 ＝ 16 ＋ 34 になるか確かめましょう。

ほかの数字になると，同じようにきまりが成り立つのか疑問に思う児童もいる。34 ＋ 16 ＝ 16 ＋ 34 を筆算で確かめ，加法において交換法則が成り立つことを明確にする。また，テープ図に表して視覚的に確かめてもよい。

T　答えが同じになる式を線で結びましょう。

34 + 12　・	・　4 + 87
43 + 30　・	・12 + 43
58 + 31　・	・31 + 58
87 + 4　・	・47 + 26
26 + 47　・	・12 + 34
	・30 + 43

ふりかえりシートを活用する。

第8時
たし算の文章問題

本時の目標
加法になる問題場面の違いを理解できる。文章問題を作り，加法の理解を深める。

板書例

いろいろな もんだいを といてみよう

㋐
赤い 花が 36 本 さいて います。
白い 花が 45 本 さいて います。
あわせて 何本 さいて いますか。

しき
36 + 45
答え 81 本

	3	6
+	4	5
	8	1

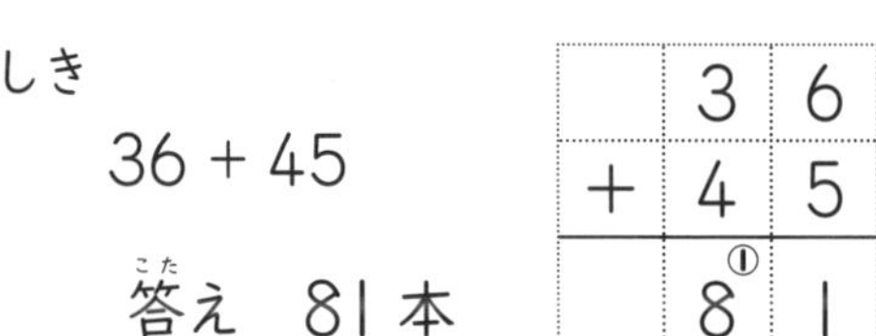

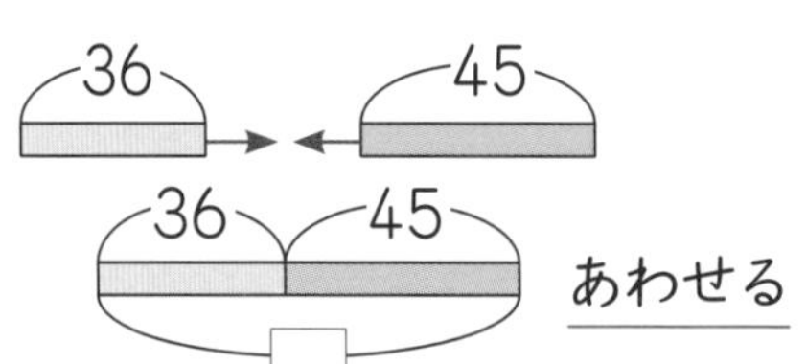

㋑
公園に 38 人 います。
そこへ，6 人 やって きました。
みんなで 何人に なりましたか。

しき
38 + 6
答え 44 人

	3	8
+		6
	4	4

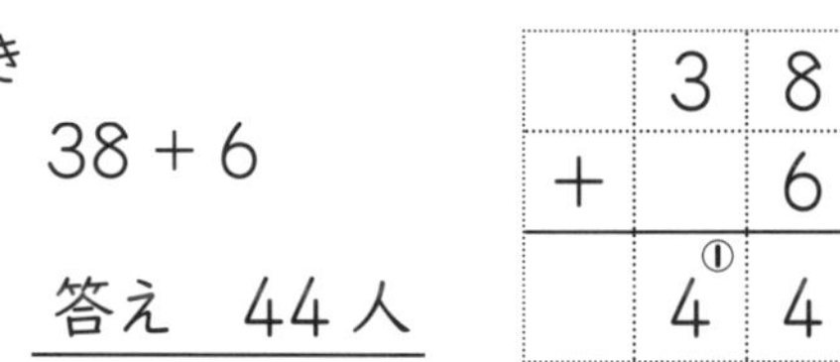

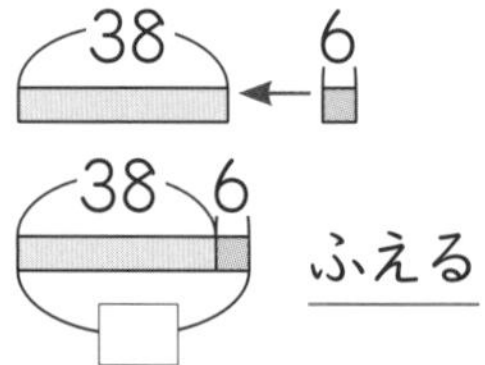

POINT ㋐～㋒の文章問題の意味の違い（合併，添加，求大）を明確に理解することは難しいですが，違いを感じ取り，児童なりの

1 ㋐の問題文を読んで，筆算で答えを求めよう

ワークシートを使って学習する。
問題文を提示する。（「合併」のたし算）

赤い花と白い花を「合わせる」からたし算だね。式は，36 + 45 になります
繰り上がりがあるので，計算を間違えないように気をつけよう

赤い花と白い花の 2 つの集合は，「花」という上位概念で合わせることができる。2つの集合が対等にあり合併するイメージである。

文中の「合わせて」という言葉から，子どもたちも比較的迷わず立式できる問題である。

2 ㋑の問題文を読んで答えを求め，問題の意味を考えよう

問題文を提示する。（「添加」のたし算）

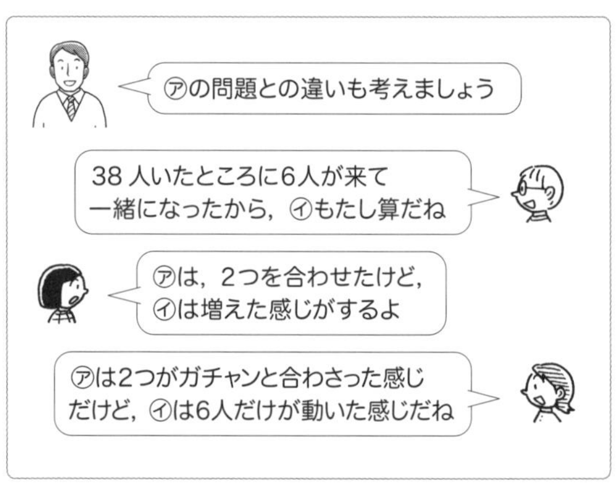

㋐の問題との違いも考えましょう
38 人いたところに6人が来て一緒になったから，㋑もたし算だね
㋐は，2つを合わせたけど，㋑は増えた感じがするよ
㋐は2つがガチャンと合わさった感じだけど，㋑は6人だけが動いた感じだね

T ㋐と㋑を図に表して比べてみましょう。

テープ図に表して違いを確かめる。

T 後から付け足して増える問題ですね。

㋑は，38 人の集合に，6 人の集合が動いて合わさるというイメージである。

準備物	QR ワークシート QR ふりかえりシート QR 文章問題作りシート

ICT	文章問題作りシートを配信し，タブレットで作成できるようにする。完成したデータを全体で共有すると，他の児童の学びにも繋がる。

㋒

わたしは，カードを 45 まい もって います。
3 兄(あに)は，わたしよりも 12 まい 多(おお)く もって います。
兄は 何まい もって いますか。

しき
45 + 12

答え 57 まい

	4	5
+	1	2
	5	7

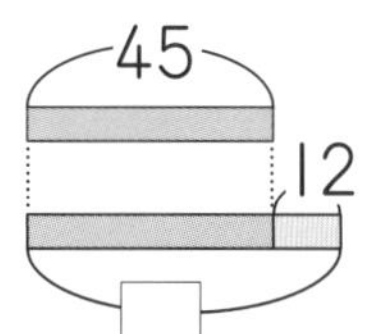

より多い

3つの たし算(ざん)

4 <もんだいづくり>

36 + 54
42 + 9

言葉で表現することが大切です。

3 ㋒の問題文を読んで答えを求めよう

問題文を提示する。(「求大」のたし算)

C　45 枚より 12 枚多い数は，45 枚に 12 枚をたした数だから，これもたし算だね。

㋐や㋑の問題とどう違いますか
㋐や㋑の問題とは違うのはわかるけど…
㋐は「合わせる」問題で，㋑は「後から増える」問題だったよ

T　㋒は，2 つの数「わたし」と「兄」の枚数を比べて，大きい方の数を求める問題です。

テープ図に表して㋐，㋑との違いを確かめる。

C　図を見ると，違いがよくわかるね。

㋒は，2 つの集合を合わせる意味ではなく，12 枚多い数を，12 枚を合わせた数とみなして考えている。

4 文章問題を作ってみよう

T　36 ＋ 54，または 42 ＋ 9 の式になる文章問題を作ってみましょう。文章問題ができたら，㋐〜㋒のどのタイプの問題かがわかるように書いておきましょう。

問題作りが難しい児童には，㋐〜㋒の問題文を一部抜いて，数や言葉をあてはめる方法でもよい。

例

㋐ □ 花が □ 本　さいています。
□ 花が □ 本　さいています。
□ 何本　さいていますか。

【QR 文章問題作りシート】
シートには絵をかくスペースがある。絵をかくと，2 位数をどのように捉えているのか，たし算の場面をどのように考えているのかがよくわかる。

ふりかえりシートを活用する。

ひき算のひっ算

全授業時数９時間

◎ 学習にあたって ◎

<この単元で大切にしたいこと>

本単元は，１年生での学習が基礎となっていますが，１年生の内容でつまずいている児童がいます。この単元で，繰り下がりの計算やひき算の意味を，もう一度学習して補うぐらいの心づもりでしましょう。筆算は，十進位取り記数法を的確に表した計算方法です。学習に対応した半具体物を使って意味の理解を図ることが大切です。また，筆算の方法についてその手順を言葉で表すことも大切にし，言語表現活動で学習の定着を図るようにします。本単元の柱は筆算の計算ですが，ひき算の意味（求残，求補，求差，求小）についても再度おさえておくようにします。各時間の導入は文章問題にし，文章問題作りの学習も積極的に取り入れるようにします。計算を常に現実の具体的な場面とつながりをもたせて考えられるようにすることが大切です。

繰り下がりの筆算の手順について言語表現をし，学習の定着を図ります。それは筆算の説明にもなります。ペアで伝え合ったり，全員の前で発表したりします。その発表のよさを認め合うことで，さらによい表現をしようと意欲を高めて学びを深めます。また，ひき算の筆算の学習ですから，はじめは意味が捉えやすい求残から始め，求補，求小，求差へと進め，ひき算の意味理解の修復もできるようにします。

<数学的見方考え方と操作活動>

計算の仕方を考えたり，説明したりするのに，半具体物の算数ブロック（タイル）を活用します。算数ブロックは数量の大きさを正確に表し，繰り下がりを的確に表現することができます。また，ひき算とたし算の関係や求補，求差の意味理解では，テープ図を活用して量の関係を視覚化して考えることができるようにします。

<個別最適な学び・協働的な学びのために>

たし算と同じく，１年生の内容がまだ十分に身についていない児童もいます。ここでも，数字だけの計算ではなく，ブロック操作と合わせて筆算学習を進めていきます。計算問題が早くできた児童への対応として，「文章問題作り」などを準備しておくと，つまずいている児童への個別支援の時間にもなります。筆算の習熟を図るための「カード計算ゲーム」では，ペアで教え合いの場面も生まれてきます。

◎ 評　価 ◎

知識および技能	既習の計算方法をもとに，筆算形式による２位数の減法の計算の仕方を理解し，筆算形式で計算ができるようになる。
思考力，判断力，表現力等	２位数の減法の筆算の仕方を，既習の計算方法をもとに，考えたり表現したりしている。
主体的に学習に取り組む態度	筆算形式の２位数の減法計算のよさに気づき，生活や学習に活用しようとしている。

◎ 指導計画　９時間 ◎

時	題	目　標
1	２位数－２位数 （繰り下がりなし）	2位数－2位数で，繰り下がりなしの筆算方法を理解し，計算ができる。
2	２位数－1,2位数 （繰り下がりなし）	2位数－1，2位数（繰り下がりなし）のいろいろな型の筆算方法を理解し，計算ができる。
3	２位数－１位数 （1年生の計算）	13 － 8 など，1年生で学習した繰り下がりのあるひき算が筆算でできる。
4	２位数－２位数 （繰り下がりあり）	2位数－2位数（繰り下がりあり）の筆算の仕方を理解し，計算ができる。
5	２位数（何十）－２位数 （繰り下がりあり）	2位数（何十）－2位数（繰り下がりあり）の筆算の仕方を理解し，計算ができる。
6	２位数－1,2位数 （繰り下がりあり）	2位数－1，2位数（繰り下がりあり）の筆算の仕方を理解し，計算ができる。
7	たし算とひき算の関係	減法と加法の関係を理解し，減法の答えの確かめを加法ですることができる。
8	ひき算（求差）の文章問題	求差の意味を理解し，文章問題を解くことができる。また，作問することができる。
9	たし算ひき算の文章問題	文章問題を読んで，たし算ひき算どちらの問題かがわかり，問題を解くことができる。

「やってみよう ひき算さいころゲームをしよう」を収録

第1時
2位数－2位数
繰り下がりなし

本時の目標
2位数－2位数で，繰り下がりなしの筆算方法を理解し，計算ができる。

板書例

あめは 何(なん)こ のこって いますか

1
あめが 38 こ ありました。
26 こ 食(た)べました。
あめは 何こ のこって いますか。

しき 38 － 26

答(こた)え 12 こ

2
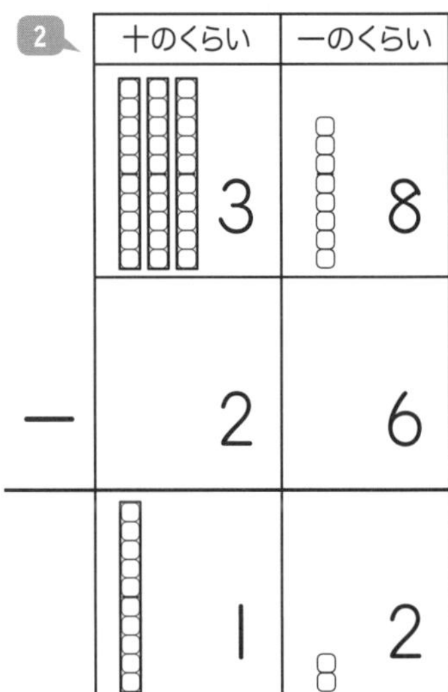

	十のくらい	一のくらい
	3	8
－	2	6
	1	2

POINT たし算と同じように，具体物→半具体物→数字と抽象化させながら，筆算ができるようにします。

1 あめを算数ブロックに置き換えて考えよう

問題文を提示する。

C 残りを求めるからひき算です。38 － 26 です。

T あめを算数ブロックに置き換えて，答えを考えてみましょう。

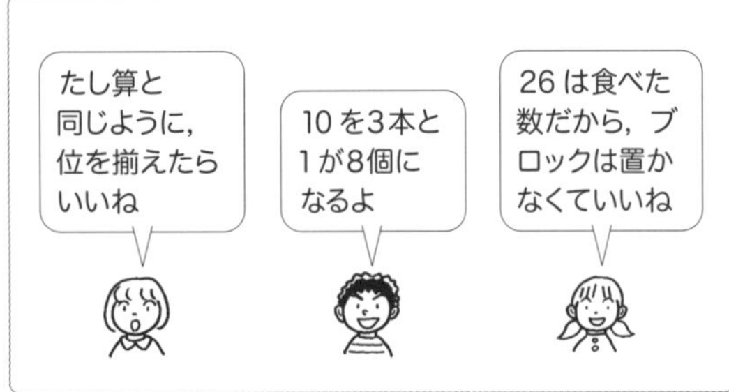

このひき算の問題の場合，38 個から 26 個を取るので，26 個があるわけではない。そのため，ひく数は数字だけで表す。

2 ブロックを「位の部屋」に入れて，答えを求めよう

T ブロックを「位の部屋」に入れましょう。

まずは，ブロック操作で答えを確かめる。

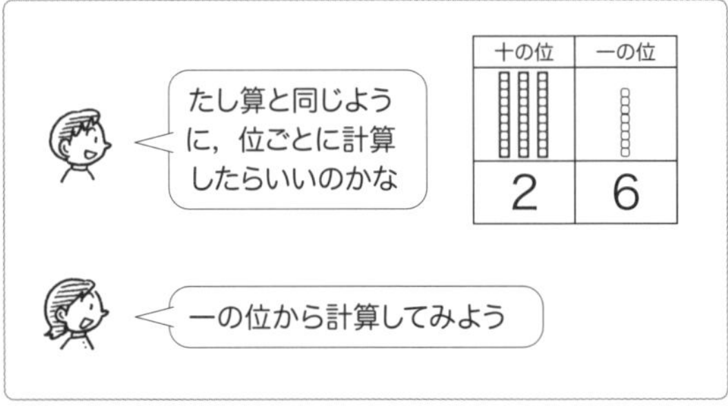

C 一の位は，8個から6個を取って，残りは2個になります。

C 十の位は，3本から2本を取って，残りが1本になります。

C 答えは，10が1本と1が2個で12です。

C ひき算も，たし算と同じように位ごとに計算したらいいね。

準備物	・算数ブロック（板書用，児童用） QR ふりかえりシート QR 動画「38 － 26」

ICT	たし算の筆算と同様に，実物投影機でブロック操作を拡大表示しながら，ノートに筆算の書き方を指導すると，児童の理解を深めることに繋がる。

3 <ひっ算(さん)をしよう>

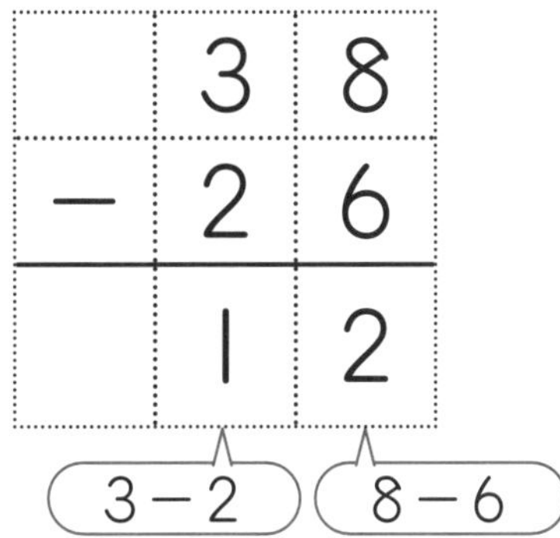

4 47 － 15

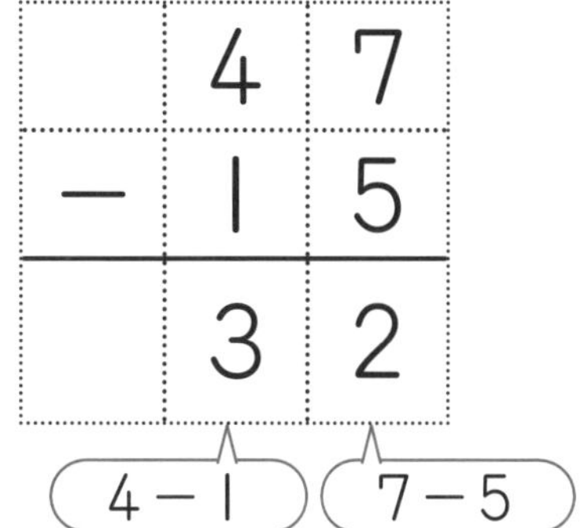

・くらいを そろえて かく

・くらいごとに 計算(けいさん)する

3 ブロックで操作したことを，数字に置き換えてみよう

T ブロックを動かしたように，計算をやってみましょう。ブロックの横に数字を書く。

C 一の位は，8 － 6 ＝ 2 で 2 を書きます。

C 十の位は，3 － 2 ＝ 1 で 1 を書きます。

C 答えは 12 になります。

T ノート（5 mm 方眼）を利用して，38 － 26 を筆算でしてみましょう。

4 47 － 15 を筆算でしてみよう

C 筆算は，一の位から計算をしておくとよかったね。ひき算も同じかな。

ブロック操作をして答えを確かめる。

たし算の筆算の学習を生かして，たし算との共通点を見出しながら，ひき算の筆算の仕方をも子どもたち自らで解決できるようにしたい。

ふりかえりシートを活用する。

第2時
2位数 −1，2位数
繰り下がりなし

本時の目標　2位数－1，2位数（繰り下がりなし）のいろいろな型の筆算方法を理解し，計算ができる。

板書例

いろいろな ひっ算に チャレンジしよう

ひっ算の しかた
・くらいを そろえて かく
・くらいごとに 計算する

1 25 − 20

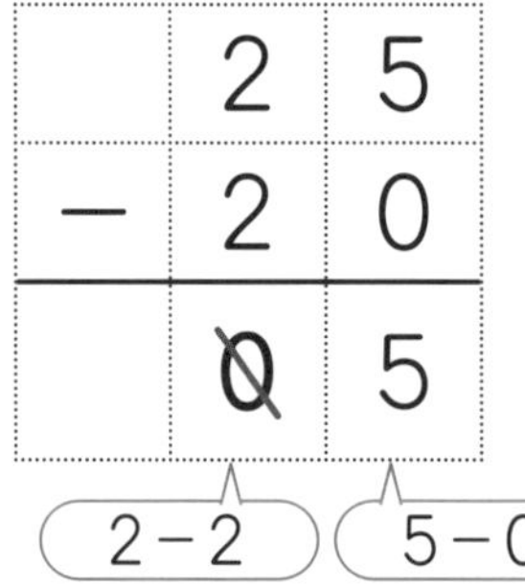

46 − 16

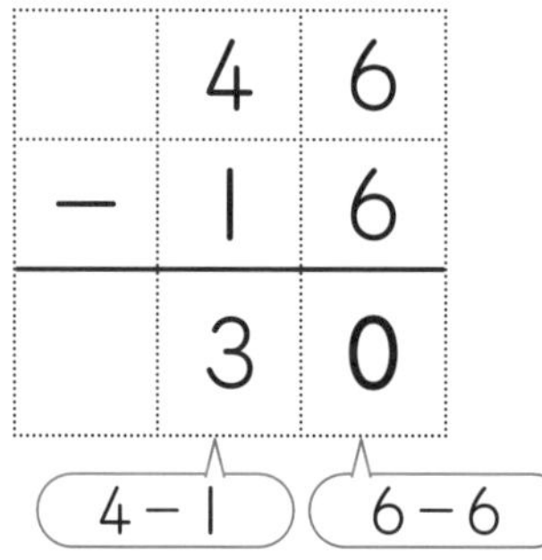

2 いらない 0　　いる 0

POINT 教師がわざと間違った計算をして，子どもたちから間違っている理由を引き出すのも1つの方法です。

1 答えに気をつけて筆算をしよう

T 「25 − 20」と「46 − 16」の筆算をしましょう。筆算の仕方はわかりますか。

C 一の位の計算は，5 − 0 = 5，十の位の計算は，2 − 2 = 0，答えは「05」でいいのかな？

	2	5
−	2	0
	0	5

C 05は変だと思うよ。0を消したらいいのかな？

2 答えの「0」に気をつけよう

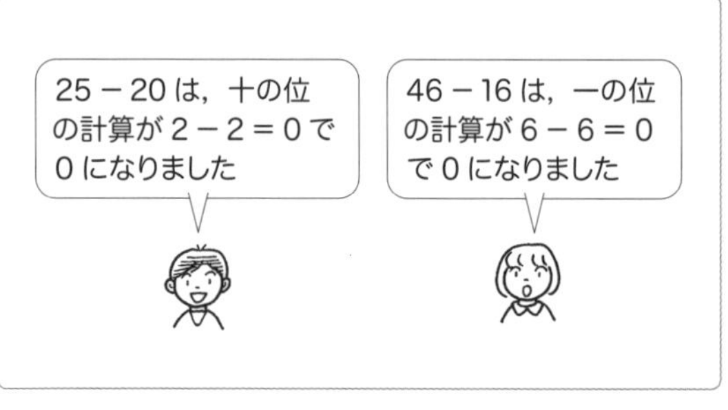

25 − 20は，十の位の計算が2 − 2 = 0で0になりました
46 − 16は，一の位の計算が6 − 6 = 0で0になりました

C 一の位の0を書かないと，答えが3になってしまうよ。
T 25 − 20の，十の位の答えの0は書きません。「いらない0」です。0は消しておきましょう。
C じゃあ，46 − 16の0は「いる0」だね。

必要な0と不必要な0を確認する。
クラスの状況を見て，ブロック操作で答えを確かめる。

準備物	・算数ブロック（板書用，児童用） QR ふりかえりシート QR 文章問題作りシート	ICT	プレゼンテーションソフトを使用して，ひき算の筆算を複数提示する。提示した問題に合わせて「ひき算ことば」を唱えることで計算の仕方の理解を図る。

3

㋐ 38 − 5

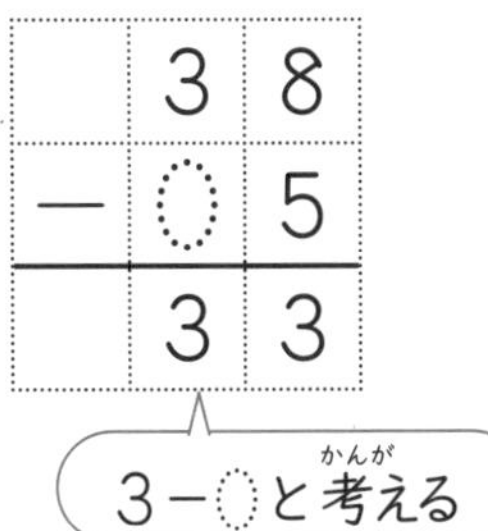

㋑ 72 − 2

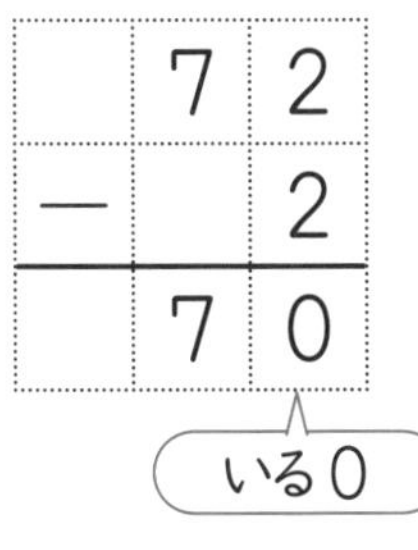

㋒ 87 − 40

	8	7
−	4	0
	4	7

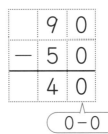

0 の ある 計算に 気をつける

㋓ 90 − 50

	9	0
−	5	0
	4	0

0 − 0

3 ㋐ 38 − 5 と ㋑ 72 − 2 の筆算をしよう

T　どんなことに気をつけたらいいですか。

C　位を揃えて書かないといけません。

C　5 や 2 は一の位に書かないといけません。

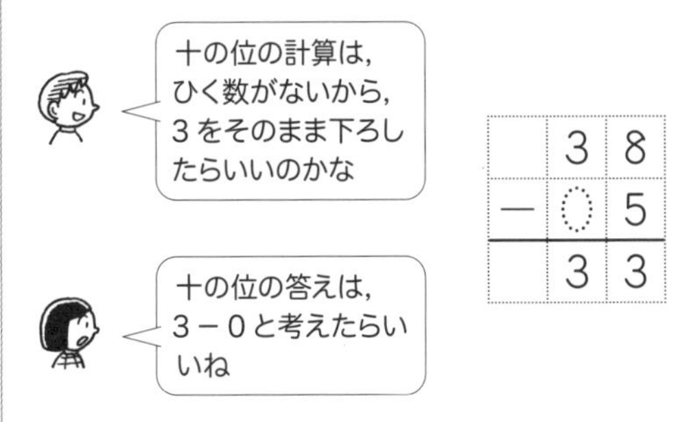

十の位の計算は，ひく数がないから，3 をそのまま下ろしたらいいのかな
十の位の答えは，3 − 0 と考えたらいいね
3 8
− 0 5
3 3

C　㋑の一の位の答えの 0 は「いる 0」だね。

「位を揃えているか」「答えの 0 の処理」など，全体で確認する。㋒ 87 − 40，㋓ 90 − 50 の計算もする。

C　今日は，0 の計算がたくさんだね，気をつけて計算しよう。

4 練習問題をしよう

同じ型の練習問題をする。

① 63 − 60　② 78 − 74　③ 69 − 6

お話（説明）しながら，計算しましょう

位を揃えて 78 と 74 を書きます。そして，位ごとに計算します。一の位の計算は，8 − 4 = 4，十の位の計算は 7 − 7 = 0 です。十の位の 0 は「いらない 0」なので，答えは 4 です

早くできた児童は，「56 − 26」の式になる文章問題作りに挑戦する。シートをたくさん準備しておき，エンドレスな学習につなげる。その間に個別支援をする。

ふりかえりシートを活用する。

第3時

2位数−1位数（1年生の計算）

本時の目標　13 − 8 など，1年生で学習した繰り下がりのあるひき算が筆算でできる。

板書例

13 − 8を ひっ算で しよう

1

> 子どもが 13人 あそんで いました。
> 8人 帰りました。
> 子どもは 何人 のこって いますか。

しき　13 − 8

答え　5人

2

	十のくらい	一のくらい
	~~1~~	3
−		8
		5

10を1本
一のくらいへ

2

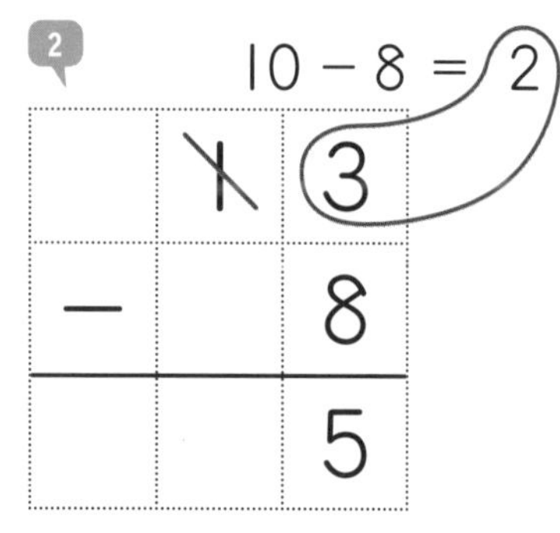

POINT　1年生で学習した繰り下がりのあるひき算も，筆算にしたらわかりやすいという児童の声が聞こえるようになります。

1 問題文を読んで答えを求めよう

問題文を提示する。

C　残りの人数を求めるからひき算です。

C　式は 13 − 8 で，答えは 5 人です。

T　どうやって答えを求めたか説明しましょう。

> 13を10と3に分けて，10から8をひいて2，2と3をたして5です（減加法）

> 8を3と5に分けて，13から3をひいて，それから5をひきました（減減法）

13 − 8の計算を頭の中でどうやって計算しているのか，児童の説明をよく聞いて，後の指導の基にする。

1年生の繰り下がりのあるひき算で躓いている児童もいる。筆算形式で復習しておくと，2位数の計算の理解にも役立つ。

2 13 − 8を筆算でしてみよう

T　「位の部屋」にブロックを置いて，13 − 8 を操作してみましょう。黒板でブロック操作をする。

T　ブロックで操作したことを，数字に置き換えて計算してみます。

> 3から8はひけません。十の位の1本を10個にして一の位に下ろします。下ろした10から8をひいて2，2と3で5になります

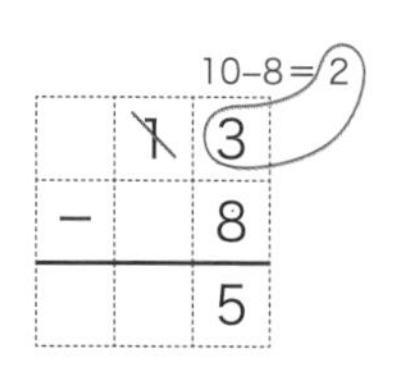

C　十の位から下ろしてきた 10 を上に小さく書いておいたらいいんだね。

C　十の位の 1 は無くなったので，消してあるよ。

準備物

・算数ブロック（板書用，児童用）
QR ふりかえりシート

ICT

プレゼンテーションソフトを使用して，ひき算の筆算を複数提示する。提示した問題に合わせて「ひき算ことば」を唱えることで計算の仕方の理解を図る。

3

ひき算ことば

□から □は ひけません。
十のくらいから｜下(お)ろします。
10 －□＝□
□と□で，答えは □

3

< 11 － 6 >

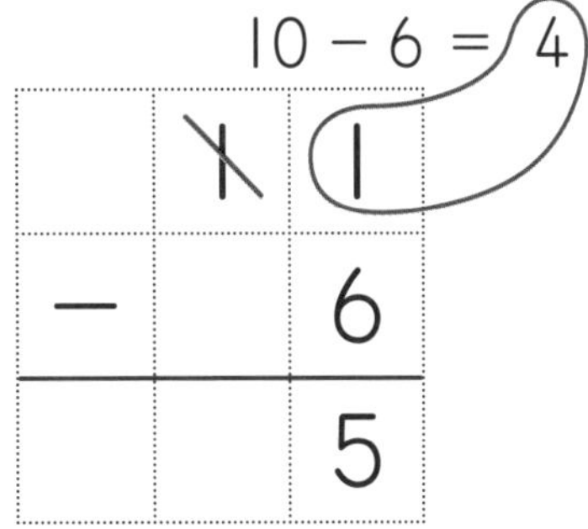

｜から 6 は ひけません。
十のくらいから｜下ろします。
10 － 6 ＝ 4
4 と｜で，答えは 5

3 「ひき算ことば」に合わせて筆算をしてみよう

<ひき算ことば>
3 から 8 はひけません。
十の位から１下ろします。
10 － 8 ＝ 2
2 と 3 で，答えは 5

唱えながらやってみよう

下ろした 10 を書いておくとわかりやすいね

はじめは全員で，次はひとりでやってみる。

T　11 － 6 もやってみましょう。

「ひき算ことば」を黒板に貼っておき，いつでも児童が見て唱えられるようにしておく。

ここでは，基本的に減加法で統一している。必要に応じてブロックを使い，10 －□の答えがわかるようにする。

4 練習問題をしよう

T　16 － 9 を筆算でしましょう。小さい声で，または頭の中で「ひき算ことば」を唱えながらしましょう。

何問か練習問題をする。

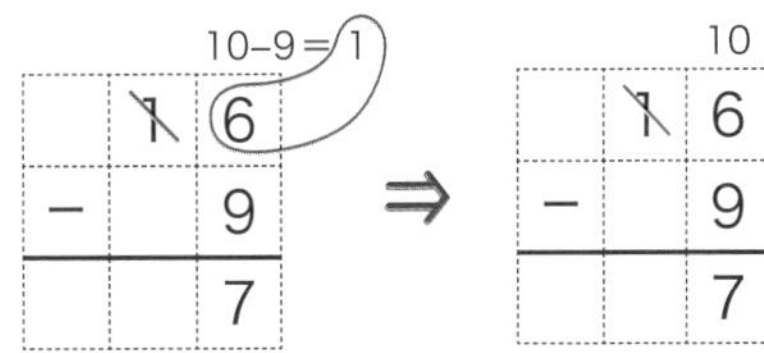

十の位から下ろした 10 を小さく書くのも補助記号である。ここでは，10 からのひき算を書き，合わせる数字を○で囲んでいる。ここまで必要ない場合は，右のように簡略できる。

ふりかえりシートを活用する。

第4時
2位数－2位数
繰り下がりあり

本時の目標　2位数－2位数(繰り下がりあり)の筆算の仕方を理解し，計算ができる。

板書例

のこって いる おり紙は 何まいですか

1
おり紙が 42 まい ありました。
25 まい つかいました。
おり紙は 何まい のこって いますか。

しき　42 − 25

答え　17まい

2
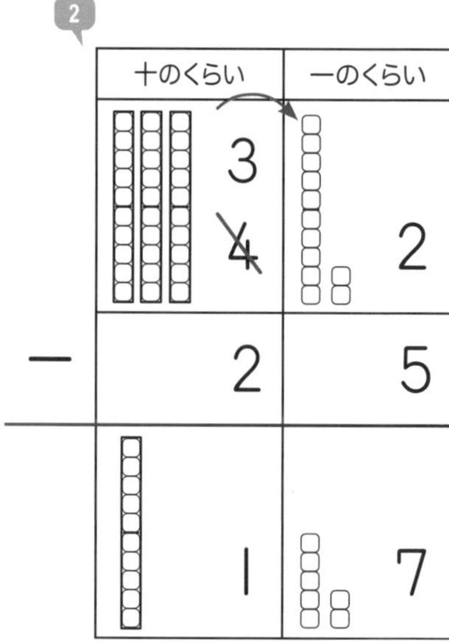

十のくらい
一のくらい
3
4
2
−
2
5
1
7

POINT　ブロック操作を何度か繰り返しましょう。そして，ブロック操作と筆算を対応させながら進めます。

1 問題文を読んで筆算で答えを求めよう

問題文を提示する。

C　式は 42 − 25 です。

C　位を揃えて，位ごとに計算だね。

一の位は，2 − 5 で計算できないから，5 − 2 = 3 と計算したよ

2から5ができないときは，十の位から1下ろしてくれればよかったね

C　前の時間に，ひけないときは，十の位から 1 繰り下げて 10 にしたよ。

前時の「ひけないときは十の位から 1 繰り下げる」学習を生かして，まずは子ども自身に解かせてみる。

2 ブロックを使って答えを確かめよう

T　一の位からブロックを動かしてみましょう。

C　2 − 5 はできないので，十の位から 1 本を 10 個にして繰り下げます。

C　10 個から 5 個をひいて 5 個，5 個と 2 個で，一の位は 7 個です。

T　十の位はどうなりますか。

C　1 本繰り下げたので，4 本が 3 本になっています。3 − 2 で 1 本です。

C　10 が 1 本と 1 が 7 個で答えは 17 です。

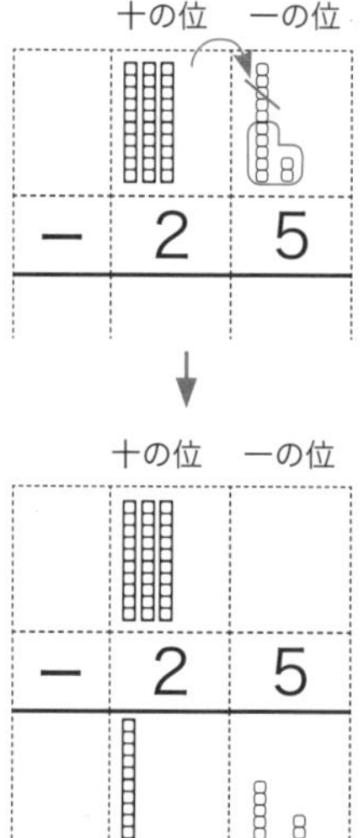

準備物	・算数ブロック（板書用，児童用） QR ふりかえりシート

ICT	プレゼンテーションソフトを使用して，2 位数－ 2 位数の筆算を複数提示する。提示した問題に合わせて「ひき算ことば」を唱えることで習熟を図る。

3

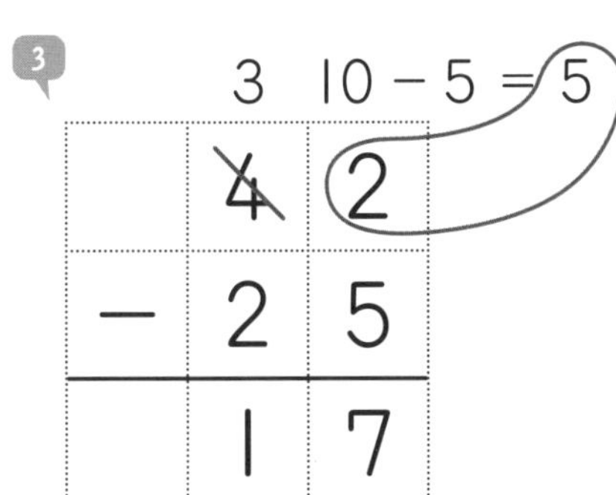

ひき算ことば

＜一のくらいの 計算＞

2から 5は ひけません。
十のくらいから 1 下ろします。
(4が 3に なりました)
10－5＝5
5と 2で 7

＜十のくらいの 計算＞

4が 3に なって います。
4－3＝1
答えは 17

4

・くらいを そろえて かく
・一のくらいから くらいごとに 計算
・一のくらいで ひけない ときは
　十のくらいから くり下げて 計算

3　42 − 25 を「ひき算ことば」を使って計算しよう

ひき算ことば

＜一の位の計算＞

2 から 5 はひけません。
十の位から 1 下ろします。
4 が 3 になりました。
10 － 5 ＝ 5
5 と 2 で 7

＜十の位の計算＞

4 が 3 になっています。
3 － 2 ＝ 1

答えは 17 です。

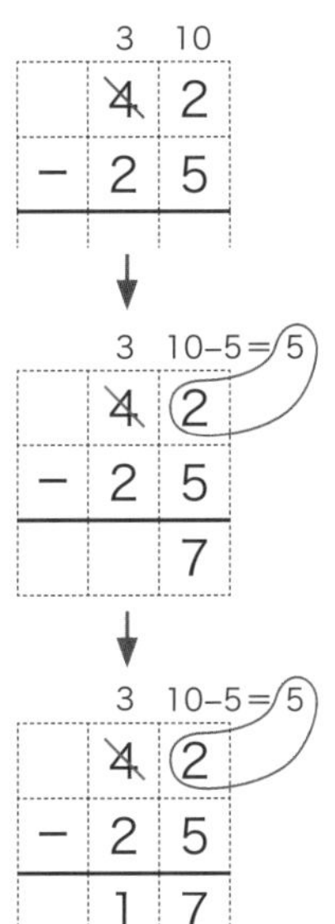

4　繰り下がりのあるひき算の仕方をまとめよう

T　筆算をするときに大切なことは何ですか。
C　位を揃えて書くことです。
C　一の位から，位ごとに計算します。

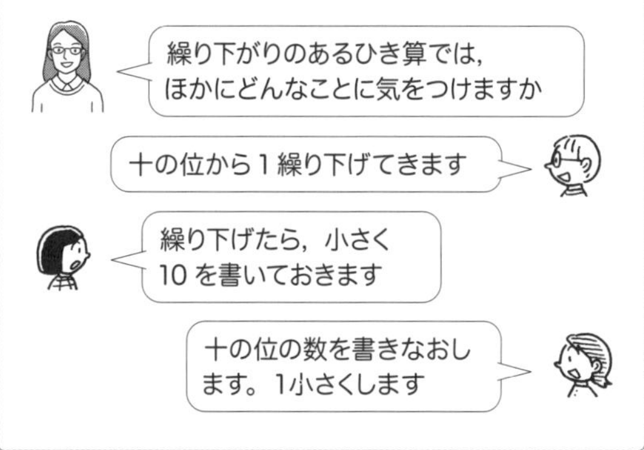

繰り下がりのあるひき算では，ほかにどんなことに気をつけますか
十の位から 1 繰り下げてきます
繰り下げたら，小さく 10 を書いておきます
十の位の数を書きなおします。1小さくします

T　64 － 28 を「ひき算ことば」を言いながら筆算でしましょう。

まずは，各自で計算し，その後，黒板で数名が発表する。
ふりかえりシートを活用する。

第 5 時

2位数(何十)−2位数 繰り下がりあり

本時の目標

2位数(何十)−2位数(繰り下がりあり)の筆算の仕方を理解し，計算ができる。

板書例

子どもは 何人(なんにん)ですか

1

バスに 50 人 います。
そのうち 大人(おとな)は 27 人です。
子どもは 何人ですか。

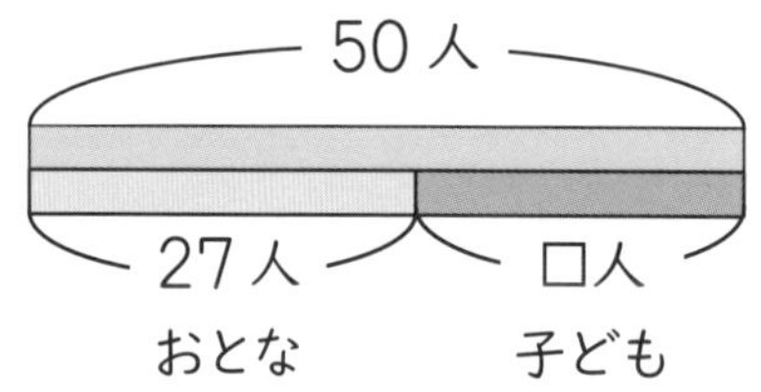

しき 50 − 27

答(こた)え 23 人

2

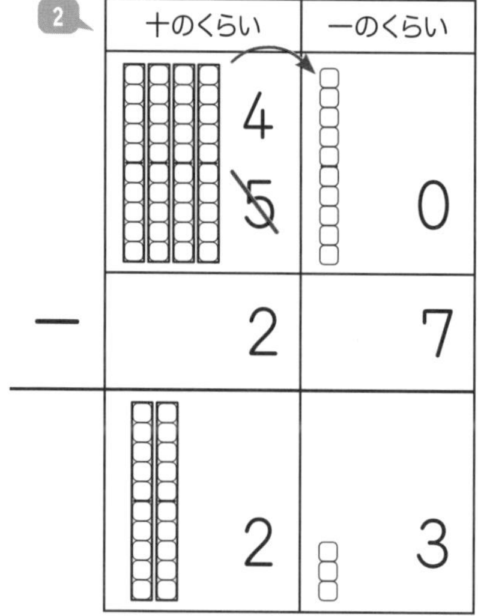

十のくらい
一のくらい
4
5
0
−
2
7
2
3

POINT ブロック操作と筆算を対応させることで計算の具体的なイメージを強くしていきます。また，お話（説明）をしながら計算

1 問題文を読んで筆算で答えを求めよう

問題文を提示する。

T 50 人から，大人の 27 人を除いた残りが子どもの人数ですね。

C ひき算で，式は 50 − 27 になります。

一の位の計算は，0 − 7，0 から 7 はひけないね
一のくらいで，ひけないときは，十の位から1繰り下げてきたらよかったね

C 0 でも，同じように計算したらできそうだ。

「求補」の文章問題である。既習内容であるが，子どもたちが苦手とするタイプの問題でもある。ひき算で求めればよいことを再度確認する。

2 ブロックを使って答えを確かめよう

T ブロックを 50 個置いて動かしてみましょう。まずは，一の位からですね。

C 一の位にブロックがないので，7 はひけません。十の位から 1 本繰り下げます。10 個から 7 個をひいて 3 個，一の位は 3 です。

T 次は，十の位です。

C 一の位に，1 本繰り下げたので，10 が，5 本から 4 本になっています。

C 4 本から 2 本をひいて，残りは 2 本です。

C 10 が 2 本と 1 が 3 個で答えは 23 です。

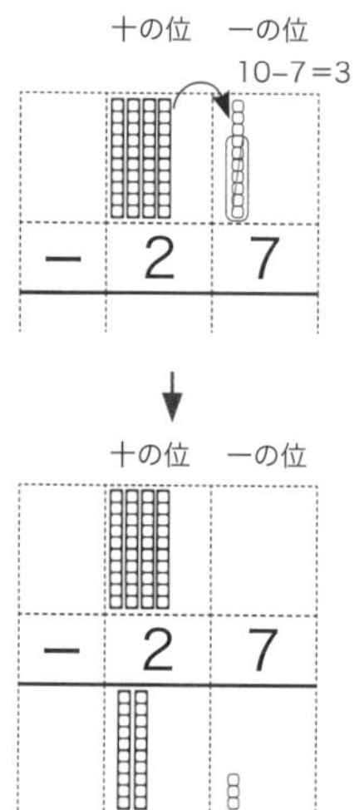

準備物	・算数ブロック（板書用，児童用） QR ふりかえりシート QR 文章問題作りシート

ICT	プレゼンテーションソフトを使用して，空位のある筆算を複数提示する。提示した問題に合わせて「ひき算ことば」を唱えることで計算の習熟を図る。

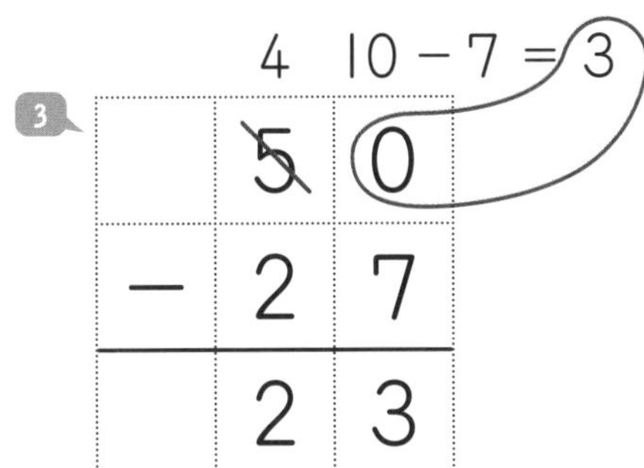

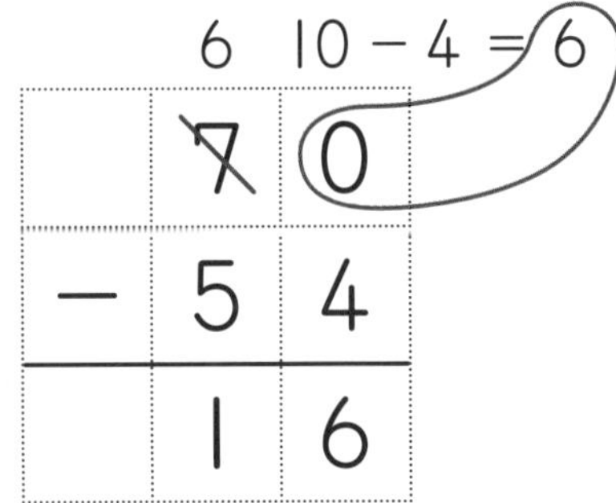

3

ひき算ことば

<一のくらいの 計算>
0 から 7 は ひけません。
十のくらいから 1 下ろします。
(5 が 4 に なりました)
10 − 7 = 3

<十のくらいの 計算>
5 が 4 に なって います。
4 − 2 = 2

することで，定着を図ると同時に表現力を養います。

3　50 − 27 をお話（説明）しながら計算しよう

まずは，各自で計算をする。

T　次に，隣の人に筆算の仕方をお話（説明）してみましょう。

0 から 7 はひけません。
十の位から 1 下ろします。
5 が 4 になりました。
一の位は，10 − 7 = 3 です。
十の位は，4 になっているので，
4 − 2 = 2 です。答えは 23 です

筆算の仕方が
よくわかったよ

T　黒板でお話をしながら計算をしてくれる人はいますか。数名が発表し，全体で確認する。

70 − 54 の計算も同じように進める。

4　「繰り返しひき算」に挑戦しよう

T　90 − 18 をします。その答えから，また 18 をひきます。それを繰り返していきます。

黒板で教師がやって見せる。

C　最後の答えが 0 になったらいいんだね。やってみよう。

「98 − 14」「96 − 16」も，14，16 を繰り返してひいていくと最後が 0 になる。
早く終わった児童は 90 − 38 の式になる文章問題作りをする。

	9	0
−	1	8
	7	2
−	1	8
	5	4
−	1	8
	3	6
−	1	8
	1	8
−	1	8
		0

繰り返しひき算は，補助記号を書くスペースが狭くなり，難しい児童もいる。つなげた筆算ではなく，1 問 1 問枠を分けて取り組ませてもよい。

ふりかえりシートを活用する。

第6時 2位数－1，2位数 繰り下がりあり

本時の目標　2位数－1，2位数（繰り下がりあり）の筆算の仕方を理解し，計算ができる。

板書例

ひっ算（さん） 名人（めいじん）に なろう

<どうして まちがったのかな>

① 73 － 69

1

	7	3
－	6	9
	1	4

2

	6	10
	~~7~~	3
－	6	9
		4

・十のくらいは｜くり下げたので６
６－６＝０　0は 書かない

② 61 － 3　くらいを そろえる

1

	6	1
－		3
		8

2

	5	10
	~~6~~	1
－		3
	5	8

・十のくらいは｜くり下げたので５
５－○と 考える

POINT　カード計算ゲームで楽しく計算の習熟を図りましょう。

1　筆算の間違いを見つけよう

T　①～③の計算を筆算でしました。正しく筆算できていますか。

C　位は揃っているけれど，何か違う気がします。

T　計算をノートにしてみましょう。そして，①～③はどうして間違ったのかを考えましょう。

①は，一の位に１繰り下げたから，７が６になって十の位の答えは０になるはずだよ

②は，十の位の答えが抜けているね

C　ひく数が１けたの計算は初めてだったけれど，これまでのやり方でできたと思うよ。

２位数－１位数の計算をこれまでの学習を生かして，まずは各自で解いてみる。

2　筆算の間違いをお話（説明）しよう

①～③の筆算の間違いを順に児童が発表し，注意すべき点を押さえながら，正しい筆算を全員で確認する。

C　①は，一の位に１繰り下げたことを書き忘れています。７が６になって，十の位は６－６＝０になります。この０は，「いらない０」です。

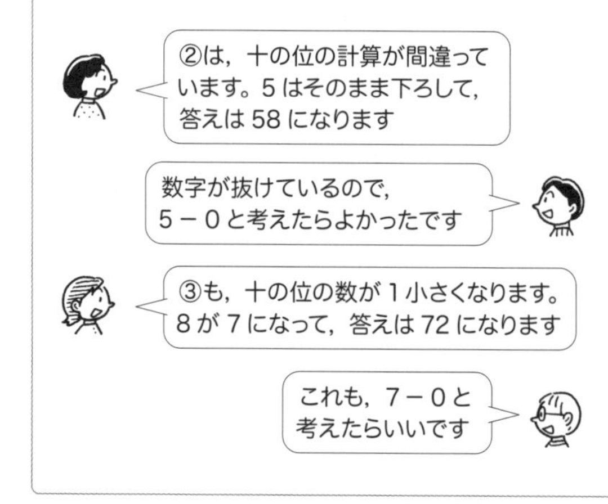

②は，十の位の計算が間違っています。５はそのまま下ろして，答えは58になります
数字が抜けているので，５－０と考えたらよかったです
③も，十の位の数が１小さくなります。８が７になって，答えは72になります
これも，７－０と考えたらいいです

準備物	・計算ゲーム用カード（児童数× 10 枚） QR ふりかえりシート QR 動画「80 － 8」

ICT	動画「80 － 8」を視聴し，2 位数－1.2 位数（繰り下がりあり）の筆算の計算の仕方を繰り返し確認し，理解と習熟を図る。

③ 80 − 8

くらいを そろえる

1

	8	0
−		8
	8	2

2

	7 ~~8~~	10 0
−		8
	7	2

・十のくらいは 1 くり下げたので 7

7 − ◯と 考える

3 ＜カード計算（けいさん）ゲームを しよう＞

	ア	イ
−	ウ	エ

ア，イ，ウ，エに カードを おいて 答（こた）えが 小さい ほうが かち

3 カード計算ゲームをしよう

□準備物

計算ゲーム用カード（1人 10 枚）

0 ～ 9 の数が書かれたカード

黒板で誰か先生とやってみましょう

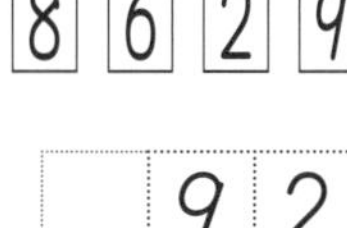

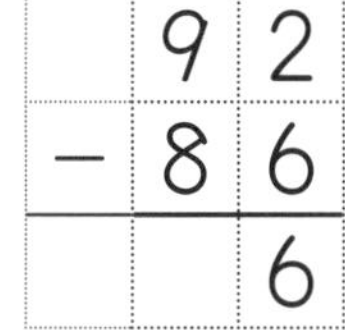

	2	5
−	0	7
	1	8

	9	2
−	8	6
		6

0 は，このように置くと 25 − 7 になることにする。

□進め方

❶ ペアで対戦する。（2 ～ 4 人でできる）

❷ 20 枚のカード（0 ～ 9 のカードを2セット）をよく混ぜて，裏返しにして4枚ずつ配る。

❸ 残りのカードは，裏返して重ねて置く。

❹ カードは1枚だけ交換できる。重ねたカードの上から1枚取る。

❺ 4枚のカードを，ア～エのところに，答えができるだけ小さくなるよう置く。

❻ 計算をして，答えが小さくなった方が勝ちとなる。

※ 計算が間違っていたら負けとなる。

ふりかえりシートを活用する。

第7時 たし算とひき算の関係

本時の目標　減法と加法の関係を理解し，減法の答えの確かめを加法ですることができる。

板書例

ひき算の たしかめを しよう

1

ここなさんは 85 ページの 本を
読んでいます。
67 ページまで 読みました。
のこりは 何ページですか。

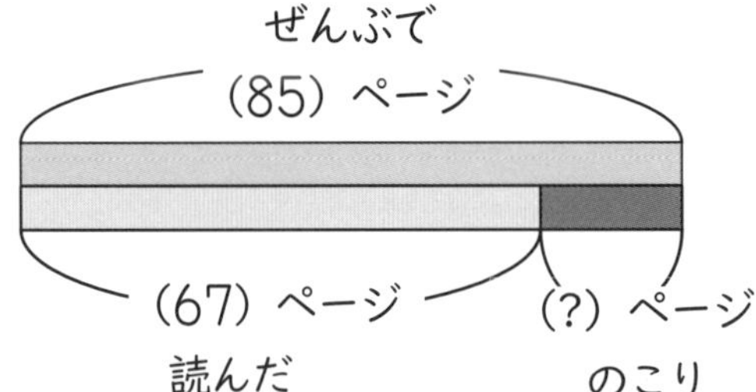

しき
85 − 67 = 18

答え　18 ページ

2

のこりの 数
ぜんぶの 数 − 読んだ 数

ぜんぶの 数
のこりの 数 ＋ 読んだ 数

POINT　たし算とひき算の関係をイメージとしてつかむことが大切です。テープ図を使ったり，筆算の上下を逆にして示したりして，

1 問題文を読んでテープ図を完成しよう

T　テープ図の（　）にあてはまる数を書きましょう。わからない数は？を書きます。

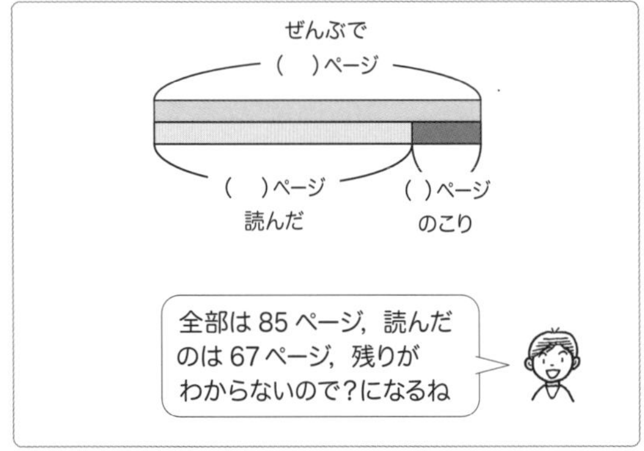

C　全部のページから読んだページをひけば，残りのページになるね。

T　筆算で答えを求めましょう。

C　式は，85 − 67 です。答えは 18 ページになりました。

2 ひき算の答えの確かめをする方法を考えよう

T　答えが 18 ページで正しいのか，このテープ図を使って確かめる方法はないでしょうか。

C　残りのページは，「全部の数－読んだ数」で，「残りの数＋読んだ数」が全部の数になるね。

残りの数の 18 ページと，読んだ数の 67 ページをたして全部の数 85 ページになったら正しいということになるよ

テープ図を使って「全部の数」「読んだ数」「残りの数」の 3 つの関係を説明する。

T　ひき算の答えは，たし算をして確かめることができます。

準備物
・板書用テープ図
QR ふりかえりシート

ICT
テープ図の描き方を実物投影機で拡大表示しながら，図を描く手順を示す。書き入れる言葉や数字も確認しながら一緒に描くことで，習熟を図る。

3

ひかれる数…… 85　　18 …… 答え
ひく数…… −67　　+67 …… ひく数
答え…… 18　　85 …… ひかれる数

85 − 67 = 18
ひかれる数　ひく数　答え

18 + 67 = 85
答え　ひく数　ひかれる数

ひき算の 答えに「ひく数」を たすと
「ひかれる数」に なる。

4 <れんしゅう>

① 94 − 71

	9	4
−	7	1
	2	3

	2	3
+	7	1
	9	4

3つの量の関係がイメージできるようにします。

3 筆算でひき算とたし算の関係を見てみよう

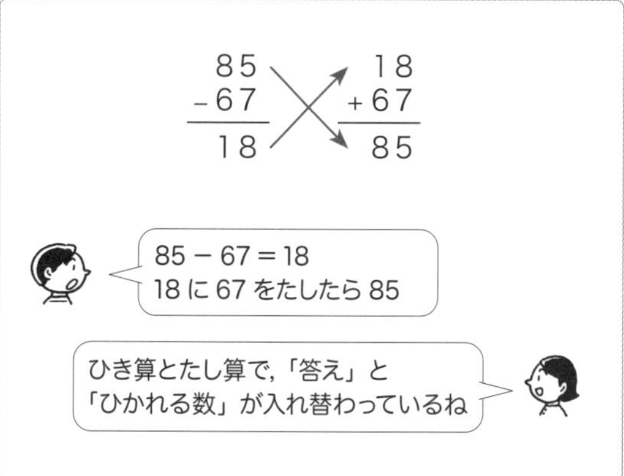

85
−67
18
18
+67
85
85 − 67 = 18
18 に 67 をたしたら 85
ひき算とたし算で，「答え」と
「ひかれる数」が入れ替わっているね

C　3つの数を使って，たし算とひき算ができるんだね。
T　ひき算の答えに「ひく数」をたすと，「ひかれる数」になります。

4 ひき算をして，「たしかめ算」をしよう

T　ひき算をして，たし算で答えを確かめてみましょう。
① 94 − 71　　② 65 − 58

65 − 58 = 7
たしかめ算の式は 7 + 58
7 + 58 = 65 だから，
答えは正しいね

躓いている児童がいれば，再度テープ図で説明をする。

ふりかえりシートを活用する。

第 8 時

ひき算（求差）の文章問題

本時の目標　求差の意味を理解し，文章問題を解くことができる。また，作問することができる。

板書例

ちがいを もとめよう

1

2 年生で，およげる 人は 17 人です。
およげない 人は 21 人です。
どちらが 何人（なんにん） 多い（おおい）ですか。

しき　21 − 17 = 4

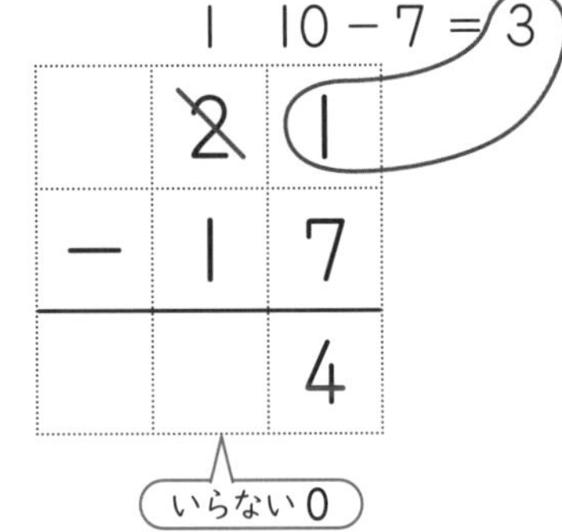

2

17 人
およげる 人
ちがい
およげない 人
21 人

答え（こたえ）　およげない 人が 4 人 多い。

POINT　1 年生で「求差」の問題は学習していますが，躓いている児童がいると予想できます。ここでもう一度取り立てて扱い，

1　問題を読んで，どんな式になるか話し合おう

問題文を提示する。

T　式は，どうなりますか。

泳げる人と泳げない人の人数の違いを聞いているからひき算だよね
問題文に 17 と 21 があるから，17 − 21 かな
17 から 21 はひけないから，21 − 17 だよ

C　簡単な図に表して考えてみたよ。

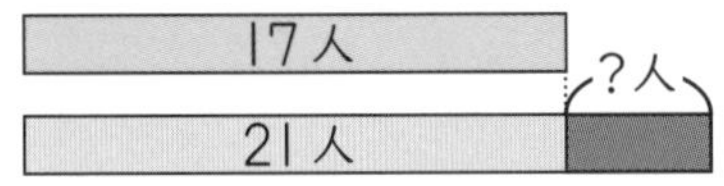

2　図に表して考えてみよう

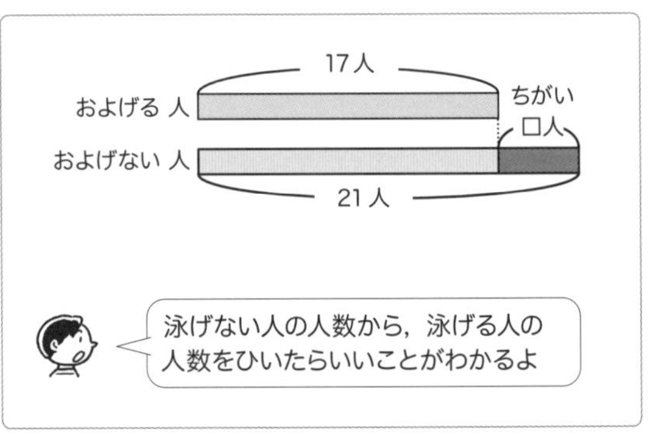

C　21 − 17 = 4 で，答えは，泳げない人が 4 人多いです。

テープ図に表すことで，問題の意味が理解しやすくなる。また，演算決定の手助けともなる。ヒントとなる簡単な絵や図をかかせてみてもよい。

準備物
・板書用テープ図
QR ワークシート
QR ふりかえりシート

ICT
テープ図の描き方を実物投影機で拡大表示しながら，図を描く手順を示す。書き入れる言葉や数字も一緒に確認すると，理解を深めることができる。

おり紙(がみ)を，ゆきさんは 34 まい，
しょうたさんは 40 まい もって います。
どちらが 何まい 多いですか。

3 10 − 4 = 6

	~~4~~	0
−	3	4
		6

しき 40 − 34 = 6

答(こた)え しょうたさんが 6 まい 多い。

ちがいを もとめる 計算(けいさん)は，ひき算で する。
大きい 数(かず)から 小さい 数を ひいて もとめる。

児童の理解を深めます。

3 問題を読んで，筆算で答えを求めよう

問題文を提示する。

これも違いを
求める問題だね
大きい数から小さい数を
ひくといいので，
式は 40 − 34 になるよ

C 40 − 34 = 6 で，答えは，しょうたさんが 6 枚多いだね。

躓いている児童がいれば，テープ図で説明する。
「21 − 17」「40 − 34」ともに，筆算の仕方や，注意する点を確認する。

ふりかえりシートを活用する。

4 絵を見て，ひき算の問題を作ってみよう

ワークシートを使って学習する。

T どんなひき算の問題が考えられますか。

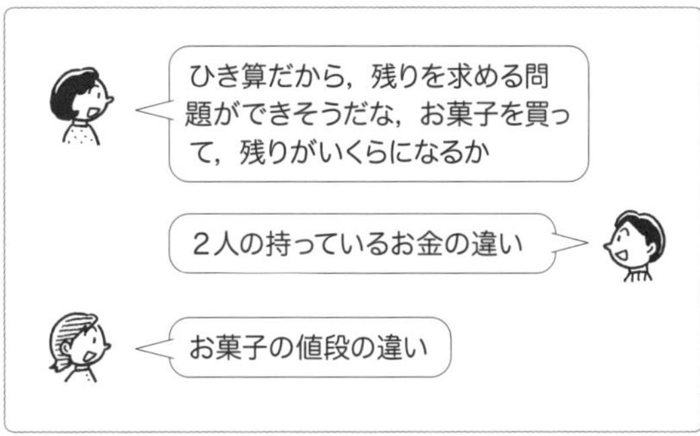

ひき算だから，残りを求める問
題ができそうだな，お菓子を買っ
て，残りがいくらになるか
2人の持っているお金の違い
お菓子の値段の違い

C グミは 65 円です。チョコは，グミより 7 円安いです。チョコは何円ですか。

問題作りに悩む子がいれば，他の子どもの作った問題文を紹介する。どのように作ればよいかがわかってくる。できるだけ，「求残」「求補」（本ワークシートでは難しい）「求小」「求差」のいろいろな問題が作れるようにする。

第9時

たし算ひき算の文章問題

本時の目標 文章問題を読んで，たし算ひき算どちらの問題かがわかり，問題を解くことができる。

板書例

たし算(ざん) ひき算 どちらの もんだいかな

1

㋐ イチゴが おさらに 32 こ，
かごに 28 こ あります。
イチゴは あわせて 何(なん)こ ありますか。

㋑ 赤色(いろ)と 青色の 花が 40 こ さきました。
赤色の 花は 15 こです。
青色の 花は 何こですか。

㋒ 池(いけ)に 白鳥(はくちょう)が 36 わ います。
そこへ，18 わ とんで きました。
白鳥は 何わに なりましたか。

㋓ ぼくじょうに 牛(うし)が 57 頭(とう) います。
馬(うま)が 86 頭 います。
どちらが 何頭 多(おお)いですか。

2

㋑ しき 40 − 15

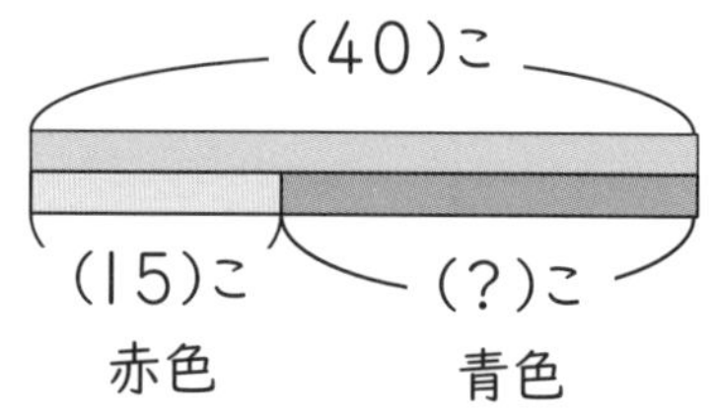

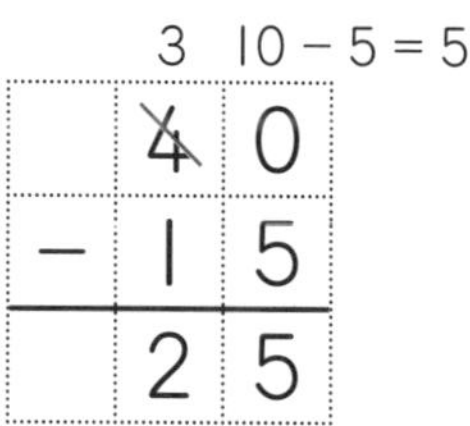

答(こた)え 25 こ

POINT たし算とひき算の筆算のまとめの時間です。2つの単元を通して，計算だけでなく文章問題もできるようになったことを

1 問題を読んで，ひき算の式になる問題を選ぼう

㋐〜㋓の問題文を提示する。

T 4つの問題文のうち，2つがひき算の問題です。まず，ひき算の問題を選びましょう。

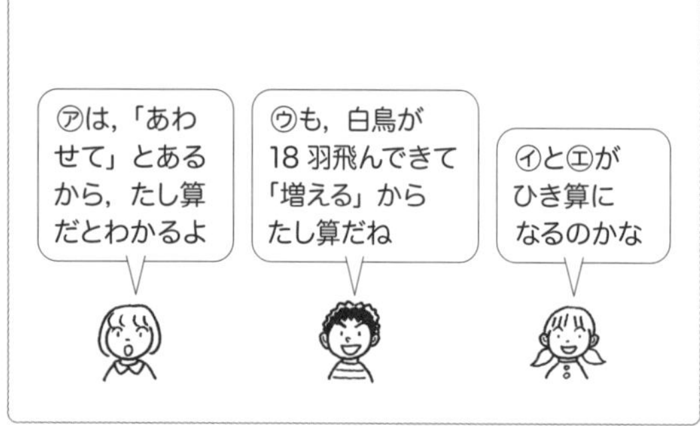

㋐は，「あわせて」とあるから，たし算だとわかるよ
㋒も，白鳥が18 羽飛んできて「増える」からたし算だね
㋑と㋓がひき算になるのかな

この段階では，まだはっきりと答えを言わないでおく。

T ひき算だと思う問題を選んで，式を立てて筆算で答えを求めましょう。

個人で解決する時間をたっぷり取る。支援を必要とする児童の個別支援もする。

2 ㋑の問題文について考えよう

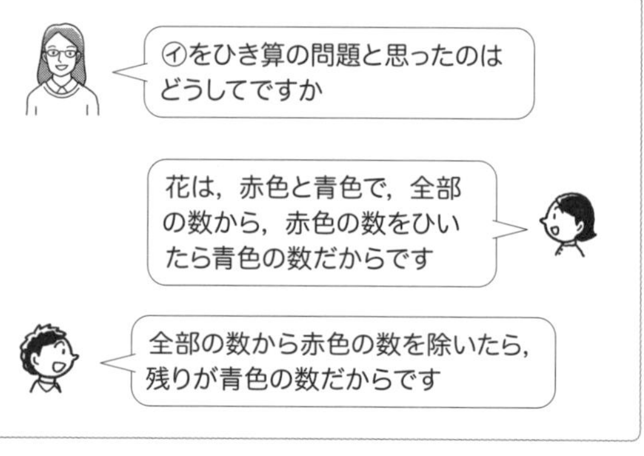

㋑をひき算の問題と思ったのはどうしてですか
花は，赤色と青色で，全部の数から，赤色の数をひいたら青色の数だからです
全部の数から赤色の数を除いたら，残りが青色の数だからです

なぜひき算なのか，できる限り多くの子どもから理由を引き出してみる。

T テープ図に表してみましょう。

(　　)にあてはまる数や？を入れて，青色の花が，ひき算で求められることを確認する。

筆算も正しくできているか全体で確かめる。

㋑は「求補のひき算」 赤色を除いた残りが青色と考えると，求残と同じように理解できる。

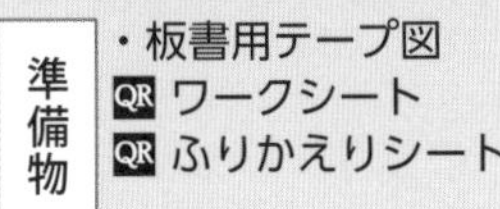

準備物
・板書用テープ図
QR ワークシート
QR ふりかえりシート

ICT
テープ図の描き方を実物投影機で拡大表示しながら，図を描く手順を示す。書き入れる言葉や数字も一緒に確認すると，問題理解をしやすくなる。

㋓ しき 86－57

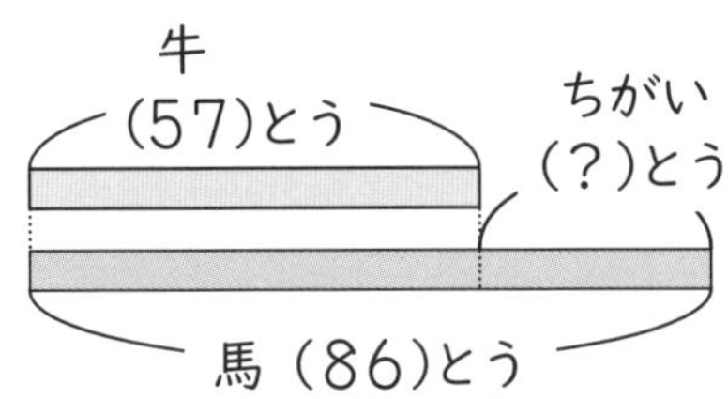

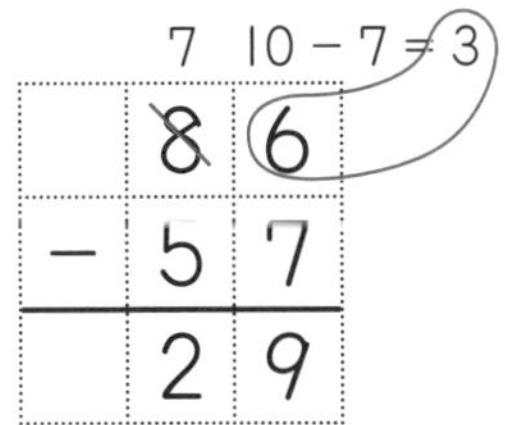

答え 29 頭

4

㋐ しき 32＋28

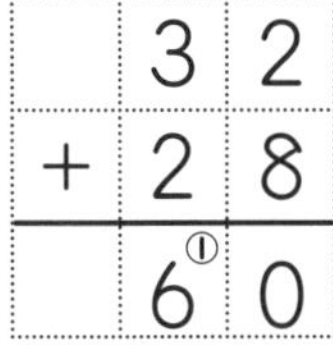

答え 60 こ

㋒ しき 36＋18

	3	6
＋	1	8
	5	4

答え 54 わ

確かめ合います。

3 ㋓の問題文について考えよう

展開 2 と同じように，テープ図に表して，ひき算で求められることを確認する。
筆算も全体で確認する。

㋓は「求差のひき算」 馬と牛を 1 対 1 対応で結び，残りの馬の数を求めると考えると，求残と同じように理解できる。

4 ㋐と㋒の問題も式を立てて，筆算で答えを求めよう

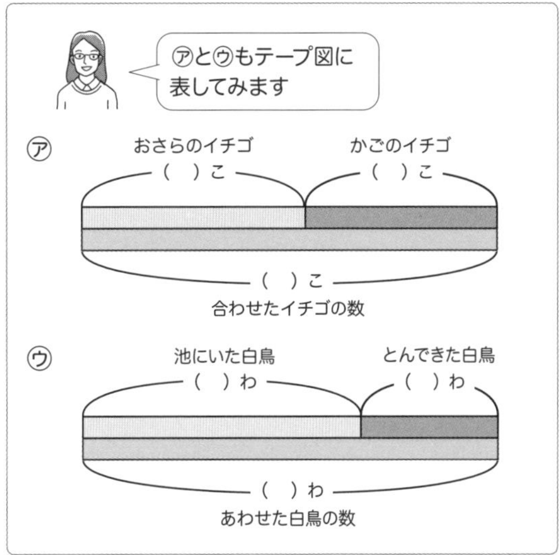

C テープ図に表すと，たし算の問題か，ひき算の問題かがよくわかるね。

筆算も正しくできているか全体で確認する。
ワークシートを活用する。

名前

● つぎの 計算(けいさん)を ひっ算で して，たしかめ算を しましょう。

① 87 − 34

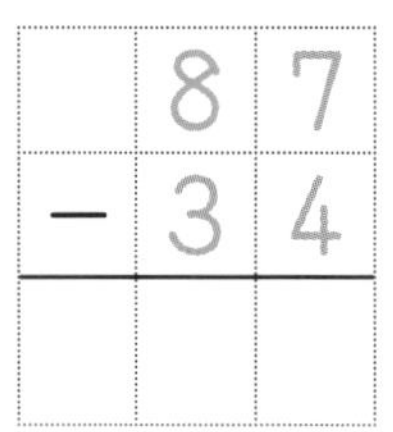

② 72 − 31

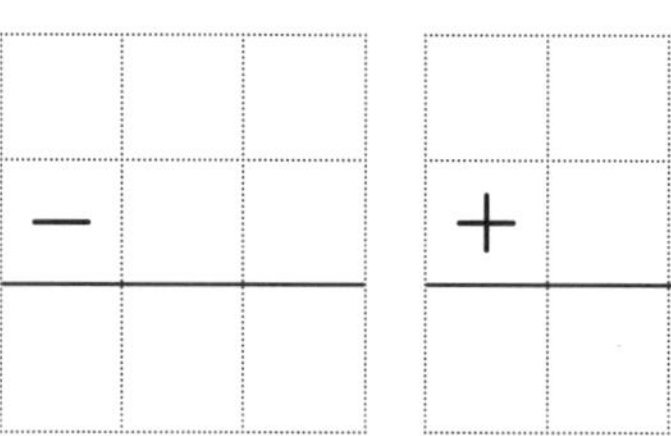

③ 81 − 38

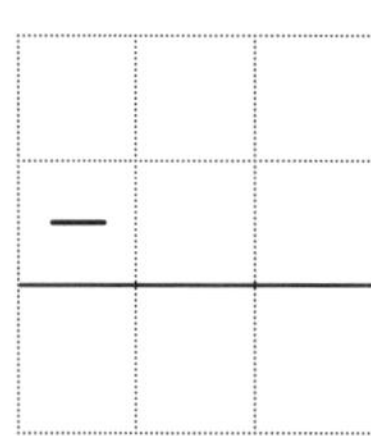

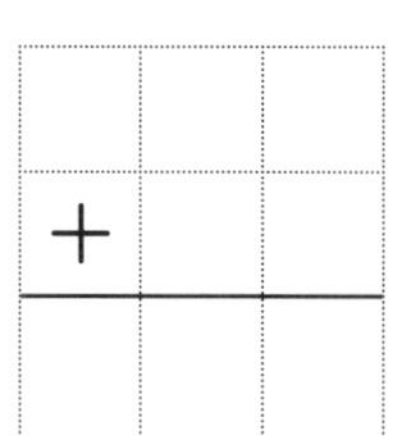

④ 56 − 27

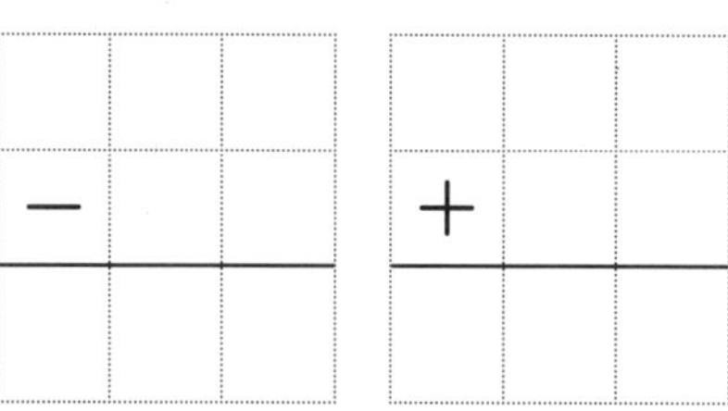

⑤ 90 − 36

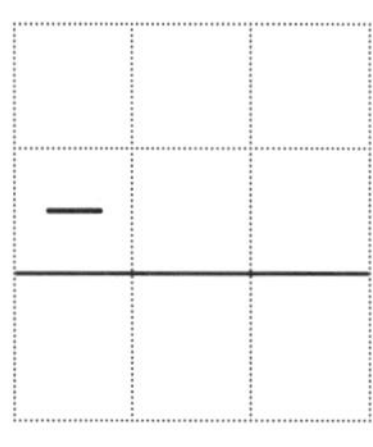

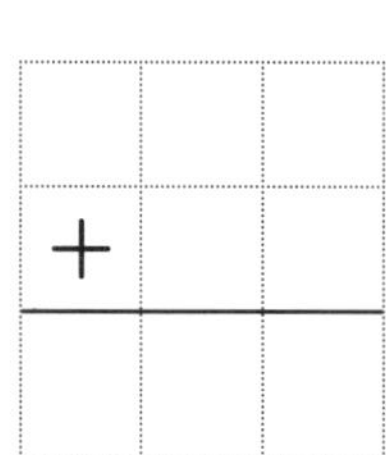

⑥ 45 − 19

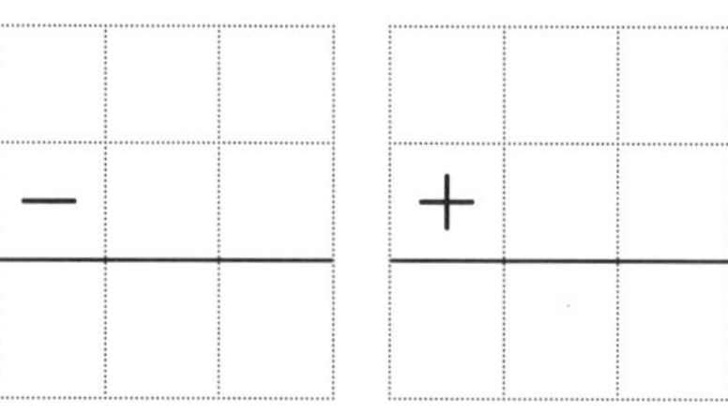

⑦ 81 − 59

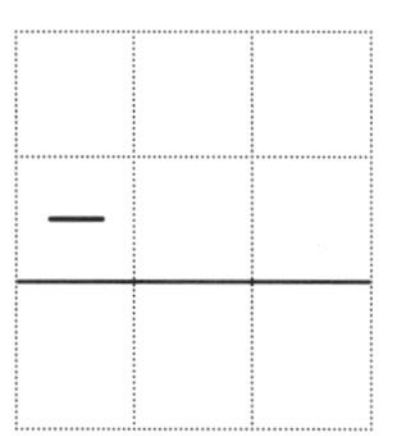

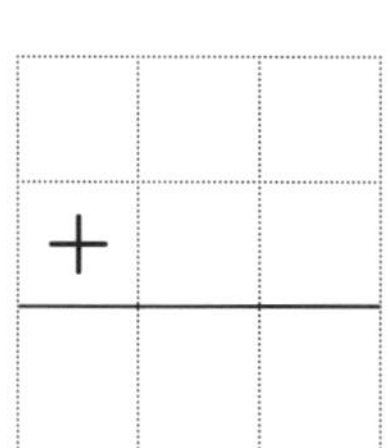

⑧ 74 − 56

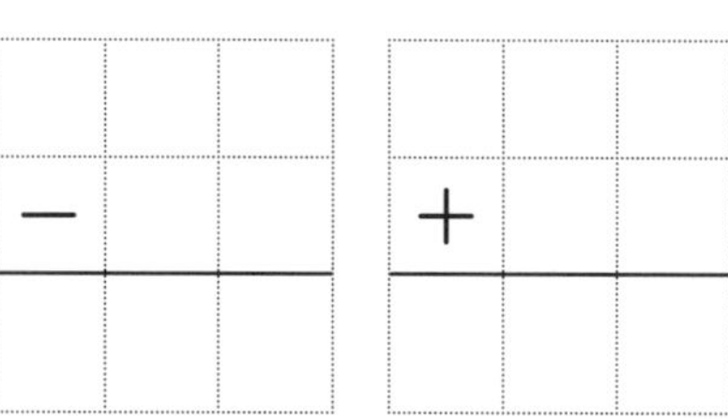

名前 ＿＿＿＿＿＿＿＿＿＿＿＿＿＿＿＿

● 絵を 見て，ひき算の もんだい文を 作ってみましょう。

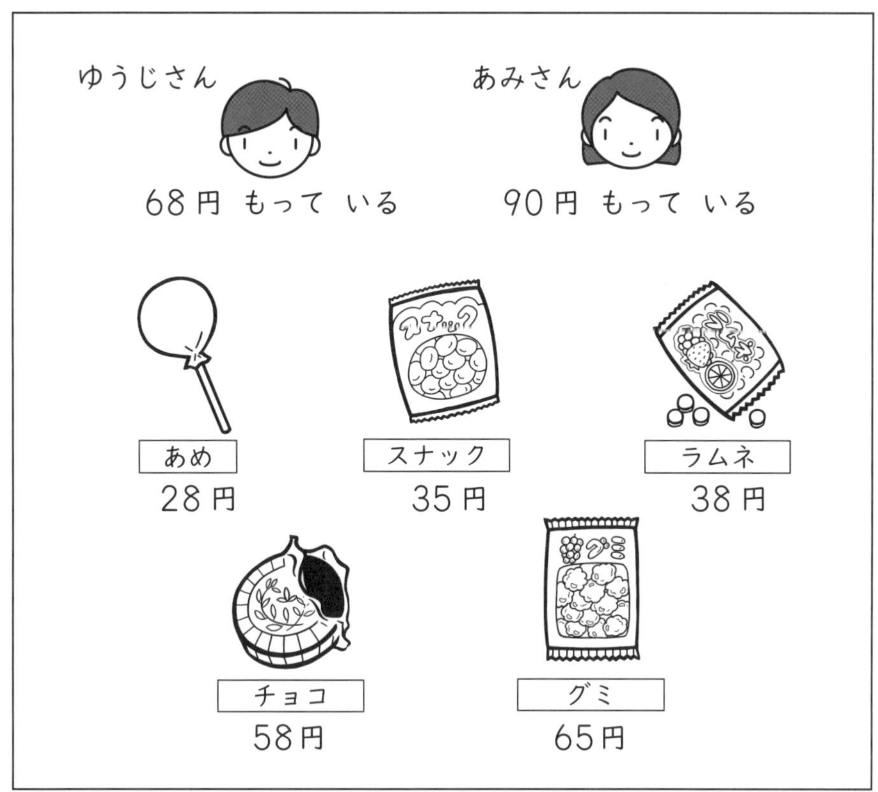

＜もんだい文＞

＿＿＿＿＿＿＿＿＿＿＿＿＿＿＿＿＿＿＿＿＿＿＿＿＿＿＿＿＿＿

＿＿＿＿＿＿＿＿＿＿＿＿＿＿＿＿＿＿＿＿＿＿＿＿＿＿＿＿＿＿

＿＿＿＿＿＿＿＿＿＿＿＿＿＿＿＿＿＿＿＿＿＿＿＿＿＿＿＿＿＿

＿＿＿＿＿＿＿＿＿＿＿＿＿＿＿＿＿＿＿＿＿＿＿＿＿＿＿＿＿＿

＿＿＿＿＿＿＿＿＿＿＿＿＿＿＿＿＿＿＿＿＿＿＿＿＿＿＿＿＿＿

＿＿＿＿＿＿＿＿＿＿＿＿＿＿＿＿＿＿＿＿＿＿＿＿＿＿＿＿＿＿

長さのたんい

全授業時数 9 時間

◎ 学習にあたって ◎

<この単元で大切にしたいこと>

量には，りんごや人のように 1，2，3…と数えられる量（分離量）と，ものの長さや水のかさのように数えられない量（連続量）があります。この単元で初めて連続量を学ぶことになります。長さは 1 年生で直接比較→間接比較→個別単位による比較を学習済みですが，2 年生でも間接比較→個別単位を扱ってから普遍単位が作られてきた過程を理解させます。世界共通単位（普遍単位）は，まず 1cm を知らせます。長さの単位は m がもとですが，2 年生の児童が初めて扱うには長すぎます。そこで，cm から指導します。

<数学的見方考え方と操作活動>

$1cm^3$ ブロックを使って，世界共通単位 cm を知らせ，cm の読み書きの練習をしたあと，ブロックを並べて身近なものの長さを測ります。ブロックを 1 個ずつ並べるのは面倒なので，「手づくりものさし」を作り，それで測ります。mm も cm と同様に「手づくりものさし」で導入しますが，すべてに mm の目盛りをうつことは大変なので，市販のものさしへとつないでいきます。

教科書では，竹製の 30cm のものさしが掲載されているので，それに従いましたが，竹製だと線や図形が隠れてしまい，見えにくいため，透明な定規の方が扱いやすいと思います。端が 0 の透明なものさしも売られています。

<個別最適な学び・協働的な学びのために>

児童がものさしで測るのは初めてのことですから，丁寧な指導が必要です。特に線をひくのに，ものさしを片方の手で押さえて，もう一方の手で線をひくことは，この時期の児童にとってはなかなか大変なことです。しかし，ある程度はこの単元で直線をひけるようにしておき，これ以降の学習などでも，直線をひく機会をつくるようにします。

また，1 つの直線の長さを○ cm □ mm と△ mm という 2 種類の表現をします。同じものに 2 種類の表現があるのは，児童には難しいので「へんしんものさし」使って，実際に長さを測らせながら理解できるようにします。

◎ 評　価 ◎

知識および技能	長さの単位，測定の意味や長さの表し方を理解し，正しく測定したり，指定された直線を引くことができる。
思考力，判断力，表現力等	普遍単位の必要性に気づき，長さを表す際に適切に用いたりしている。
主体的に学習に取り組む態度	測るものの長さの見当をつけて，量感を基に適切な単位を選んで測定しようとしている。

◎ 指導計画　9 時間 ◎

時	題	目　標
1・2	長さ比べゲームで導入	ゲームを通して，長さの比べ方を考えることで，長さの概念を身につけることができる。
3	長さの単位（cm）	普遍単位の必要性に気づき，長さを表す単位「cm」を知り，その読み方や書き方がわかる。
4	cm ものさしを作る	「cm ものさし」を作り，ものさしを使って長さを測ることができる。
5	cm より短い単位（mm）	cm より短い長さを表す単位 mm を知り，1cm ＝ 10mm の関係を理解する。
6	30cm ものさしで測定する	30cm ものさしの仕組みを知り，目盛りを正しく読むことができる。mm の単位まで測定することができる。
7	長さの単位換算	1cm ＝ 10mm をもとにして，○ cm □ mm を△ mm で表せることを理解する。
8	直線をひく	直線の意味を知り，ものさしを使って，指定された長さの直線をひくことができる。
9	長さのたし算・ひき算	長さのたし算，ひき算の仕方を理解する。

第1·2時

長さ比べゲーム

本時の目標　ゲームを通して，長さの比べ方を考えることで，長さの概念を身につけることができる。

板書例

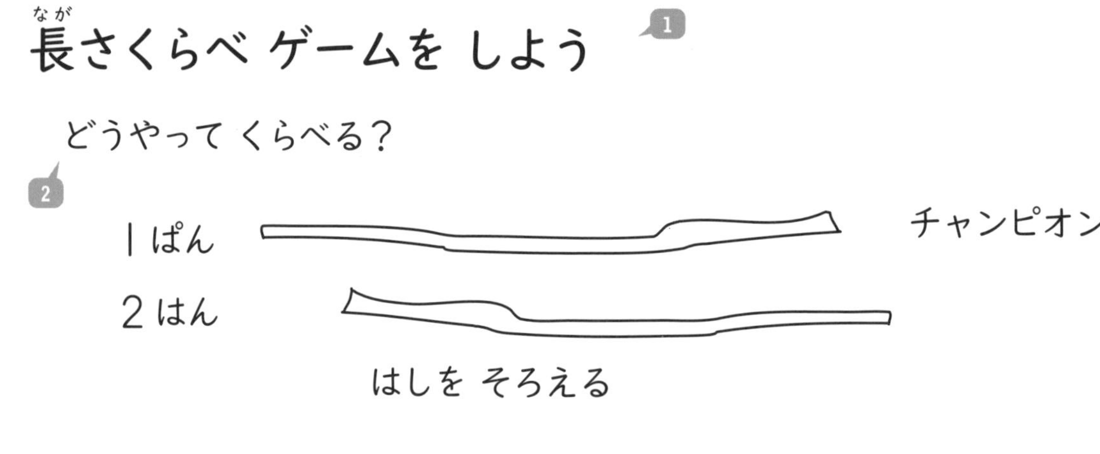

POINT 長さの直接比較，間接比較，任意単位での比較は，1年生での既習事項ですが，2年生で再度学習することで，長さの概念

1 長さ作りゲームをしよう

□準備物
　A4用紙
□ルール
　❶ A4用紙を手でちぎって，1分間でできるだけ長くつながった紙を作る。(教師が実演する)
　❷ 班でいちばん長い紙を決める。

途中でちぎれたら，そこで終わりです

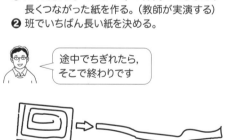

C　見ただけで，どちらが長いかわかるものもあるね。
C　端をぴったり合わせて比べたらいいね。

直接合わせて比べること（直接比較）ができているか，各班の様子を見ておく。

2 クラスのチャンピオンを決めよう

各班でのいちばんを黒板に貼って並べる。

T　1班と2班を比べます。(端を揃えず比べる)
　2班の方が長いですね。

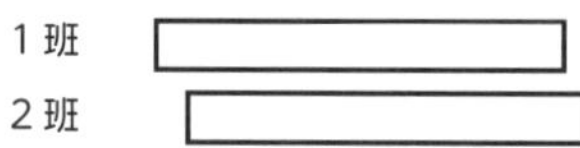

C　端を揃えて比べないといけません。
T　3班と4班を比べます。(真っ直ぐにせず比べる)
　4班の方が長いですね。

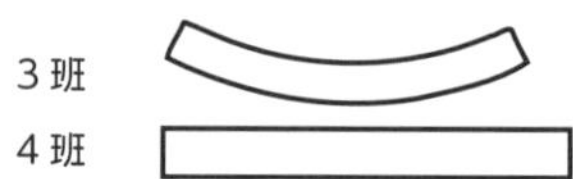

C　真っ直ぐにして比べないといけません。

児童から下線のような言葉が出てくるよう仕向ける。正しく比べて，クラスのチャンピオンを決める。

準備物	・長さ比べゲーム用 A4 用紙 (児童数) ・テープ ・仲立ちになるもの (傘など) QR ふりかえりシート

ICT	活動 3 で間接比較している様子をタブレットで撮影して記録する。2 枚の写真を比較することで違いが捉えやすくなる。

3 ＜どちらが 長いかな＞

2 本の テープの 長さを くらべよう

よそう

㋐ 16 人

㋑ 9 人

くらべ方(かた)

かわりの ものを

つかって くらべる

よそう

㋐ 13 人　㋑ 12 人

くらべ方

4 手を つかって くらべる

・あた
・つか
何(なん)こ分(ぶん)
長さは 数(かず)で
あらわせる

人に よって 大きさ ちがう

が身につき，普遍単位の学習にスムーズに進めることができます。

3 テープの長さを比べよう

2 本のテープを教室の壁面に貼っておく。同じ長さでも縦の方が長く見えるため，㋑を㋐より少し長くしておく。

児童にどちらが長いか予想させる。

T　どちらが長いか調べてみましょう。

さっきは，ぴったり合わせて比べることができたけど，貼ってあるから動かせないね

何か他のものを使って比べられないかな，長いテープとか，傘とか，…

児童が考えた方法で調べてみる。

C　㋐は傘よりも短い。㋑は傘よりも長いから，㋑の方が長いね。

仲立ちになるものを使って比べる。(間接比較) 長さを取り出して他のものに写して表すことができることを学ぶ。

4 身体を使って長さを比べよう

展開 3 と同じように，動かすことができない 2 本のテープの長さを比べる。どちらが長いか予想を立てて始める。

T　身体の一部を使って調べてみましょう。

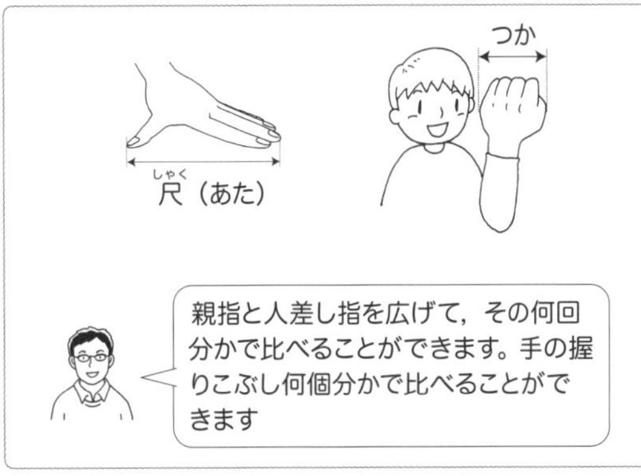

つか
尺(しゃく)（あた）
親指と人差し指を広げて，その何回分かで比べることができます。手の握りこぶし何個分かで比べることができます

C　数で表せるから便利だね。

C　人によって長さが違うから，どうしたらいいのかな。

「あた」や「つか」も任意単位の 1 つである。

第3時

長さの単位（cm）　普遍単位

本時の目標　普遍単位の必要性に気づき，長さを表す単位「cm」を知り，その読み方や書き方がわかる。

板書例

長さを 数字で あらわそう

1 <㋐と ㋑は どちらが 長いかな>

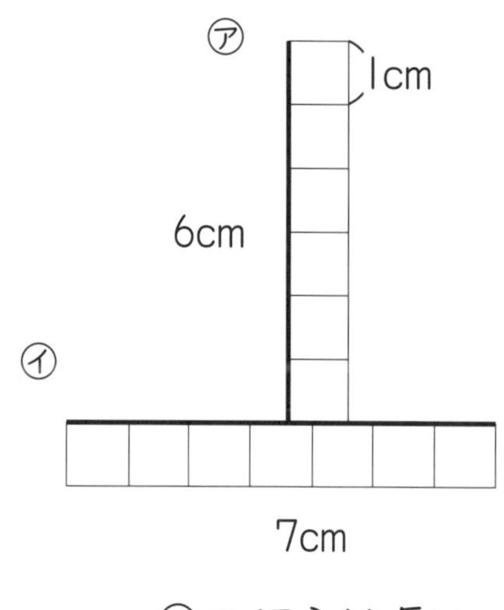

㋑の ほうが 長い

2 せかい きょうつうの 長さの たんい

㋐　ブロック　6こ分　6cm

㋑　ブロック　7こ分　7cm

POINT 1cm³ のブロックをつなげて長さをつくる活動をします。1個分が1cm，2個分が2cm，…と並べていくことで，

1 ㋐と㋑の線はどちらが長いかな

ワークシートを使って学習する。

C　前の時間に，他のものを使って長さを比べました。長さは数で表せると習いました。

C　消しゴムやブロックを置いて比べたらわかりそうです。

C　消しゴムで比べたら，㋑の方が少し長いよ。

T　ブロックを使って長さを比べてみましょう。

（大きさの違うブロックで比べる）

2 世界共通の長さ（1cm）のブロックで測ろう

各班に 1cm³ のブロックを 10 個程度配る。

T　同じ大きさのもので比べてみましょう。

C　㋐はブロック6個分，㋑はブロック7個分になりました。

どの班も同じ数になったことを確かめる。

T　このブロックの長さには名前があります。この1個分の長さを 1cm（1センチメートル）といいます。

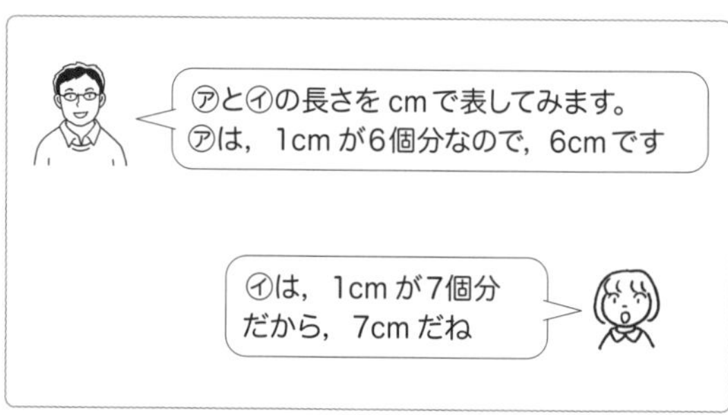

㋐と㋑の長さを cm で表してみます。㋐は，1cm が6個分なので，6cm です
㋑は，1cm が7個分だから，7cm だね

cm の読み方，書き方を練習する。

準備物
・算数ブロック
・1cm³ ブロック（多数）
QR ワークシート

ICT
測りたいものと 1cm³ ブロックを並べたものをタブレットで撮影する。撮影したものを提示し，全体で交流する。

＜ブロックを つなげて 長さを つくろう＞

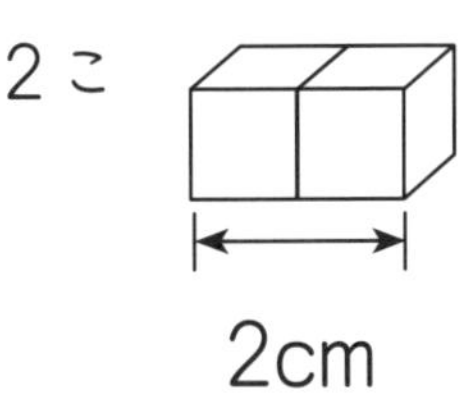

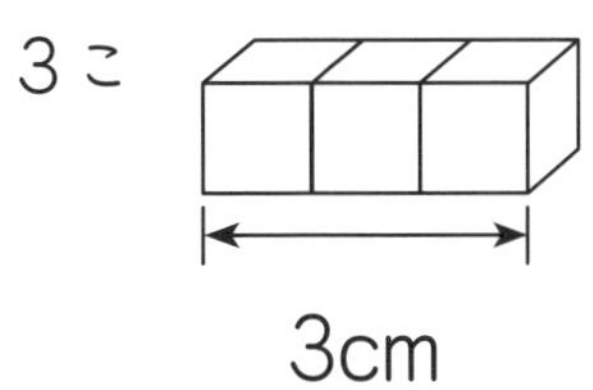

キャップ　5こ分　5cm
けしゴム　4こ分と 少し　4cm と 少し
えんぴつ　8こ分　8cm

1cm の何個分という捉え方がわかりやすくなります。

3 1cm のブロックをつなげて長さを作ろう

児童に 1cm³ ブロックを 10 個ずつ配る。

ブロックを2個つないで並べてください。この2個分の長さは何 cm ですか
1個分が1cm だから，2個分は2cm です
1cm が2個分で2cm だね

T　ノートに 2cm の長さを線でかきましょう。そして，「2cm」と書いておきましょう。

T　次は，３個つないだ長さをかきましょう。

続けて，3cm，4cm，5cm，…とかいていく。
ブロックを並べることで，1cm の何個分という捉え方がわかりやすくなる。

4 長さを cm を使って表そう

T　㋐は 6 個分で 6cm，㋑は 7 個分で 7cm でしたね。ブロックを使って，ほかのものも測ってみましょう。

ノートに「測ったもの」「□個分」「□ cm」とまとめる。

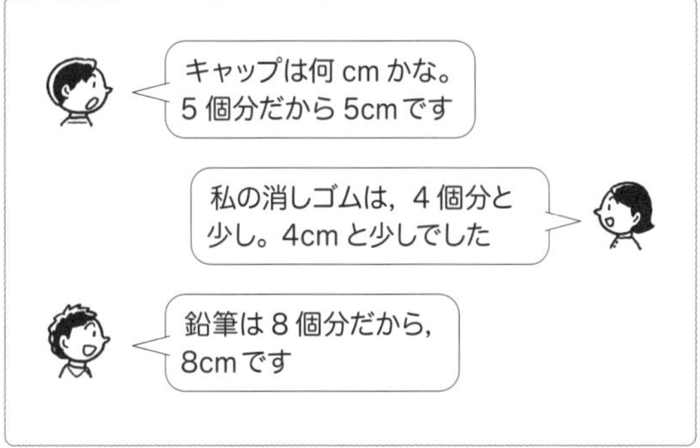

キャップは何 cm かな。5 個分だから 5cm です
私の消しゴムは，4 個分と少し。4cm と少しでした
鉛筆は 8 個分だから，8cm です

C　1cm を使ったら，長さがどれだけかが，みんなにわかるね。

cm でぴったりにならない長さは，mm の学習に繋がる。

第4時 cm ものさしを作る

本時の目標 「cm ものさし」を作り，ものさしを使って長さを測ることができる。

板書例

cm ものさしを 作ろう

1

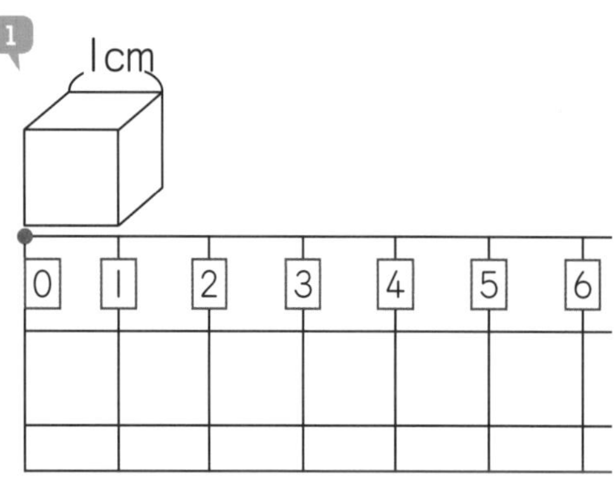

めもりを つける（線の 上）

0 を かいて，赤い しるしを つける

2 <どちらが 長いかな>

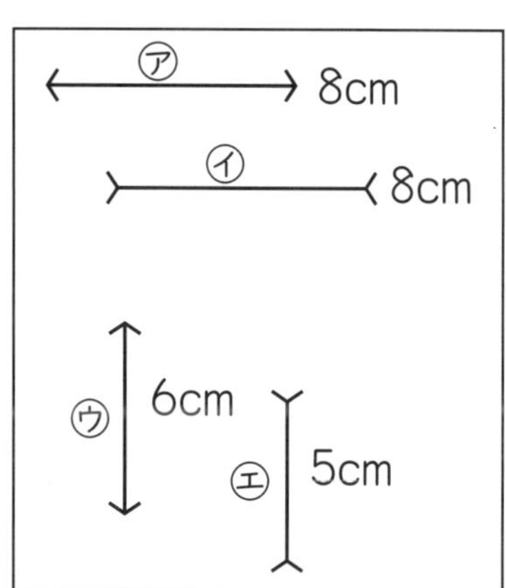

POINT 1cm³ のブロックを使って，自分で目盛りを入れていくことで，ものさしの仕組みが理解できるようになります。

1 「cm ものさし」を作ろう

児童に方眼工作用紙と 1cm³ ブロックを配る。

T この用紙の 1 目盛りは 1 cm です。

1 cm³ ブロックを使って，どこも 1cm であることを確かめる。

T ブロックを使わずに長さを測れるものさしを作ります。長さがすぐにわかるように，目盛りに数字を書いていきます。

1 cm から順に目盛りに数字を書いていく。

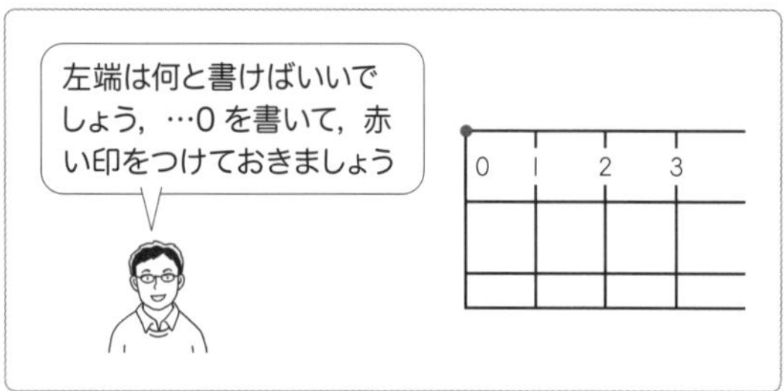

左端は何と書けばいいでしょう，…0 を書いて，赤い印をつけておきましょう
0
1
2
3

目盛りを書くときに，線と線の間ではなく，線の上に書いているかを確認する。

2 作った「cm ものさし」で長さを測ろう

ワークシートを使って学習する。

T ㋐と㋑の長さを測ります。

□測り方

❶ ものさしの「0」を線の端に合わせる
❷ ものさしを線に沿わせる
❸ 目盛りの数を読み取る

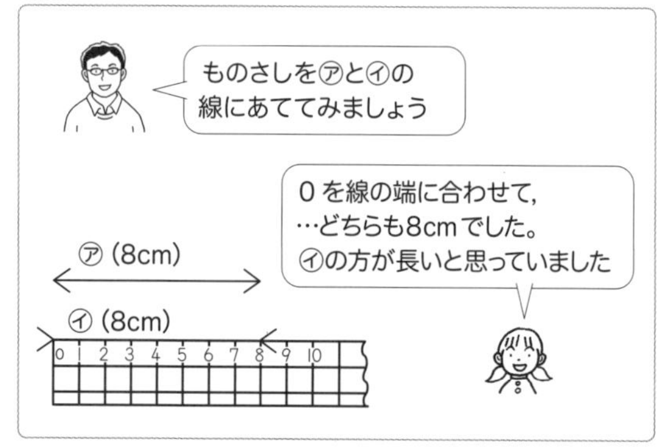

正しく長さが測れているか確認する。

準備物	・方眼工作用紙 ・1cm³ ブロック QR ワークシート QR ふりかえりシート

ICT	活動３の時，最初に実物投影機を使って「cm ものさし」の測り方や読み方を確認する。何度かものの長さの読み方を児童と確認するとよい。

<ものさしで はかって みよう>

キャップ　5cm　　　のり　9cm

けしゴム　4cm と 少し　　　人さしゆび　5cm

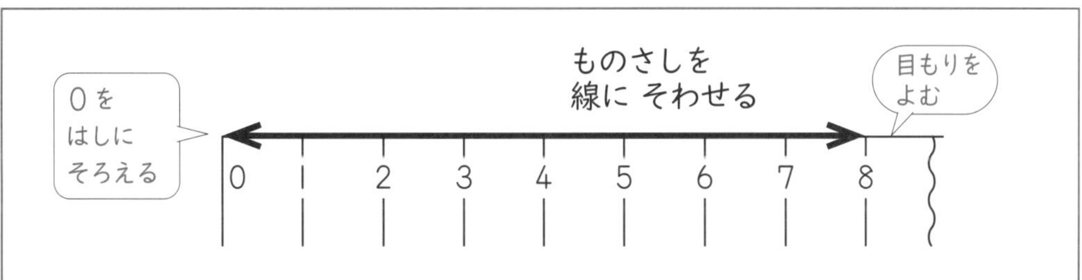

3 いろいろなものの長さを測って記録しよう

T 「cm ものさし」で，文房具や指の長さなどを測り，ノートに測ったものと長さを書いておきましょう。

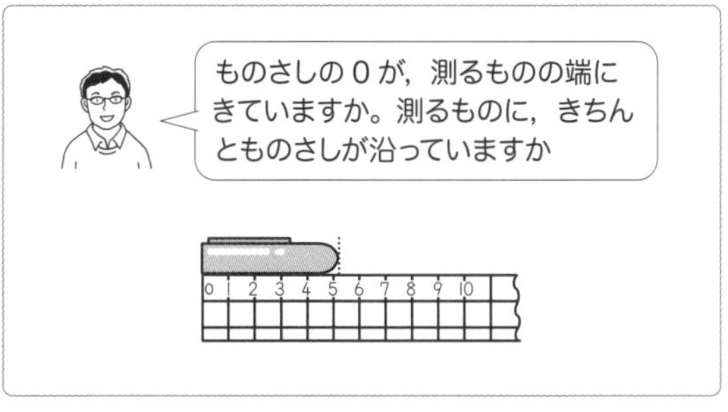

ものさしの０が，測るものの端にきていますか。測るものに，きちんとものさしが沿っていますか

ここでも，起点（端）に０を合わせるなど，測定の基本をおさえる。

T　測ったものと長さを発表しましょう。

C　人差し指は 5cm くらいでした。

T　いろいろなところに長さがありましたね。

4 およその長さを作ってみよう

T　ものさしを見ないで，10cm がどれくらいか指を開いてみましょう。

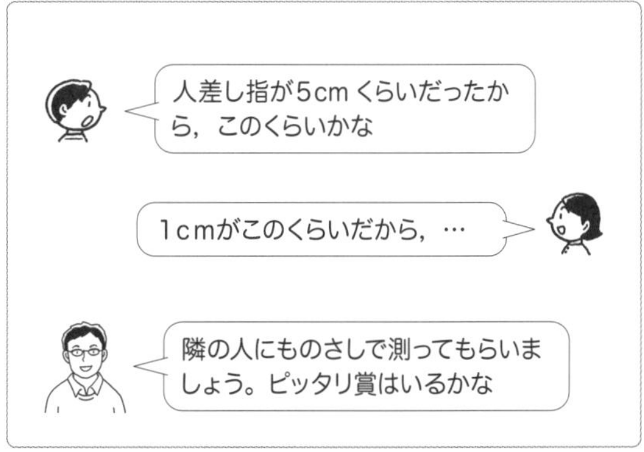

人差し指が5cm くらいだったから，このくらいかな
1cmがこのくらいだから，…
隣の人にものさしで測ってもらいましょう。ピッタリ賞はいるかな

次は，両手の指で 20cm を表してみる。

10cm や 20cm を指で表し，ものさしで確かめる活動を繰り返すことで，量感も身につく。他にも，長いテープを渡して，10cm と思うところで切ってみる，などの活動もできる。

ふりかえりシートを活用する。

第5時

cm より短い単位（mm）

本時の目標 cm より短い長さを表す単位 mm を知り，1cm ＝ 10mm の関係を理解する。

板書例

はがきの たて，よこの 長さを はかろう

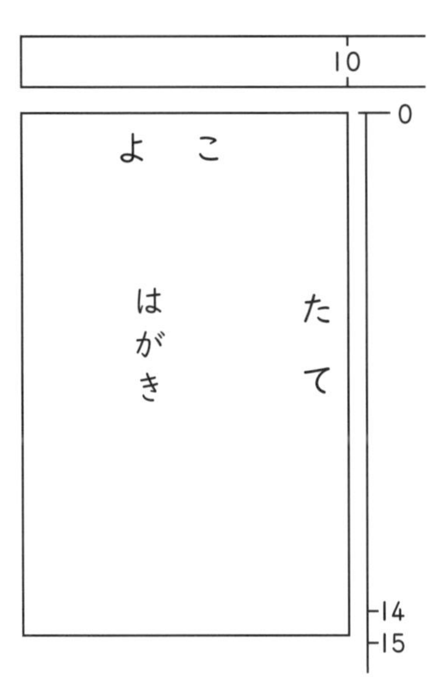

1 よこ…10cm
たて…14cm と 15cm の 間
ほぼ 15cm

2 1cm を 同じ 長さで 10 こに 分ける

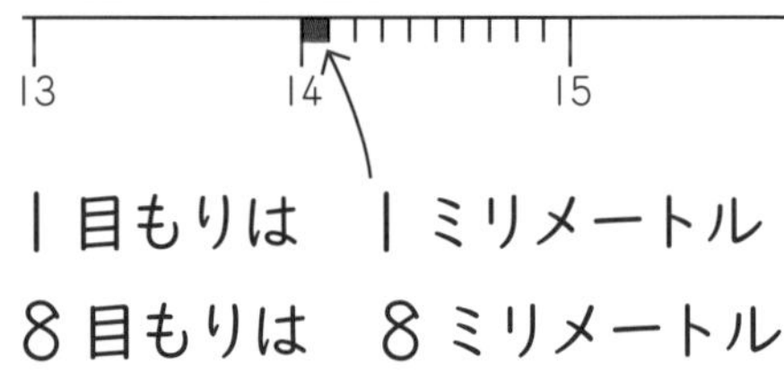

1 目もりは　1 ミリメートル
8 目もりは　8 ミリメートル

POINT 前時に作った「cm ものさし」がここでも大活躍です。自分の手で 1 cm を 10 に分けることで，1mm の大きさが理解で

1 はがきの縦と横の長さを調べよう

事前に，はがきを 1 枚ずつ持って来るよう伝えておく。

T はがきの横の長さは何 cm くらいだと思いますか。

まずは予想させ，その後「cm ものさし」で測定する。

C 予想が当たったよ。測ると 10cm でした。

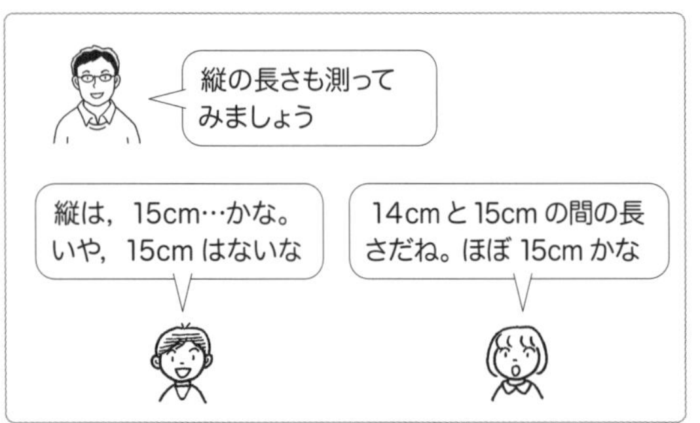

縦の長さも測って
みましょう
縦は，15cm…かな。
いや，15cm はないな
14cm と 15cm の間の長
さだね。ほぼ 15cm かな

T 14cm より長く，15cm より短いこの長さをどう表したらいいでしょう。

C もっと小さい目盛りがあれば測れるよ。

C 1 cm より小さい長さはないのかな。

2 1cm よりも小さい目盛りを書こう

T 「cm ものさし」の 14cm と 15cm の間を 10 個に分けます。まず，真ん中に線を入れてから，4 本ずつ線を入れてみましょう。

教師が黒板で 1 cm を 10 等分してみる。

もう一度，はがきの縦の
長さを測ってみましょう
小さい目盛りの
8個分になりました
14cm と，小さい
目盛り8個分です

およそ 10 等分のため，児童によって多少の誤差は出る。

T この小さい 1 個分の目盛りを 1mm といいます。1 cm を 10 個に分けた 1 個分の長さです。

mm の読み方，書き方を練習する。

準備物	・cm ものさし（各自） ・30cm ものさし×児童数 QR ワークシート QR ふりかえりシート	・官製はがき

ICT	実物投影機を使用して，1cm を 10 等分する様子を示す。児童と一緒に確認することで，ものさしの構造と見方の理解を図るようにする。

2

| ミリメートル

みじかい 長さの たんい

3

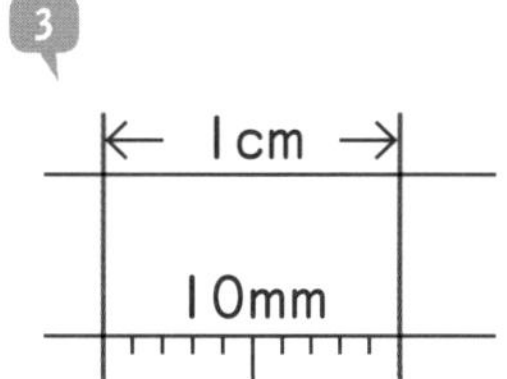

1 cm = 10 mm

3

たての 長さ

14cm 8mm

14 センチ 8 ミリメートル

きます。

3 はがきの縦の長さはどう表したらいいかな

T　小さい目盛り 8 個分は何 mm といえますか。

C　1 mm の 8 個分だから，8mm です。

T　14cm と 8 mm を，14cm 8 mm と書きます。

C　cm より短い長さを表すときに mm を使うんだね。

T　「1cm ＝ 10mm」になります。

4 30cm ものさしで測ってみよう

児童に 30cm ものさし（竹尺）を配る。

T　このものさしは，30cm まで長さを測れます。そして，mm の目盛りも入っています。

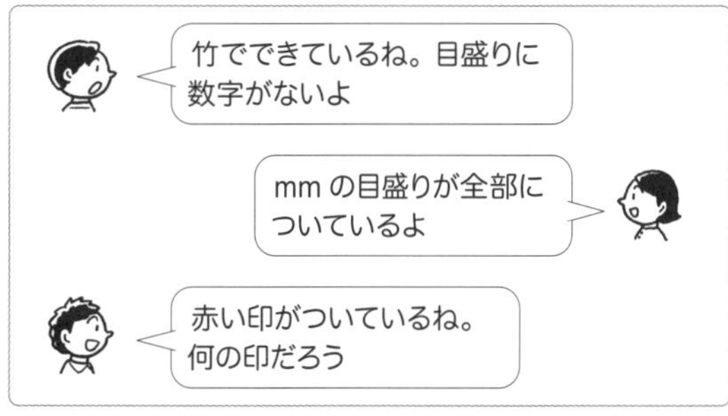

竹でできているね。目盛りに数字がないよ
mm の目盛りが全部についているよ
赤い印がついているね。何の印だろう

30cm ものさしを見て気づいたことを話し合う。

T　はがきの縦の長さを測ってみましょう。

大きな目盛りが 14 個と，小さな目盛りが 8 個で 14cm8mm です。

次時にものさしの読み方は学習する。
ふりかえりシートを活用する。

第6時

30cm ものさしで測定する

本時の目標 30cm ものさしの仕組みを知り，目盛りを正しく読むことができる。mm の単位まで測定することができる。

板書例

30cm ものさしで 長(なが)さを はかろう

1

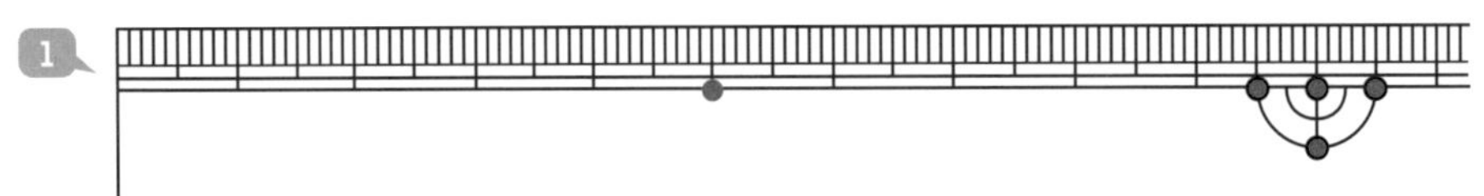

・ しるし 5cm 15cm 25cm

しるし 10cm 20cm

2

<目もりを よむ>

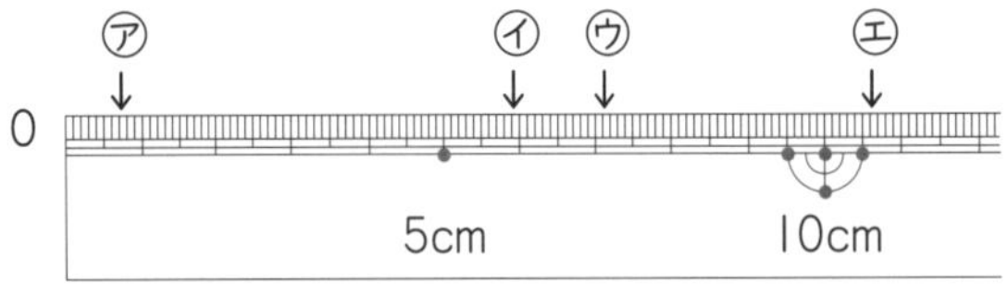

㋐ 8mm

㋑ 6cm

㋒ 7cm 2mm

㋓ 10cm 7mm

POINT 30cm ものさしの赤い（黒い）印の意味がわかると，目盛りが読みやすくなります。いろいろなものを測って，ものさし

1 30cm ものさしの目盛りを調べよう

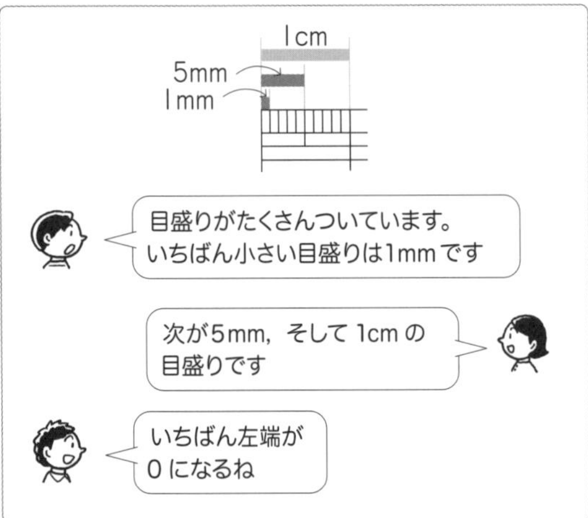

1cm
5mm
1mm
目盛りがたくさんついています。いちばん小さい目盛りは1mmです
次が5mm，そして 1cm の目盛りです
いちばん左端が 0 になるね

C 赤い（黒い）印があります。1つの点と，4つの点があります。

T 何 cm のところに赤い印があるか調べましょう。

C は，10cm，20cm のところにあります。

C • は，5 c m，15cm，25cm のところです。

2 左端から㋐～㋓までの長さを cm，mm を使って表そう

ワークシートを使って，目盛りを読む練習をする。

C ㋐は，小さい目盛りが 8 個分だから 8mm だ。

C ㋑は，左端から，1cm，2cm，…と大きい目盛りを数えていくと 6cm になります。

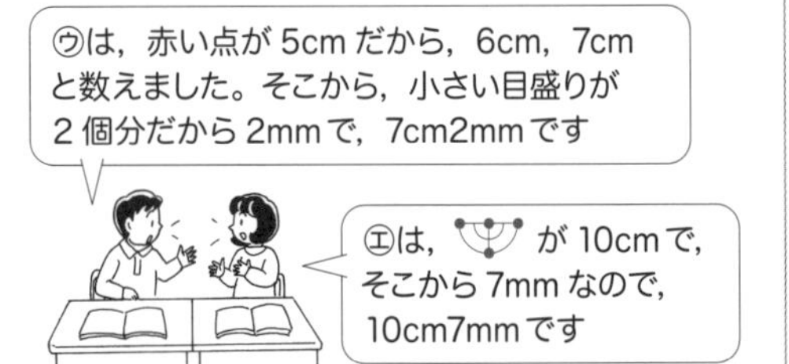

㋒は，赤い点が 5cm だから，6cm，7cm と数えました。そこから，小さい目盛りが 2 個分だから 2mm で，7cm2mm です
㋓は， が 10cm で，そこから 7mm なので，10cm7mm です

目盛りを 1 つひとつ確認しながら進める。ICT 機器を使用して，できるだけ目盛りを拡大して見せる。

はじめのうちは，「cm ものさし」と併用したり，ものさしに数字を貼っておいたりしてもよい。

準備物
・30cm ものさし（各自）
・長さを測定するもの（色紙，一円玉，辞書など）
QR ワークシート
QR ふりかえりシート

ICT
活動２で実物投影機を使って，できるだけ目盛りを拡大して示す。目盛りの読み方について確認を繰り返し，理解の定着を図る。

3

＜長さの はかり方＞

❶ ものさしの ０を はかる ものの はしに 合わせる。

❷ ものさしを はかる ものに あてる（そわせる）

❸ 目もりを よむ

4

＜いろいろな ものを はかって みよう＞

１円玉　　2cm

色紙 15cm

じしょの あつさ　　3cm 5mm

水の ふかさ　　20cm 9mm

の使い方に慣れましょう。

3 教科書の縦と横の長さを，ものさしを使って測ってみよう

教師が，あえて間違った測り方をして見せる。

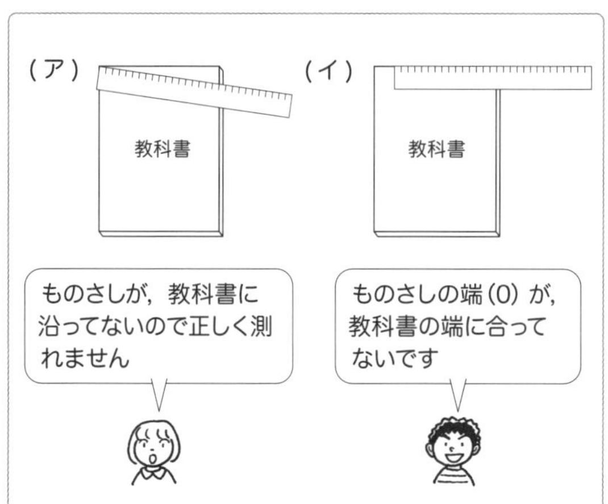

正しい測り方を全体で確かめる。

T　みんなも測ってみましょう。

4 いろいろなものの長さをペアで測ってみよう

T　ものさしを使って，いろいろなものの長さを測り，ノートに書きましょう。

測定するものをいくつか準備しておく。色紙や A5 用紙など長さがはっきりしているものだけでなく，１円玉や入れ物の蓋，辞書の「厚さ」や水槽の「深さ」などの長さも発見させたい。

大体何 cm くらいか予想してから測ってみよう
水の深さも測れるね，20cm くらいかな

ワークシートの問題も活用できる。
ふりかえりシートを活用する。

第7時
長さの単位換算

本時の目標
1 cm = 10mm をもとにして，○ cm □ mm を△ mm で表せることを理解する。

板書例

○ cm □ mm を △ mm で あらわそう

へんしんものさし

1

| cm = |0 mm

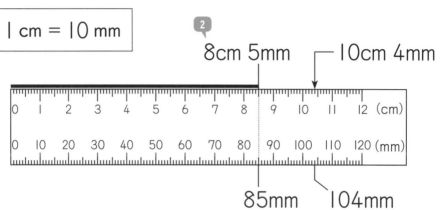

2

8cm 5mm　　10cm 4mm

0　1　2　3　4　5　6　7　8　9　10　11　12 (cm)

0　10　20　30　40　50　60　70　80　90　100　110　120 (mm)

85mm　　104mm

8cm 5mm = 85mm

POINT 「へんしんものさし」も自分の手で実際に目盛りをかき込んでいくことで，cmとmmの関係がわかるようになってきます。

1 cm ⇔ mm の「へんしんものさし」を作ろう

「へんしんものさし」の台紙を児童に1枚ずつ配る。

C　上と下に目盛りがついているよ。

T　上の「cm」の目盛りに 0 ～ 12 の数字を書きましょう。全体で確認する。

T　次は，「mm」の目盛りに数字を書いていきます。1 cm は…，そう 10mm ですね。1 cm の下の目盛りに 10 と書きましょう。

同じように，2 cm = 20mm，3cm = 30mm，…と確認しながら 0 ～ 120 を記入していく。

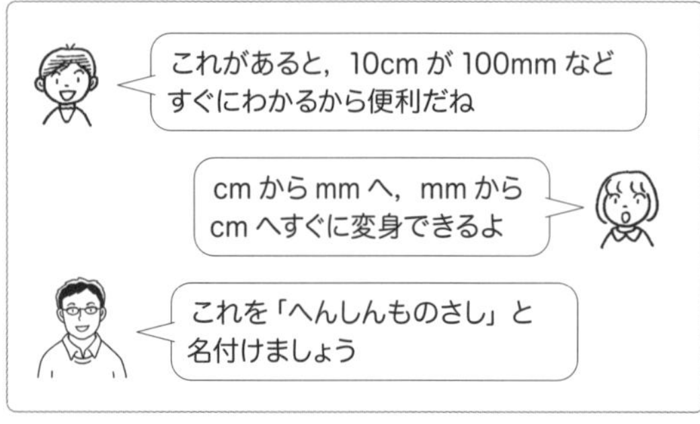

これがあると，10cm が 100mm などすぐにわかるから便利だね
cm から mm へ，mm から cm へすぐに変身できるよ
これを「へんしんものさし」と名付けましょう

2 ○ cm □ mm を△ mm で表してみよう

以降，ワークシートを使って学習する。

T 「へんしんものさし」で，線の長さを測ってみましょう。何 cm 何 mm でしたか。

C　8cm5mm です。

T　8cm5mm を mm だけで表してみましょう。

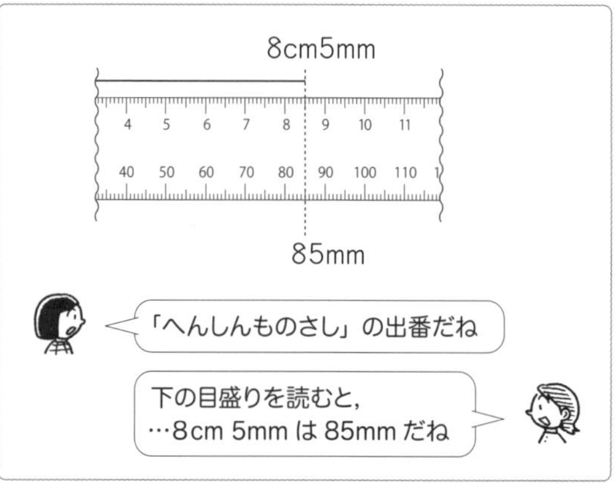

「へんしんものさし」を使って，2通りの表し方の練習をする。

準備物
・30cm ものさし（各自）
・紙テープ　　・はさみ
QR「へんしんものさし」台紙
QR ワークシート　QR ふりかえりシート

ICT
活動１で目盛りの書き方について，実物投影機を使ってできるだけ拡大して示す。書き方の共通理解を図り，児童に失敗感を与えないように配慮する。

3

① 3cm 8mm ＝（ 38 ）mm

30mm　8mm

② 6cm 2mm ＝（ 62 ）mm

③ 25mm ＝（ 2 ）cm（ 5 ）mm

④ 10mm ＝（ 1 ）cm

★ 10cm 4mm ＝（ 104 ）mm

4

＜紙（かみ）テープを切（き）ろう＞

・2cm 5mm

・3cm

・6cm 4mm

3 ○ cm □ mm を△ mm に，△ mm を ○ cm □ mm になおしてみよう

T 「へんしんものさし」がなくてもわかるかな。

（ワークシート４）

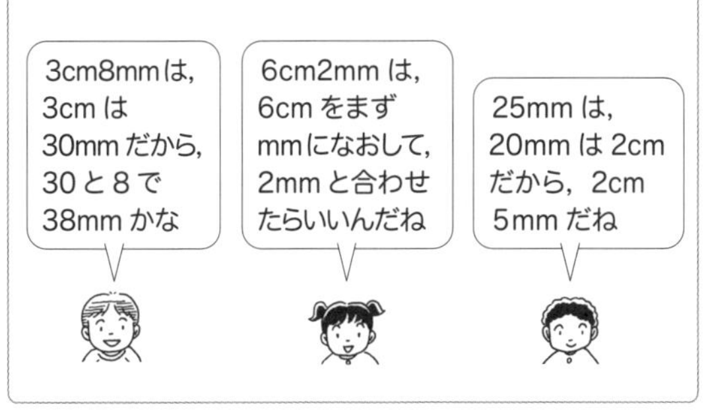

3cm8mm は，3cm は30mm だから，30 と８で38mm かな
6cm2mm は，6cm をまずmm になおして，2mm と合わせたらいいんだね
25mm は，20mm は 2cmだから，2cm5mm だね

「へんしんものさし」で答えを確かめる。

単位換算は，２年生にはとても難しい内容である。「へんしんものさし」を使って長さを測ったり，答えを確かめたりしているうちに，徐々に cm と mm の関係がわかってくる。

10cm4mm ＝ 104mm など児童が間違えやすい長さにも有効である。

4 紙テープを切って長さを作ってみよう

児童に紙テープ（15cm 程度）を配る。

T 紙テープを 2cm5mm，3cm，6cm4mm に切りましょう。そして，そのテープに，○ cm □ mm と△ mm の２つの読み方を書きましょう。

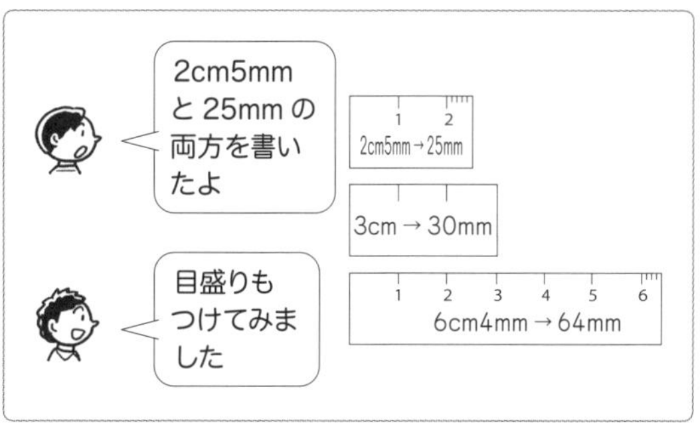

2cm5mm と 25mm の両方を書いたよ
2cm5mm → 25mm
3cm → 30mm
目盛りもつけてみました
6cm4mm → 64mm

T 隣の人に正しくできているか「へんしんものさし」で確かめてもらいましょう。

切ったテープはノートに貼っておく。
ふりかえりシートを活用する。

第8時

直線をひく

本時の目標　直線の意味を知り，ものさしを使って，指定された長さの直線をひくことができる。

板書例

直線(ちょくせん)を ひこう

1

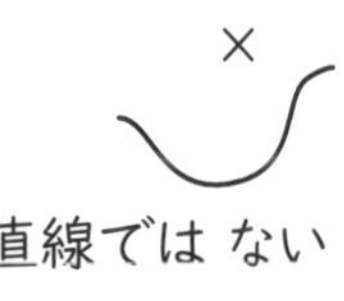

まっすぐな 線
ピーン

×
直線では ない
×

2

＜10cm の 直線を ひこう＞

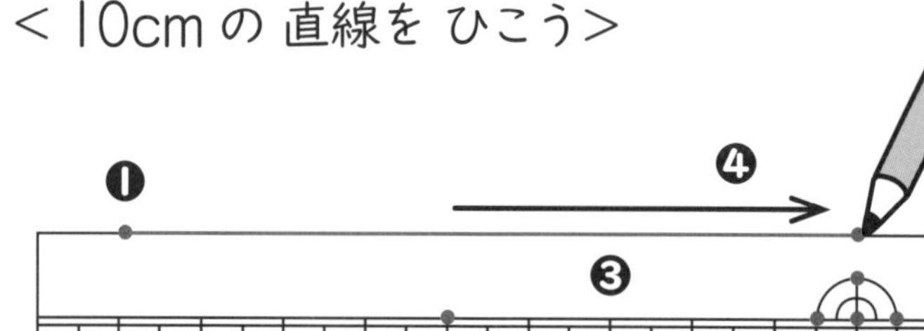

❶ はじめの 点(てん)
❷ おわりの 点（10cm の ところ）
❸ 点と 点に ものさしを あてて おさえる
❹ しっかり おさえて 点と 点を 直線で つなぐ

POINT　竹尺を使って直線をひく作業は大人でも難しいものです。まずは，自由に直線をひき，徐々に指定された長さの直線をひけ

1 直線をかいてみよう

ワークシートを使って学習する。

T　ここにひもがあります。これを両手で引っ張るとどうなりますか。

たるんでいたひもが，ピーンと真っ直ぐになります
ピーン
引っ張ったひものような真っ直ぐな線を直線といいます

教師が，黒板に手書きで線をひき，直線かどうかを問う。

C　曲がっているから直線ではないです。
C　ものさしを使ったら真っ直ぐにひけそう。
T　ものさしを使って，縦，横，斜めと自由に何本か直線をひいてみましょう。

2 長さ 10cm の直線をひいてみよう

教師が見本を見せる。

❶ はじめの点をまず書きます。
❷ ものさしの端（0）を点に合わせて，10cm のところにも点をつけます。

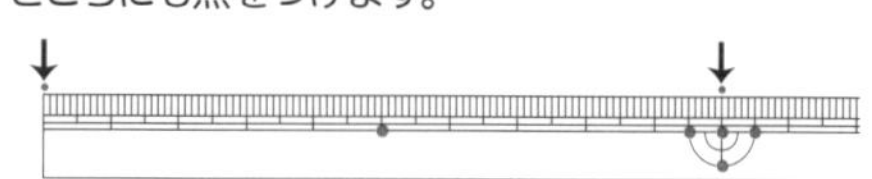

❸ 目盛りのない側を，はじめの点と 10cm の点に合わせます。
❹ ものさしをしっかり押さえて，点と点を直線でつなぎます。

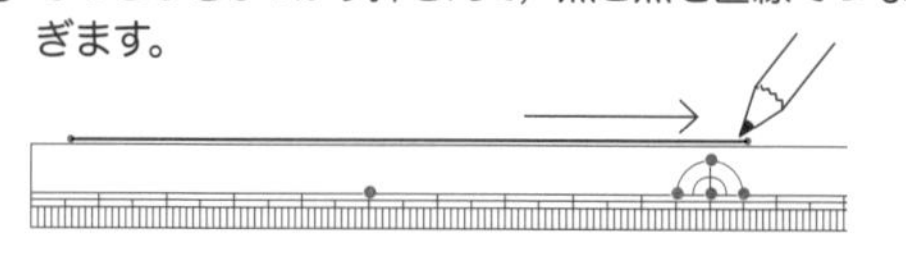

竹尺で直線をひく作業は案外難しく，手が小さい子どもであればなおさらである。はじめに打った点に鉛筆の先を置かせて，点から点まで結ぶことに集中できるようにする。

準備物	・30cm ものさし（各自）　・ひも QR 板書用イラスト QR ワークシート QR 動画「直線くん」

ICT	実物投影機や教科書の動画を使って，直線の引き方を提示する。左利き，右利きの描き方をそれぞれ示し，直線の引き方を指導する。

<アリから 2 ばんめに ちかい さとうは どれかな>

アリから さとうまで 直線を ひこう

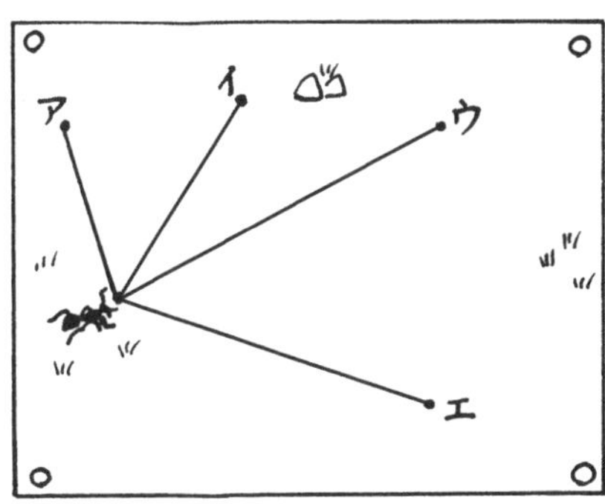

ア　3cm

(イ)　4cm 5mm

ウ　7cm 2mm

エ　5cm 7mm

るようにします。

3 直線をひいて長さを測ろう

蟻と砂糖のイラストを貼る。

T　蟻が砂糖を食べに行きます。蟻から 2 番目に近い砂糖は，ア～エのどれでしょう。

C　いちばん近いのはアだね。2 番目は…，蟻から砂糖までの長さを測るとわかるね。

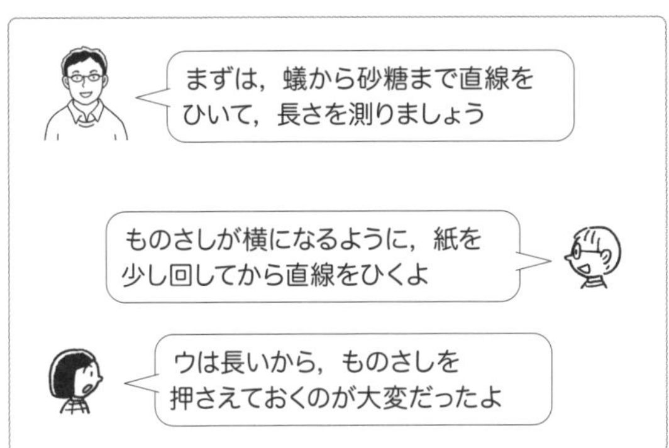

まずは，蟻から砂糖まで直線をひいて，長さを測りましょう
ものさしが横になるように，紙を少し回してから直線をひくよ
ウは長いから，ものさしを押さえておくのが大変だったよ

点から点まで，ものさしをあてて直線を正しくひく練習をする。直線がひきやすいように，紙を回すなどの工夫ができるようにする。目盛りも正しく読めているか確認する。

4 長さが決まった直線をひいてみよう

T　次の長さの直線をひきましょう。

① 4 cm 5mm　② 12cm 3mm　③ 89mm

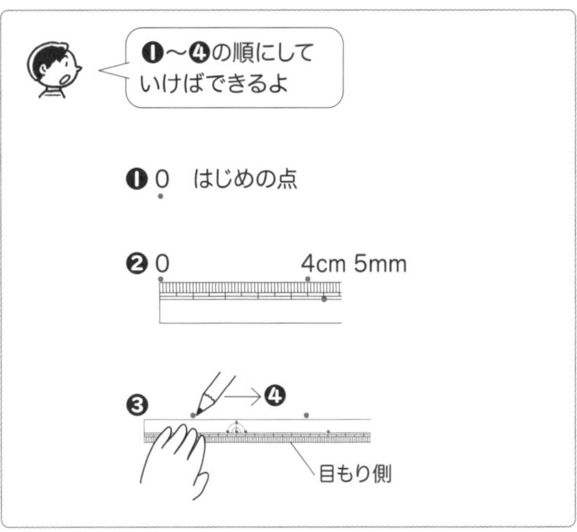

教師は，児童が正しく直線をひけているか確かめる。作業が困難な児童には，滑り止め加工のある定規を準備するなどの配慮が必要である。

第9時 長さのたし算・ひき算

本時の目標 長さのたし算，ひき算の仕方を理解する。

板書例

長さの たし算・ひき算を しよう

2 ＜㋐と ㋑の 道は どちらが 長いかな＞

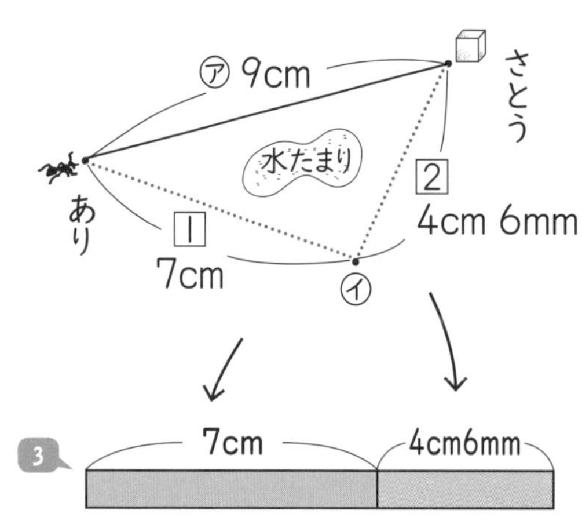

㋐ … 9cm

㋑ … 1 ＋ 2

しき

7cm ＋ 4cm 6mm ＝ 11cm 6mm

答え ㋑ が 長い。

POINT 実際に２本のテープをつないで１本の直線にしたり，何㎝かを切り取ったりする活動を行い，長さはたし算やひき算ができ

1 2本のテープを合わせて長さを測ろう

児童に8cmと5cmのテープを配る。

T　2本のテープをつなぎ目がないようにセロハンテープでつなぎ，長さを測りましょう。

C　つなぐと，13cmになりました。

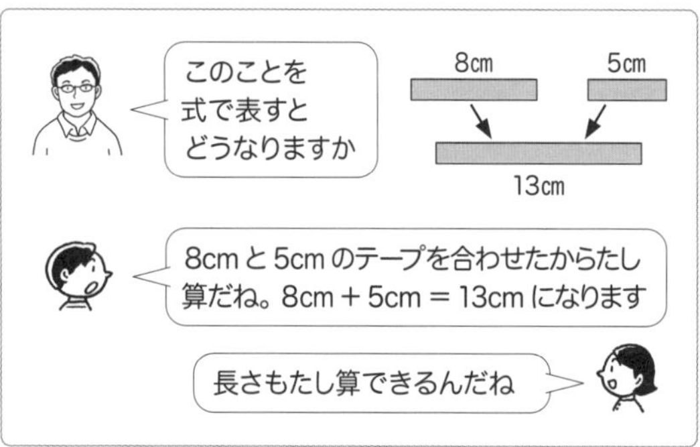

T　8cmのテープから5cm切り取ると，残りは何cmですか。

C　5cm切り取ったら残りが3cmになりました。

C　式にすると，8cm − 5cm ＝ 3cmだね。

2 蟻の通り道の長さを調べよう

ワークシートを使って学習する。

T　㋐と㋑の道では，どちらが遠いですか。

C　長さを測って比べたらわかります。

C　㋐は9cmでした。

T　㋑の全部の長さを表す式を書きましょう。

C　7cm＋4cm 6mmです。

準備物	・30cm ものさし（各自）　・はさみ ・紙テープ（8cm と 5cm × 児童数） QR 板書用イラスト　QR ワークシート QR ふりかえりシート

ICT	長さの計算では，長さの単位（cm や mm）にまずは印をつけてから計算するようにするとよい。デジタルコンテンツでも同じよう同じ単位に印をつけさせてみる。

4
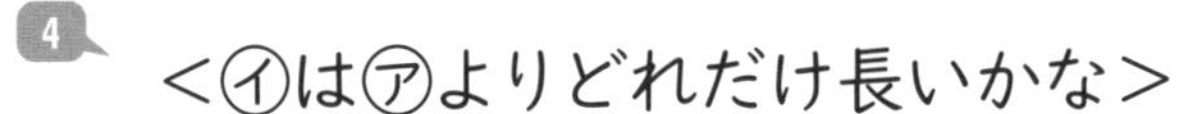

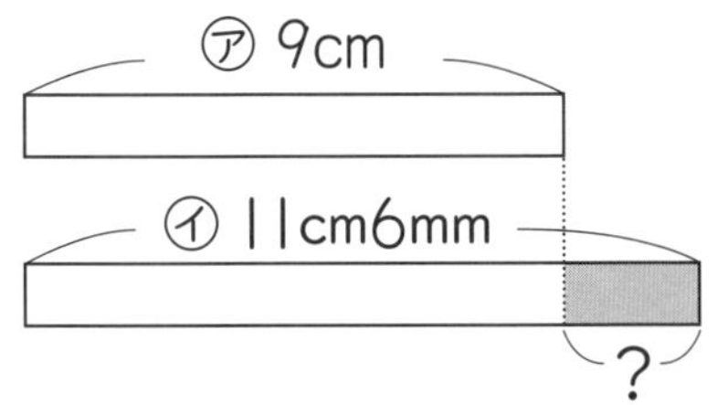

ひき算

しき　11cm 6mm − 9cm = 2cm 6mm

答え　㋑ が 2cm 6mm 長い。

ることを理解させます。

3 7cm ＋ 4cm 6mm のたし算の答えを考えよう

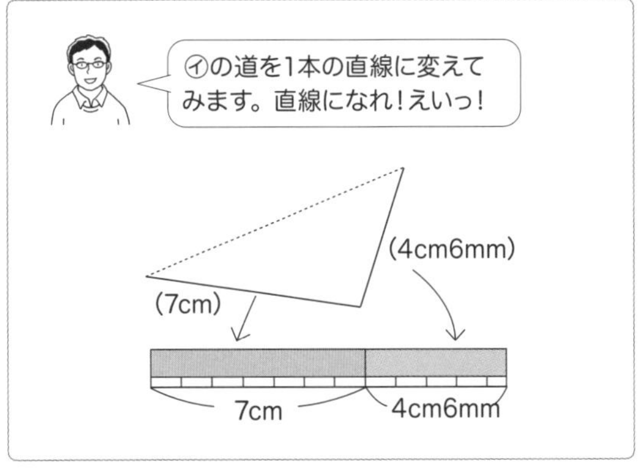

7cm と 4cm 6mm のテープを上の図のように一直線に伸ばして見せる。たし算だということがよくわかる。

T　答えは何 cm 何 mm になりますか。

C　7cm と 4cm で 11cm，あと 6mm で 11cm6mm です。

T　長さのたし算は，cm は cm どうし，mm は mm どうしで計算します。

4 ㋑の道は，㋐の道よりどれだけ長いか計算しよう

T　図を見てどこを求めるのか考えましょう。

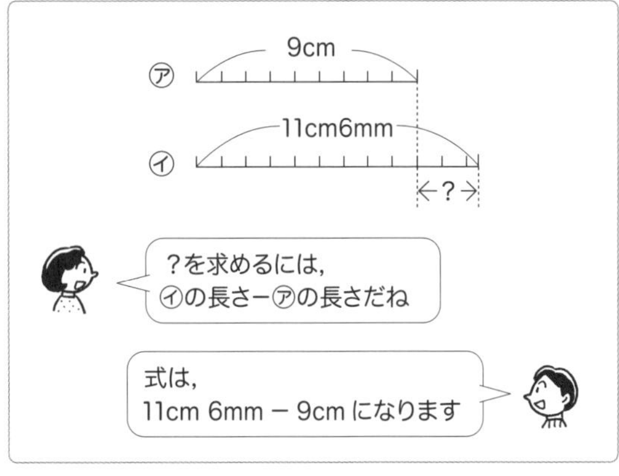

9cm
㋐
11cm6mm
㋑
?
?を求めるには，
㋑の長さ－㋐の長さだね
式は，
11cm 6mm − 9cm になります

C　cm は cm どうし，mm は mm どうしで計算するから，答えは 2cm6mm になります。

ワークシートやふりかえりシートで練習問題をする。

式の単位（cm，mm）に印を入れて計算をすると同じ単位であることがわかりやすくなる。

（例）　8cm 7mm ＋ 2cm ＝ 10cm 7mm

第6時　ふりかえりシート

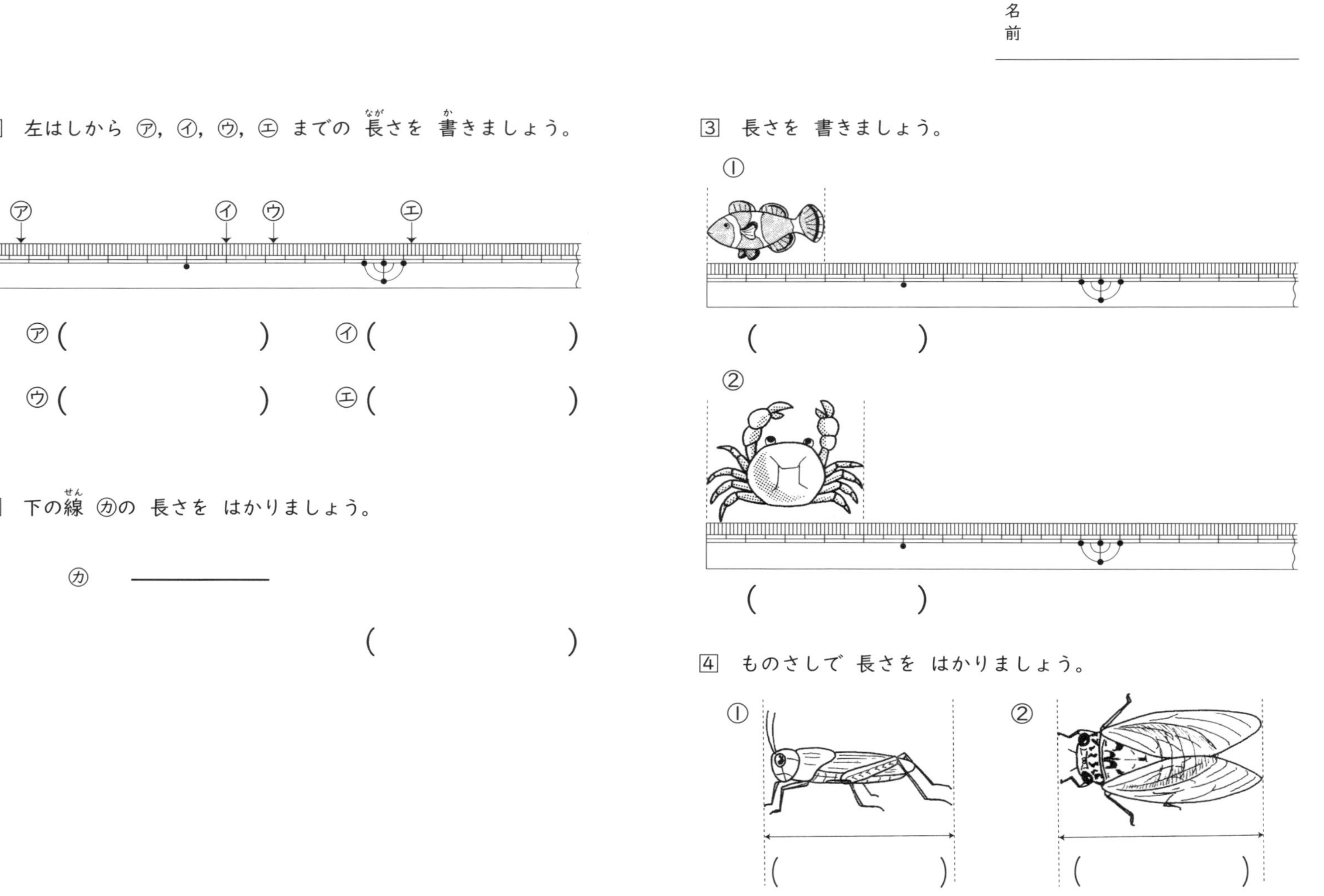

名前

1 左はしから ㋐, ㋑, ㋒, ㋓ までの 長さを 書きましょう。

㋐（　　　　）　㋑（　　　　）

㋒（　　　　）　㋓（　　　　）

2 下の線 ㋕の 長さを はかりましょう。

㋕

（　　　　）

3 長さを 書きましょう。

①（　　　　）

②（　　　　）

4 ものさしで 長さを はかりましょう。

①（　　　　）　②（　　　　）

第７時　「へんしんものさし」台紙

(cm)

(mm)

(cm)

(mm)

(cm)

(mm)

(cm)

(mm)

(cm)

(mm)

1000までの数

全授業時数９時間

◎ 学習にあたって ◎

<この単元で大切にしたいこと>

10ずつまとまって数が構成され，大きな数になっても０～９までの数字を使って表されるという十進位取り記数法を，数の範囲を広げた1000までの数で学習します。数の大きさが実感できる学習にするために，まずは具体物を扱い，それを抽象化して数字に至るまでの過程を大切にします。具体物と数字との仲立ちになるものが半具体物です。算数ブロックは，数量の大きさや，10が結集して次の位に上がることが，視覚的に理解できるものとしてとても有効です。算数ブロックと順序数を表す数直線を有効に使って，1000までの学習を進めます。

<数学的見方考え方と操作活動>

算数ブロックを使って，数量の大きさや十進数を理解していくと同時に，数直線を利用して順序数としての数系列理解もしていきます。数直線を理解するためには，１目盛りがどれだけの数を表しているのかに目をつけて考えることが必要です。集合数と順序数との関連を図りながら学習を進めます。

また，お金や算数ブロックを使って数を相対的にとらえることもします。お金は見た目の大きさでは見えない価値を表す難しい量ですから，機会をつくって少しずつ触れるようにします。算数ブロックも使いながら，相対的に数をとらえる見方ができるようにします。お金は加減計算でも扱います。

<個別最適な学び・協働的な学びのために>

導入の具体物を数え，パッと見て数が分かるように並べてみる学習は，児童が数量をどのようにとらえているのか，十進位取り記数法に関わる根幹となる活動です。１年生の「100までの数」で学習しているからできるはずとは言えません。ここでも班や全体で話し合いながら，十進数で量をとらえる認識を深めていくようにします。

また，位取りが苦手な児童には，「百のくらい，十のくらい，一のくらい」に分かれた簡単な位取り表を持たせて，数を表す練習をしてもよいでしょう。数直線では，ICT機器を活用して，できるだけ目盛りが大きくはっきりと見えるようにします。

百	十	一
7	0	3

◎ 評　価 ◎

知識および技能	3 位数について，十進位取り記数法の原理を理解し，読んだり書き表したりすることができる。また，数の構成や大小，順序，数の相対的な大きさを理解して，数直線に表したり，数の大小関係を不等号や等号を用いて表すことができる。
思考力，判断力，表現力等	十進位取り記数法の仕組みを考え，表現したり，数を相対的な大きさでとらえたりするなど多様な見方をしている。
主体的に学習に取り組む態度	1000 までの数を 10 や 100 のまとまりにして数えるよさに気づき，十進位取り記数法と関連づけてとらえたり，計算の仕方に活用したりしようとする。

◎ 指導計画　9 時間 ◎

時	題	目　標
1	3 位数になる数を調べる	3 位数になる具体物を工夫して並べて，数を調べることができる。
2	3位数の読み方・書き方	3 位数の仕組みや，読み方・書き方を理解する。
3	空位のある3位数の読み方・書き方	空位のある3位数の読み方・書き方を理解する。
4	3 位数の構成	算数ブロックを使って，3 位数の仕組みや，数の構成を理解する。
5	3 位数の相対的な大きさ	3位数の相対的な大きさを理解する。
6	数直線	3 位数の数系列を理解し，数直線上の数を読むことができる。
7	1000（千）という数	1000（千）という数の大きさや構成が理解できる。
8	数の大小	等号，不等号を知り，3 位数の大小関係を式に表すことができる。
9	何十，何百のたし算・ひき算	(何十) ± (何十)，(何百) ± (何百) の計算の仕方を理解し，その計算ができる。

第1時
3位数になる数を調べる

本時の目標 3位数になる具体物を工夫して並べて，数を調べることができる。

板書例

ぜんぶで 何こ あるかな

パッと 見て 数が わかるように ならべよう

1

<数えるもの>
- ブロック
- 1円玉
- おはじき
- クリップ

2

- 10ずつ，100ずつ まとめると よく わかる。
- 10を 10こ あつめて 100に する。
- 1円玉は 10こずつで 高さが 同じ。
- ならべて あると よく わかる。

3

10ずつ あつめる（まとめる）
10も 10ずつ あつめて 100に する

POINT 「パッと見てわかるように」がキーワードです。10ずつまとめる，10を10集めて100にする操作を具体物を実際に動か

1 パッと見て数がわかるように並べてみよう

児童が実際に数える活動をするのに，300程度ある具体物を班の数分準備する。(1cm^{3}のブロック，おはじき，数え棒やタイル，クリップ，1円玉など)

T 何個（枚，本）あるでしょうか。誰が見てもパッと数がわかるように机の上に並べてみましょう。

班毎で作業をする。

おはじきがたくさんあるね。何個くらいあるんだろう

数えるの大変そうだね

2 班で話し合いながら数を調べよう

T バラバラになっているものを，どんな風に並べたら数えやすくなるか考えましょう。

1個ずつ数えていったらわかるよ。1，2，3，…23，24，あれ?いくつだったかな
10ずつ集めておいたらいいんじゃないかな
10ずつまとめておいたら，後で数えやすくなるね

教師は，児童がどんな数え方，並べ方をしているか見て回る。困っている班があれば，他の班の数え方を参考にさせる。班での活動を通して，気づくことも大切にしたい。

準備物	・300 個程度の具体物（ブロック，クリップ，おはじき，１円玉など） QR ふりかえりシート

ICT	ふりかえりシートの PDF または画像を児童にデータで配布し，数を数える支援をする。色を変えると数えやすくなる。

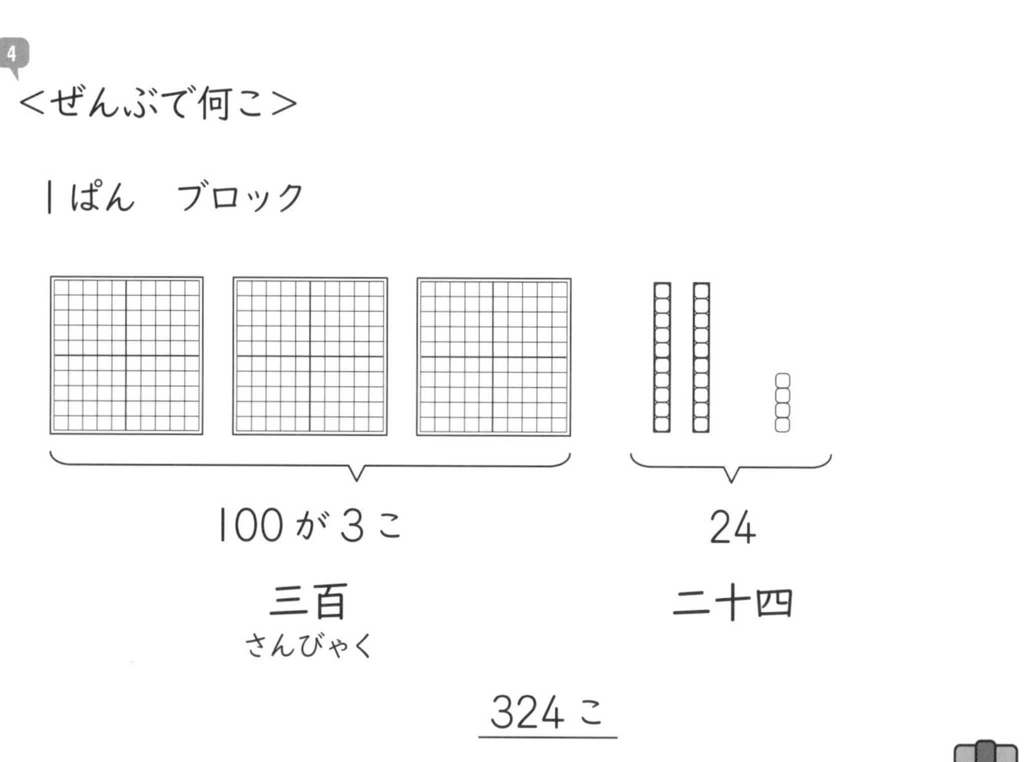

しながらすることで，10 の結集を作る意識が育ちます。

3 パッと見て数がわかるのはどんな並べ方かな

T　どの班がわかりやすく並べられたか見てみましょう。

C　私たちは，１円玉を並べてみました。10 個でまとめて，それを 10 個集めて 100 にしていると，パッと見てわかると思いました。

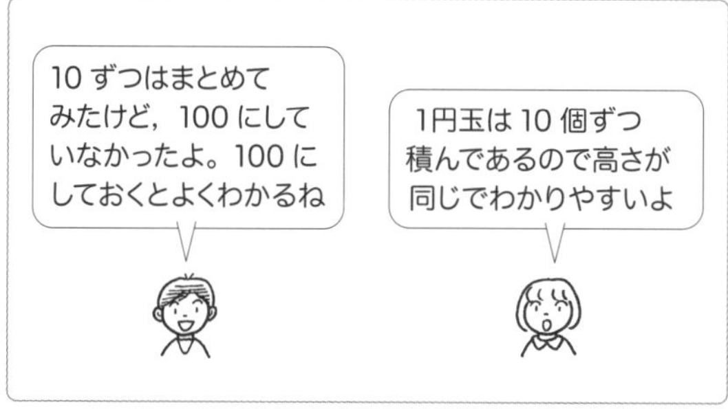

T　10 ずつ，100 ずつにまとめると，とてもわかりやすいですね。他の班も同じように並べてみましょう。そして，何個あるか数を発表できるようにしましょう。

4 調べた数を発表しよう

順番に各班が発表をする。

C　ブロックの数は，100 のまとまりが 3 個，10 のまとまりが 2 個と 1 が 4 個になりました。

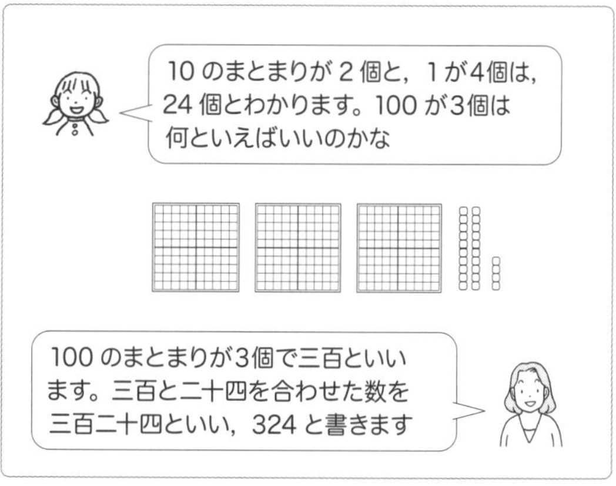

10 のまとまりが 2 個と，1 が4個は，24 個とわかります。100 が3個は何といえばいいのかな
100 のまとまりが3個で三百といいます。三百と二十四を合わせた数を三百二十四といい，324 と書きます

次時に，位取り表を使った数の読み方・書き方を詳しく学習する。本時は，具体物を数える活動を中心に終わる。
ふりかえりシートを活用する。

第2時

3位数の読み方・書き方

本時の目標　3位数の仕組みや，読み方・書き方を理解する。

板書例

100より 大きい 数(かず)の 読(よ)み書(か)きを しよう

1

百のくらい	十のくらい	一のくらい
3	4	2
さんびゃく	よんじゅう	に

くらいの へやには
1つずつ 数字(すうじ)が 入る

POINT　課題に対して全員が参加できるよう，役割を決めて進めていきましょう。そして，声に出して繰り返し読むことで慣れ親し

1　1円玉を算数ブロックに置き換えて数字で書いてみよう

T　前の時間に数えた1円玉を，算数ブロックに置き換えて，位の部屋へ入れます。

10を4本と2個のブロックを位の部屋に入れ，100が3箱をどこに入れたらよいかを問う。

C　十の位の横に入れたらどうかな。

C　新しく部屋を作ってあげないといけないよ。

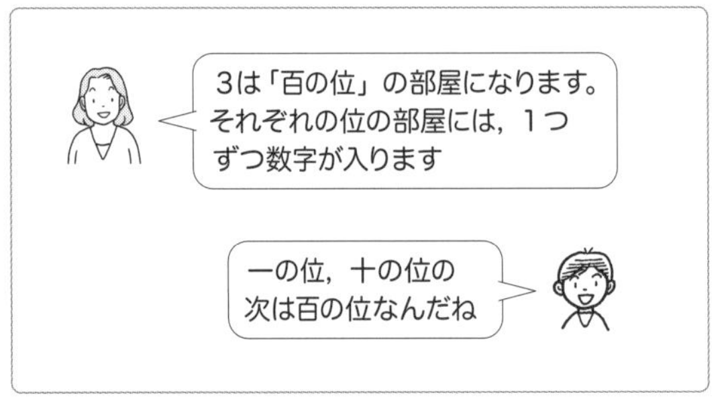

3は「百の位」の部屋になります。それぞれの位の部屋には，1つずつ数字が入ります
一の位，十の位の次は百の位なんだね

C　百の位は100が3箱（個），十の位は10が2本，一の位は1が2個なんだね。

342の読み方と書き方を確認する。

2　算数ブロックを数字で表して読んでみよう

T　位の部屋にブロックを置くので，ブロックの数をノートに書きましょう。

黒板の位取り表にブロックを置き，児童が交代でその下に数字を書く。その後，全員で数を読む。空位のない3桁の数を何問か繰り返す。

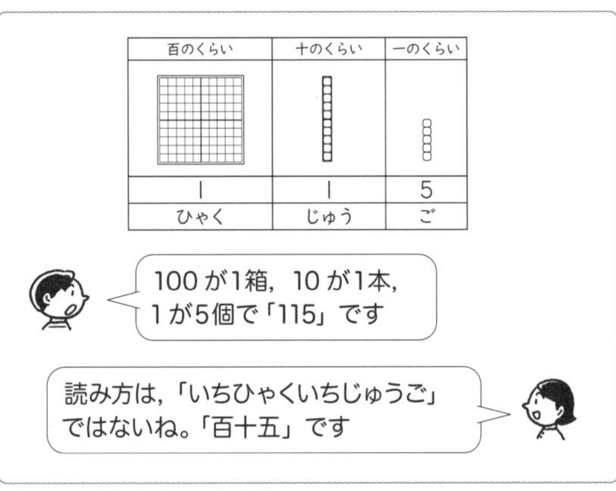

百のくらい	十のくらい	一のくらい
1	1	5
ひゃく	じゅう	ご

「115」のように「いち」を読まない数や，百の読み方が「びゃく」や「ぴゃく」になる数なども取り上げる。

準備物

・算数ブロック（板書用）
QR ふりかえりシート

ICT

位取り表の画像データを児童に配布する。位取り表に数字を入れて数の構成を確認したり，教師が位取り表を提示して，数を読んだりする。

※展開２と３の活動をする。

百のくらい	十のくらい	一のくらい
2	6	8
にひゃく	ろくじゅう	はち

2 3

268 にひゃくろくじゅうはち
115 ひゃくじゅうご
× いちひゃくいちじゅうご
631 ろっぴゃくさんじゅういち
342 さんびゃくよんじゅうに

4

＜色紙は 何まい あるかな＞

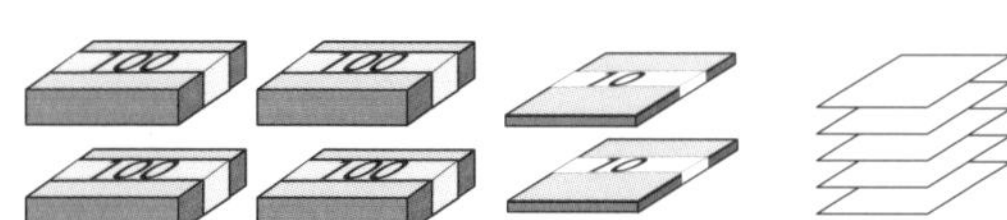

百のくらい	十のくらい	一のくらい
4	2	5

よんひゃく にじゅう ご まい

むようにします。

3 位の部屋の数字を見て，算数ブロックを置いてみよう

展開２と逆の活動をする。教師が位の部屋に書いた数字を見て，児童がブロックを置き，その後全員で数を読む。これを何問か繰り返す。

T 次は，数字を書きません。２回数を読むので，位の部屋に数字を書いてブロックをおいてください。

よく聞いておいてください。三百十八，三百十八です
百の位は「3」
十の位は「1」
一の位は「8」

「半具体物」と「数字」と「読み」の３者関係を一体にして，３桁の数を理解していく。基礎となる大切なところである。

4 色紙の数を書いて読もう

T ブロックを使わずに数を書いて読んでみましょう。

百のくらい	十のくらい	一のくらい
4	2	5

100 の束が４つ，10 の束が２つ，１が５枚だね

位の部屋に入れて読んでみるよ。「425」で四百二十五枚です

ふりかえりシートを活用する。

本時は，「具体物→半具体物（ブロック）→数」の道筋をつけて学習してきたが，半具体物を介さずに，「具体物→数」を求める課題にも取り組んでおく。

第3時 空位のある3位数の読み方・書き方

本時の目標　空位のある3位数の読み方・書き方を理解する。

板書例

0が ある 数(かず)を かいてみよう

1

百のくらい	十のくらい	一のくらい
2	0	8
にひゃく		はち

何(なに)も ない くらいは
0を かくが
0を 読(よ)まない

2

百のくらい	十のくらい	一のくらい
3	4	0

さんびゃく　よんじゅう

百のくらい	十のくらい	一のくらい
3	0	0

さんびゃく

POINT　0は，その位に何もなく，読むこともしません。ただ，0の表記はあるため，子どもたちにとっては難しい存在です。

1 算数ブロックを数字で表してみよう

前時と同じく位取り表を使って，空位のある3桁の数の読み書きの練習をする。

T　ブロックの数をノートに書きましょう。

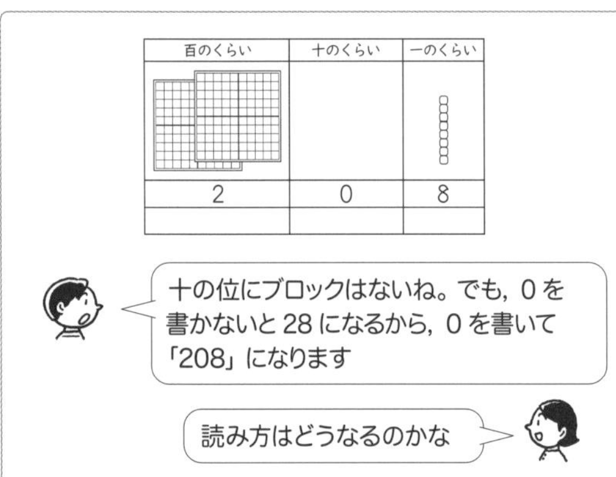

百のくらい
十のくらい
一のくらい
2
0
8
十の位にブロックはないね。でも，0を書かないと28になるから，0を書いて「208」になります
読み方はどうなるのかな

黒板の位取り表に児童が数字を書く。

T　「二百」と「八」で「二百八」と読みます。
0は書くけど，0は読みません。

2 0がある数を読めるようになろう

T　次のブロックの数はどうでしょう。

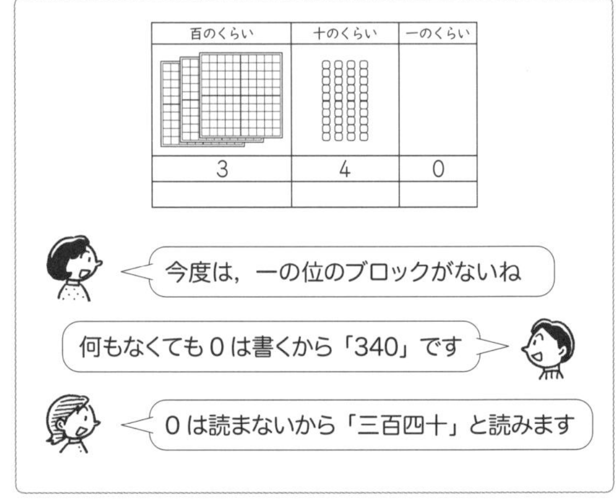

百のくらい
十のくらい
一のくらい
3
4
0
今度は，一の位のブロックがないね
何もなくても0は書くから「340」です
0は読まないから「三百四十」と読みます

「300」のように一の位も十の位も0の数も扱う。

C　何もない位には0は書くけど，0は読まないから「三百」です。

空位のある3桁の数を何問か繰り返す。

準備物

・算数ブロック（板書用）
QR ふりかえりシート

ICT

活動４で問題を早く解き終わった児童から，タブレットを活用して，適応題に取り組む。自分に合った問題を選択し，繰り返し問題に取り組む。

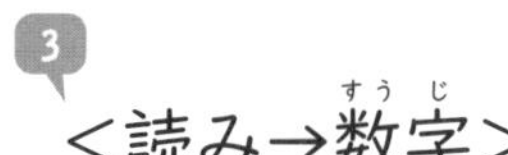

3 ＜読み→数字（すうじ）＞

五百八

百のくらい	十のくらい	一のくらい
5	0	8

六百九十

百のくらい	十のくらい	一のくらい
6	9	0

4 ＜数字→読み（かんじ）＞

百のくらい	十のくらい	一のくらい
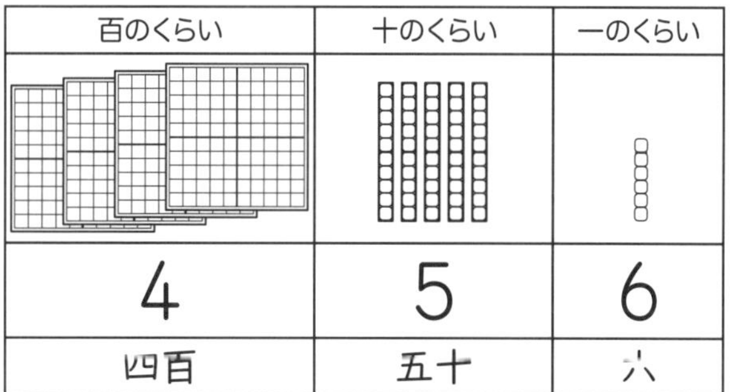		
4	5	6
四百	五十	六

3 0がある数を読むので数字で書こう

T 「五百八」を数字で書きましょう。

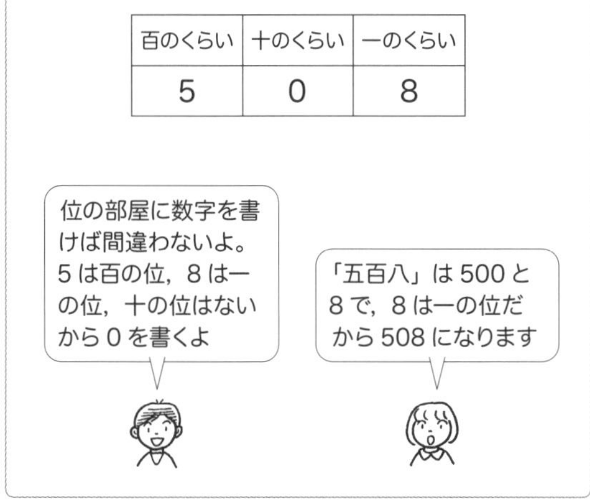

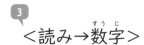

練習問題（読み→数字）をする。
① 六百九十　② 七百　③ 百三十　④ 百五

「位取り表」を準備しておき，必要な場合は使えるようにしておくとよい。

4 3桁の数を漢字で書いてみよう

T 今度は，ブロックが表す数を漢字で書いてみましょう。

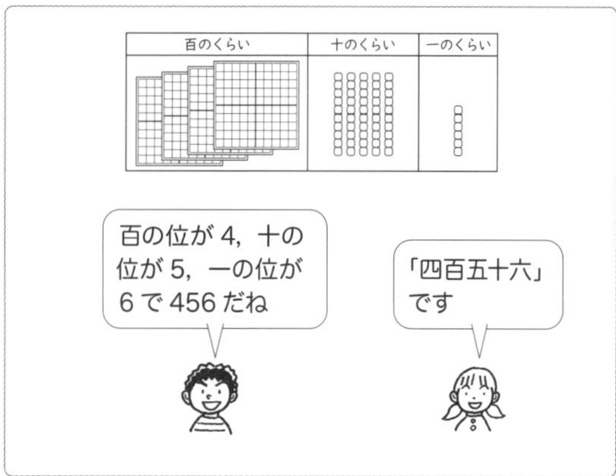

空位のある３桁の数を数問扱う。
数を漢字で書くとなると難しさが増すため，多少扱う程度でよい。
ふりかえりシートを活用する。

第4時

3位数の構成

本時の目標　算数ブロックを使って，3位数の仕組みや，数の構成を理解する。

板書例

数をくわしくしらべよう

1

453は
100を(4)こ
10を(5)こ
1を(3)こ　あわせた数

百のくらい	十のくらい	一のくらい

2

207は
100を(2)こ
1を(7)こ　あわせた数

百のくらい	十のくらい	一のくらい

POINT　言葉や数字だけでなく，算数ブロックで表し可視化することで，数の構成が明確にわかるようになります。

1　453は100を何個，10を何個，1を何個あわせた数かな

C　400は100が4個で，50は10が5個で，3は1が3個になるよ。

C　数字だけではよくわからないな。

C　数をブロックで表してみたらどうかな。

数字だけでは理解できない子どもも，位取り表に算数ブロックを置くことで理解しやすくなる。

2　207という数について調べよう

T　同じように，207は100を何個，1を何個あわせた数か考えてみましょう。

C　これも，ブロックで表すとよくわかるよ。

C　100を2個と1を7個あわせた数です。

空位なし・空位ありの数を数問扱う。

準備物	・算数ブロック（板書用） QR ふりかえりシート

ICT	活動３では習熟を図るため，タブレットを使って適応題に取り組む。自分のレベルに合わせて問題を選択し，チャレンジするように指示する。

3

100 を 2 こ，10 を 6 こ，1 を 4 こ あわせた数

百のくらい	十のくらい	一のくらい
2	6	4

1つの くらいに
数字（すうじ）は 1つ

100と 10と 1が
それぞれ 何（なん）こ あるかで
3けたの 数が できている。

4

百のくらいが 6，十のくらいが 7，一のくらいが 8 の数

百のくらい	十のくらい	一のくらい
6	7	8

3 100 を２個，10 を６個，１を４個あわせた数はいくつかな

C　100 を２個で 200，10 を６個で 60，１を４個で４だから，264 になるよ。

C　これもブロックで確かめてみたいな。

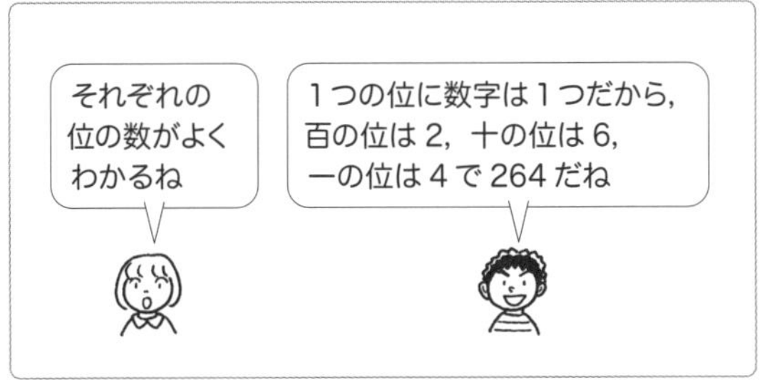

T　100 を１個と 10 を３個あわせた数はいくつですか。頭の中にブロックを置いて考えてみましょう。

C　100 が１個で 100，10 が３個で 30，１はないから 100 と 30 で 130 だ。

空位なし・空位ありの数を数問扱う。

4 百の位が６，十の位が７，一の位が８の数はいくつかな

C　位取り表に数字を入れるとわかります。

C　１つの位に数字は１つだから，678 です。

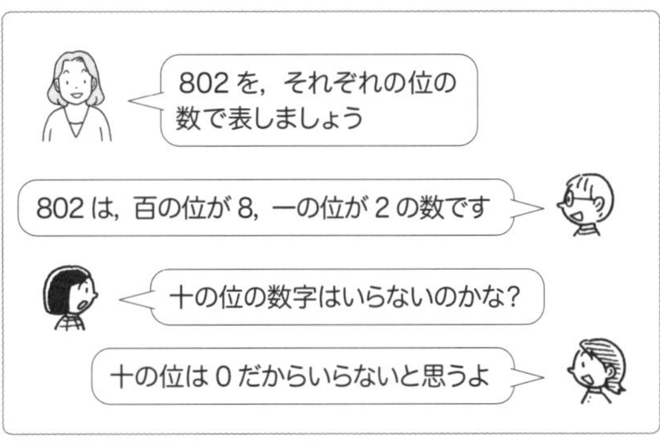

802 を，それぞれの位の数で表しましょう
802 は，百の位が 8，一の位が 2 の数です
十の位の数字はいらないのかな？
十の位は 0 だからいらないと思うよ

T　では，「百の位の数が３，一の位の数が５の数」を書いてみましょう。

C　3…5，そうか，十の位の数がわからないと書けません。十の位の数は０でも必要だね。

学習のまとめをする。ふりかえりシートを活用する。

第5時

3位数の相対的な大きさ

本時の目標　3位数の相対的な大きさを理解する。

板書例

10円玉，100円玉で考えてみよう

1 ＜10円玉を 12こ あつめると 何円かな＞

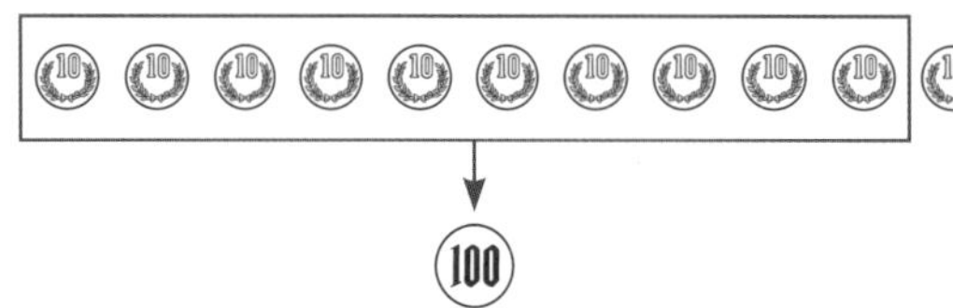

10円玉 10こで 100円
100円と 20円で 120円

2 ＜10を 37こ あつめた数＞

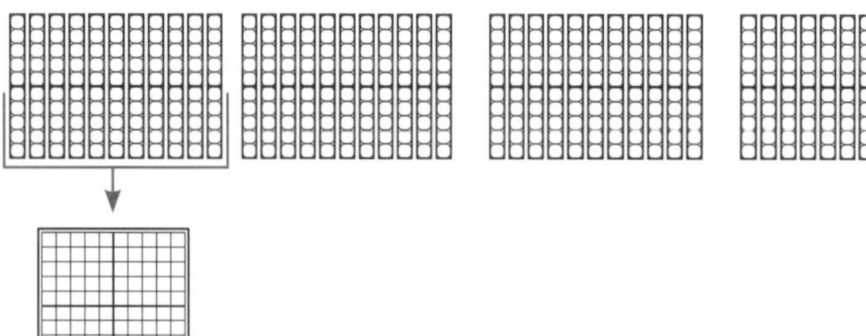

10が 10こで 100
10が 30こで 300
300と 70で 370

POINT お金やブロックで表し可視化することで，具体的に考えることができるようにします。

1 10円玉を12個集めたら何円になりますか

黒板に10円カード12枚を貼る。

10円カード10枚を100円カード1枚に替えて確認する。

C　10円玉10個が100円玉1個になるんだね。

10円玉10枚と100円玉1枚が同等な価値を持つお金を使って導入する。子どもにとっても身近なものであり，相対的に数を捉える学習で扱うのに適している。

2 10を37個集めた数を考えよう

10のブロック37本を提示する。

10のブロック30本を100のブロック3箱に替える。

C　37個を30個と7個に分けて考えてから，合わせたらいいね。

10を50個集めた数を考える。50など0がついた数は，子どもが苦手とする問題である。お金やブロックを使って確認しておく。

準備物
・算数ブロック（板書用）
QR 板書用お金カード
QR ふりかえりシート

ICT
お金カードや算数ブロックで示した図をタブレットで撮影して児童に配信しておくと，各自で振り返って確認することができる。

3
＜240 円は 10 円玉 何こかな＞

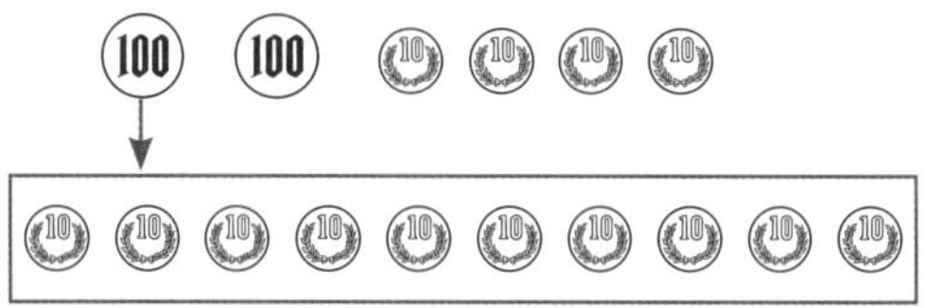

100 円は 10 円玉 10 こ
200 円は 10 円玉 20 こ
20 こと 4 こで 24 こ

4
＜420 は 10 を 何こ あつめた数かな＞

※ ブロックで操作する

420 ＜ 400　10 が 40 こ ／ 20　10 が 2 こ ＞ 10 が 42 こ

3 240 円は，10 円玉何個になりますか

黒板に 100 円カード 2 枚と 10 円カード 4 枚を貼る。

C　20 個と 4 個で，10 円玉 24 個になります。

100 円カード 2 枚を 10 円カード 20 枚に替えて確認する。

C　240 を 200 と 40 に分けて考えてから，合わせたらいいね。

240 ＜ 200　10 が 20 こ ／ 40　10 が 4 こ ＞ 24 こ

4 420 は 10 を何個集めた数か考えよう

100 のブロック 4 箱と 10 のブロック 2 本を提示する。

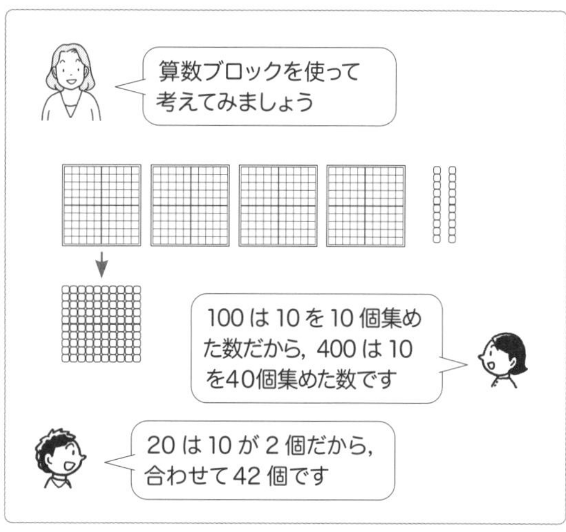

算数ブロックを使って考えてみましょう
100 は 10 を 10 個集めた数だから，400 は 10 を40個集めた数です
20 は 10 が 2 個だから，合わせて 42 個です

100 のブロック 4 箱を 10 のブロック 40 本に替えて確認する。ここでも，「300 は 10 を何個集めた数」など 0 がついた数も扱っておくとよい。

ふりかえりシートを活用する。

第6時 数直線

本時の目標　3位数の数系列を理解し，数直線上の数を読むことができる。

板書例

数(かず)の線(せん)を よみとろう

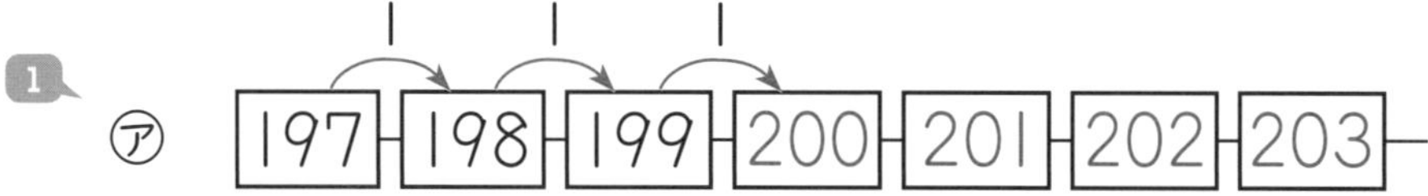

㋐ 197 198 199 200 201 202 203

10　10　10　10

㋑ 360 370 380 390 400 410 420

100　100

㋒ 200 300 400 500 600 700 800

どんな きまりで 数が ならんで いるかを 見つける

POINT ICT 機器を使って，数直線の目盛りを拡大して見せましょう。

1 数のきまりを見つけて，□にあてはまる数を考えよう

ワークシートを使って学習する。

T　どんなきまりで数が並んでいますか。

続いている数を見てみよう。㋐は，197，198，199で数が1ずつ増えています
㋑は，390，400, 410と，数が10ずつ増えているね
㋒は，700，800だから，100増えています

C　数がいくつずつ増えているかがわかれば，空いている□の数がわかるよ。

C　右にいくほど，数は大きくなったね。

児童が黒板に記入する。

T　みんなで㋐から順番に数を読んでいきましょう。

2 数の線の目盛りを読み取ろう

T　矢印が指す目盛りの数をどうやって調べたらいいでしょう。

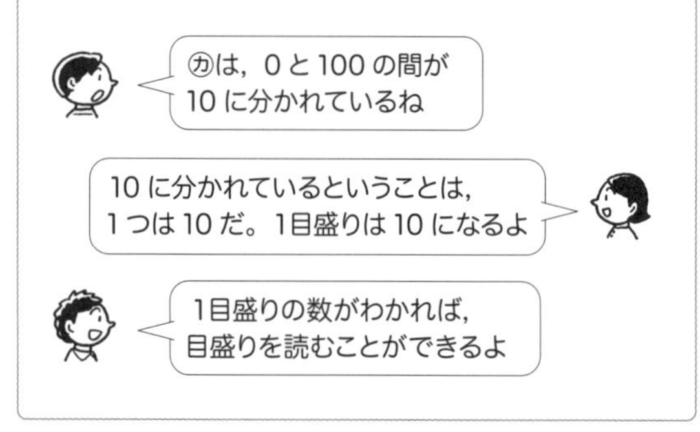

㋕は，0と100の間が10に分かれているね
10に分かれているということは，1つは10だ。1目盛りは10になるよ
1目盛りの数がわかれば，目盛りを読むことができるよ

T　㋖の数の線はどうですか。

C　0から始まっていないね。780と790の間が10に分かれているよ。

C　780と790の間の10が10に分かれているから，1目盛りは1になります。1目盛りがわかればできます。

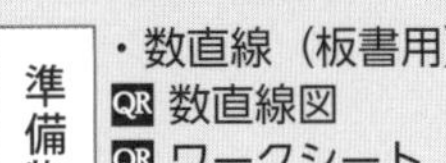

準備物
- ・数直線（板書用）
- QR 数直線図
- QR ワークシート
- QR ふりかえりシート
- ・はさみ

ICT
目盛りを実物投影機で提示して，目盛りの読み方を確認する。1目盛りがいくつかを説明したり，その理由を発表したりする場面で活用する。

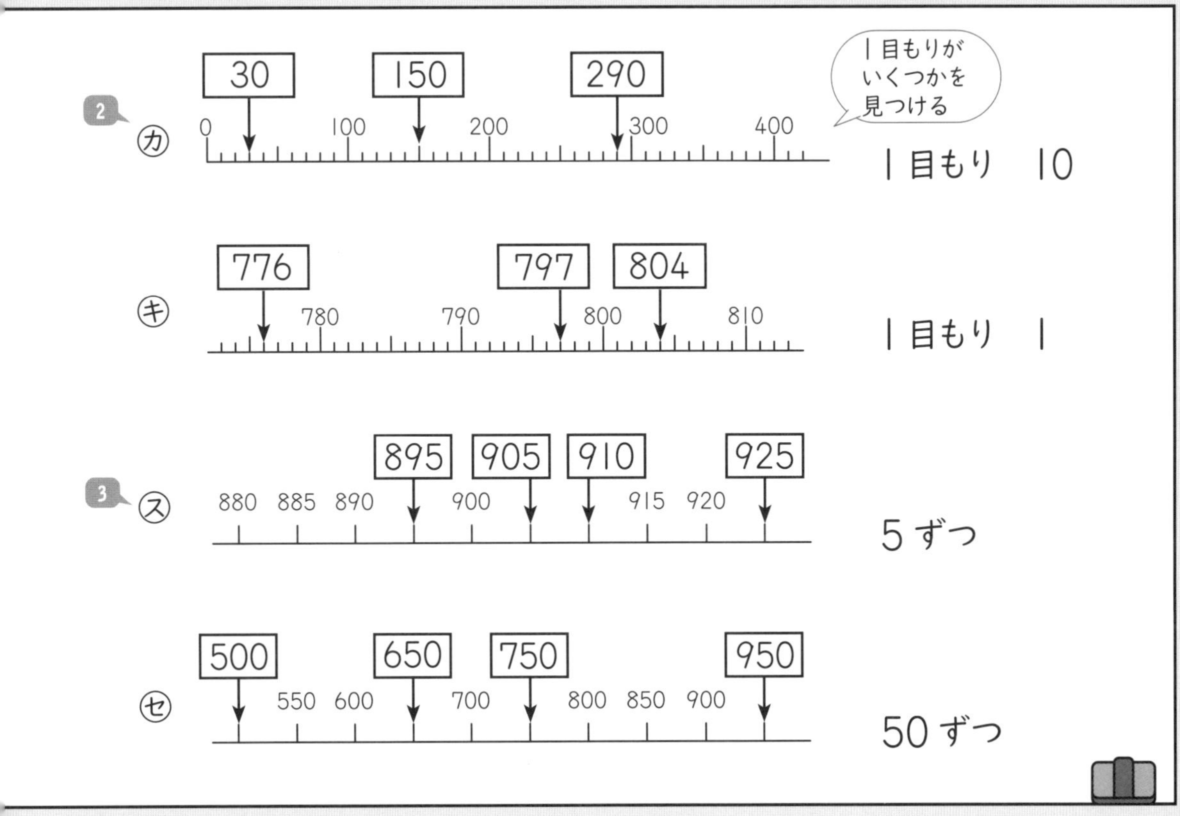

2 ㋕ 0　100　200　300　400 （30，150，290）
1目もりがいくつかを見つける
1目もり　10

㋖ 780　790　800　810 （776，797，804）
1目もり　1

3 ㋜ 880　885　890　900　915　920 （895，905，910，925）
5ずつ

㋝ 550　600　700　800　850　900 （500，650，750，950）
50ずつ

3 いろいろな数の線の目盛りを読み取ろう

C　これも，いくつずつ数が増えているかを見つけたらいいね。

教科書では，1目盛りが，1，5，10，50，100の数直線を扱っているところが多い。

続いている数から，いくつずつ数が増えているかをまずは見つけて，数直線を読み取っていく。

4 0からの数直線をつくってみよう

「QR 数直線図」を児童に配る。

T　0から900までの数直線を作ってみましょう。
（1000は次の時間に学習）

□作り方

❶ 100ずつの目盛りを書く。
100，200，300，…900まで数字を書く。

❷ 点線で切り取り，順番につなぐ。

❸ 50ずつの目盛りを書く。
（50，150，250，…850まで）

❹ 10ずつの目盛りを書く。
（10, 20, 30, …90まで, 以降は書ける範囲で）

できた数直線を見て，気づいたことなどを発表する。

学習のまとめをする。ふりかえりシートを活用する。

第 7 時

1000（千）という数

本時の目標　1000（千）という数の大きさや構成が理解できる。

板書例

100 を 10 こ あつめた 数は いくつかな

1　100 を 10 こ あつめた 数は 1000 です。
千（せん）と 読みます。

3
① 1000 より 100 小さい 数　　900
② 1000 より 10 小さい 数　　990
③ 1000 より 1 小さい 数　　999
④ 1000 は 10 を（100）こ あつめた 数

2
1
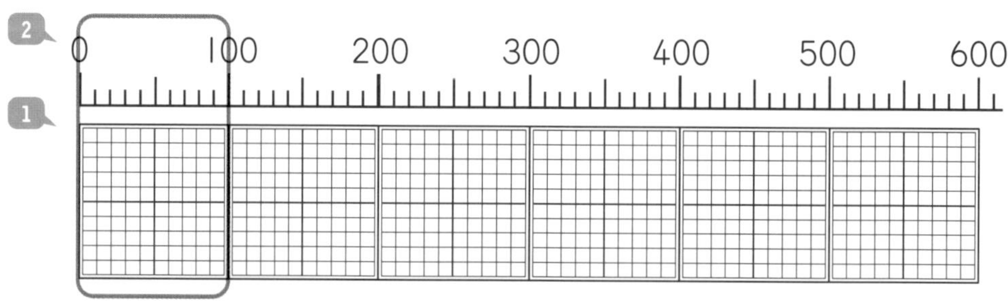

POINT　算数ブロックや数直線を使って，1000 という数量の大きさを感じ取ることができるようにしましょう。

1　100 を 10 個集めた数を考えよう

T　10 を 10 個集めたらいくつになりますか。
C　100 です。100 のブロック（図）を 1 枚提示する。
T　では，100 が 2 個でいくつですか。
C　200 です。100 のブロック（図）を 1 枚増やす。

続けて，3 枚，4 枚，…と 9 枚まで順に増やしながら，全体で数を読んでいく。

次は，100 が 10 個です。100 を 10 個集めたら，千になります

100 の 10 個分って大きいね

100 を 10 個集めた数を 1000 と書き，千と読むことを教える。「千」という数がどのくらいの大きさなのか，身のまわりのもので具体的に示せるとよい。
（※参考動画「QR どんぐりを数えよう」）

2　数の線に 1000 の目盛りを書こう

T　前の時間に 900 までの数の線を作りましたね。その続きの目盛りを書きましょう。
C　大きい目盛りは，900，…1000 までの目盛りが書けました。
C　小さい目盛りも書きました。1 目盛りが 10 だから，910，920，930，…990 です。

黒板のブロック（図）に合わせて数直線を示す。

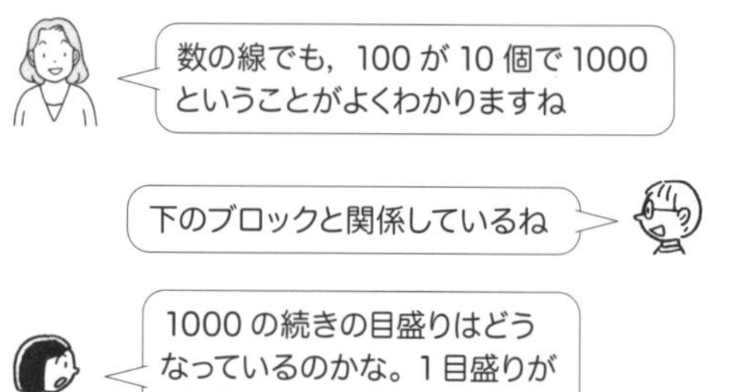

数の線でも，100 が 10 個で 1000 ということがよくわかりますね
下のブロックと関係しているね
1000 の続きの目盛りはどうなっているのかな。1 目盛りが 10 だから，1010 かな

T　みんなで，900 から読んでみましょう。

・算数ブロック（板書用） ・数直線（板書用）
・前時に作成した数直線（各自）
QR ふりかえりシート
QR 動画「どんぐりを数えよう」

ICT
動画「どんぐりを数えよう」を視聴し，1000という数の構成を捉える。1目盛りの大きさを意識して目盛りを読むことができるようにする。

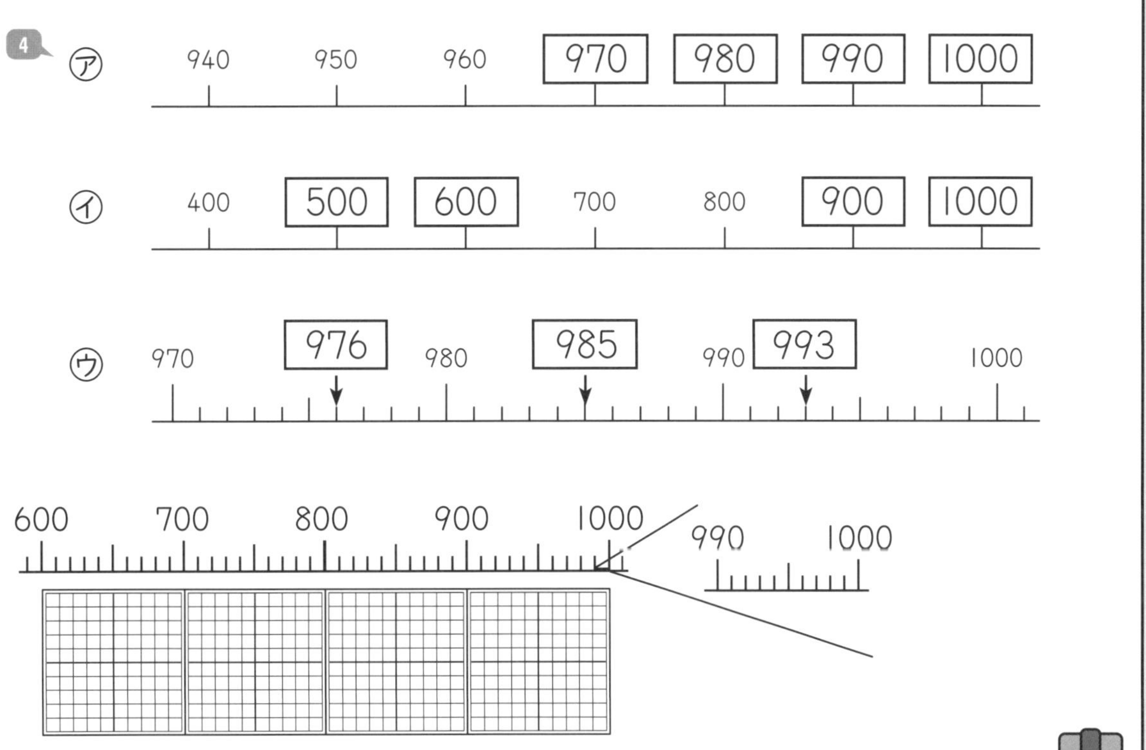

3 1000という数がどんな数か，数の線とブロック図を見て考えよう

T　1000より100小さい数はいくつですか。

C　大きい目盛りが100だったので，900です。

数直線とブロック図で確かめる。1000より10小さい数も同じように確認する。

1000より1小さい数はいくつですか
10より小さい目盛りがないけど…，990から順に読んでみよう。991，992，…999，1000
1小さい数は999です

990から1000までの1単位の数直線を示して確認する。

T　1000は，10を何個集めた数ですか。

C　ブロック図を見たらよくわかります。10が10，20，30，…100で1000になります。

4 1目盛りの数が異なる，数の線の目盛りを読み取ろう

1目盛りが1，10，100の数直線を扱う。

T　数の線を読むときに，まず何を見つけたらよかったですか。

C　1目盛りがいくつかを見つけます。

C　いくつずつ数が大きくなっているかを見つけます。

㋐は，10ずつ大きくなっています
㋑は，700，800，…100ずつ大きくなっています
㋒は，小さい1目盛りが1になります

全体で確認する。
ふりかえりシートを活用する。

第 8 時

数の大小

本時の目標　不等号，等号を知り，３位数の大小関係を式に表すことができる。

板書例

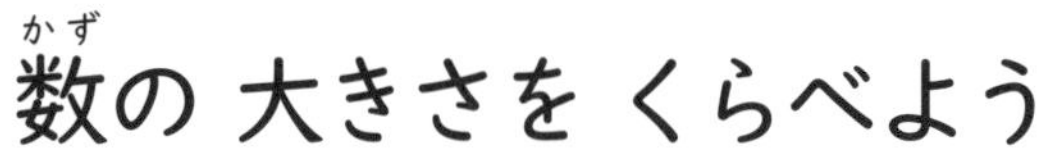

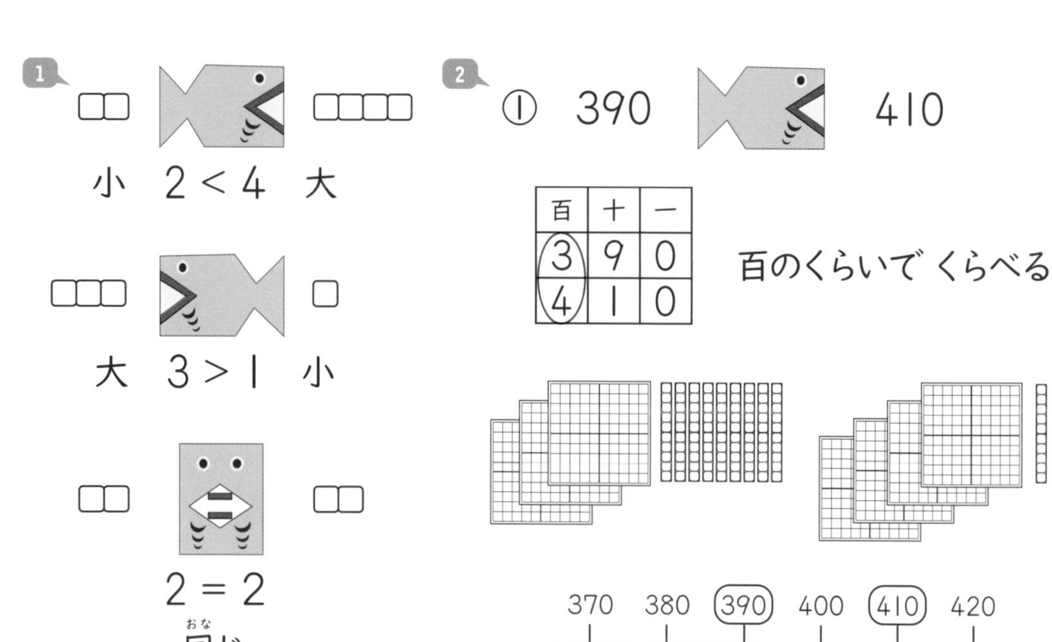

POINT はじめは，算数ブロックや数直線を使って数の大きさを比べますが，数字だけで比べることができることや，比べ方を

1 「フトウゴウくん」を使って数の大きさ比べをしよう

T　この魚は「フトウゴウくん」といいます。大きい数が大好きで大きい数を食べてしまいます。ここにブロックがあります。さあ，どちらのブロックを食べるでしょう。

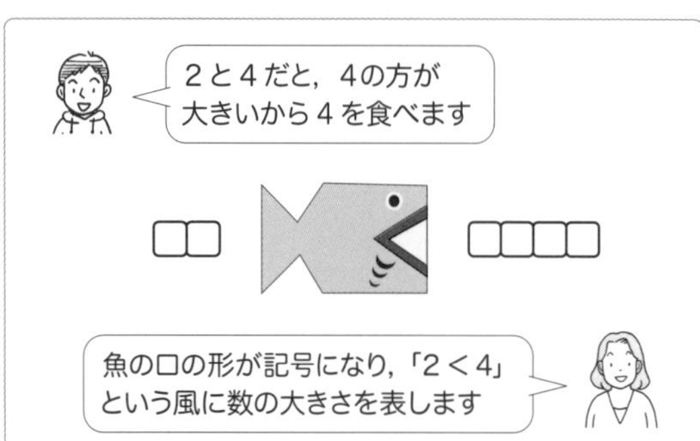

C　数の大きい方に口が開くんだね。

T　数の大きさが同じときは，フトウゴウくんは困ってしまって前を向きます。「＝」の記号になります。

フトウゴウくんを使って何問か小さい数で試してみる。

2 390 と 410 だと，フトウゴウくんはどちらを食べるかな

C　390 と 410 は，どちらの方が大きいのかな。

数直線や算数ブロックを使って大きさを確かめる。

C　数の線は，右にいくほど数が大きくなるから，410 の方が大きいです。

C　100 のブロックが 3 箱と 4 箱だから，410 の方が大きいです。やっぱり，百の位の数字で比べないといけないね。

準備物	・算数ブロック（板書用） QR ふりかえりシート QR 動画「フトウゴウくん」

ICT	動画「フトウゴウくん」を視聴し，不等号・等号の意味理解を図る。プレゼンテーションソフトを活用して，どちらの数が多いかの適応題を提示する。

② 359  361　　　③ 417  414

百	十	一
3	5	9
3	6	1

十のくらいで くらべる

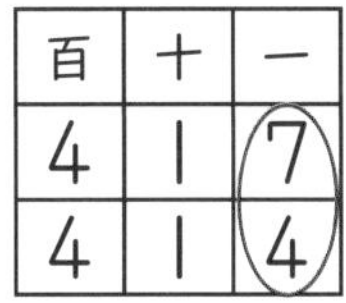

百	十	一
4	1	7
4	1	4

一のくらいで くらべる

数の 大きさは 上の くらいから
くらべる。

子どもたちが気づけるようにします。

3 359 と 361 の数の大きさを比べてみよう

さっきは，百の位の数字で比べたよ。今度も百の位の数字で…，あれ?どちらも 3 で同じだ
じゃあ，十の位の数字で比べたらどうかな。50 と 60 では，60 の方が大きいから 361 の方が大きいよ

数直線で確かめて，「359 < 361」をノートに書く。

T　次は，417 と 414 を比べてみましょう。

C　今度は，百の位も十の位も同じだから，一の位で比べたらいいのかな。

C　7 の方が大きいから，417 の方が大きいです。上の位から順に比べていったらいいね。

T　記号を使って 417 と 414 の大きさを書いてみましょう。

4 どちらの数が大きいか「>，<，=」を使って表そう

下記の型の練習問題をする。

T　⑤，⑥はスペシャル問題です。?に数を入れて考えてみましょう。

① 197 □ 207　百の位で比べる
② 556 □ 565　十の位で比べる
③ 829 □ 820　一の位で比べる
④ 102 □ 98　3桁と2桁で比べる
⑤ 743 □ 73?　一の位の?の数字が何であっても 743 の方が大きい
⑥ 3?9 □ 306　?が 0 でも，3?9 の方が大きい

学習のまとめをする。
ふりかえりシートを活用する。

第 9 時

何十，何百のたし算・ひき算

本時の目標　(何十)±(何十)，(何百)±(何百) の計算の仕方を理解し，その計算ができる。

板書例

何十，何百の 計算を しよう

1

< 70 + 50 >

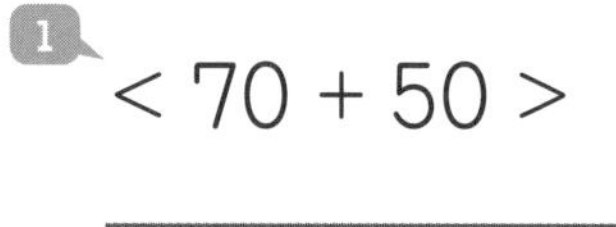

⑩ が 7 + 5 = 12

70 + 50 = 120

2

< 120 − 40 >

100 は 10 が 10 こ

⑩ が 12 − 4 = 8

120 − 40 = 80

POINT　お金カードを使うことで，70 + 50 を 7 + 5 = 12 と，10 を単位として考えることができるようになります。

1　70 + 50 の答えを考えよう

T　70 ＋ 50 の答えを，10 円玉を使って考えてみましょう。

児童の発言に合わせて，10 円カード 7 枚と 5 枚を貼り，合わせる操作をする。

T　10 円玉の個数で考えると，どんな式になりますか。

C　7 ＋ 5 ＝ 12 になります。

C　10 が 7 ＋ 5 ＝ 12，10 が何個で考えると計算できるね。

2　120 − 40 を，お金で考えて計算しよう

C　100 円玉 1 個と 10 円玉 2 個から，10 円玉 4 個をひいてみる…あれ，ひけないよ。

10 円玉で考えてみたら
できそうだよ。120 円は，
10 円玉にすると 12 個だね
そこから 40 円，
10 円玉を 4 個ひくと，
残りは8個になるよ

児童の発言に合わせて，お金カードを操作する。

T　10 円玉の個数で考えると，どんな式になりますか。

C　10 が，12 － 4 ＝ 8 になります。

C　10 が 8 個なので，答えは 80 だね。

C　12 － 4 ＝ 8 と計算して，0 をつけたらいいね。

準備物

QR 板書用お金カード
QR ふりかえりシート

ICT

お金カードや算数ブロックで示した図をタブレットで撮影して児童に配信しておくと，各自で振り返って確認することができる。

3

< 400 + 200 >

100 が 4 + 2 = 6
400 + 200 = 600

3

< 700 − 300 >

100 が 7 − 3 = 4
700 − 300 = 400

4

< 1000 − 700 >　1000 は 100 が 10 こ

100 が 10 − 7 = 3
1000 − 700 = 300

10 や 100 の
まとまりで 計算する。

3 400 + 200，700 − 300 を，お金で考えて計算しよう

C　今度は，100 円玉で考えたらどうかな。

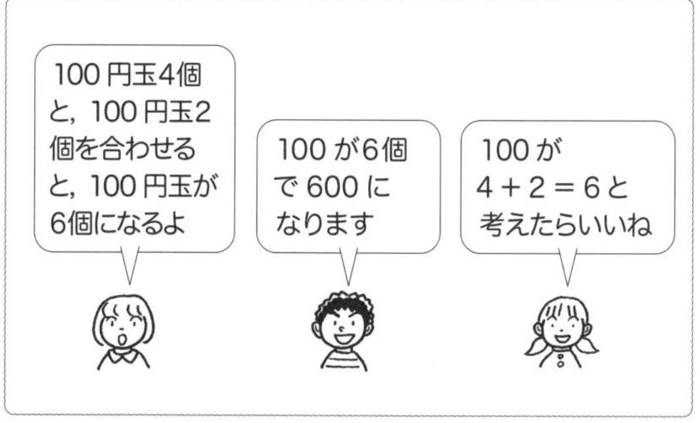

C　700 − 300 は，100 円玉 7 個から 100 円玉 3 個をひくと考えて，残りは 4 個になるよ。答えは 400 になります。

C　100 が，7 − 3 ＝ 4 と考えたらいいね。

お金カードを使って確認する。

C　4 ＋ 2 ＝ 6 や，7 − 3 ＝ 4 と計算して，0 を 2 つつければいいね。

4 1000 − 700 を，お金で考えて計算しよう

T　1000 はどうやってお金で表しますか。

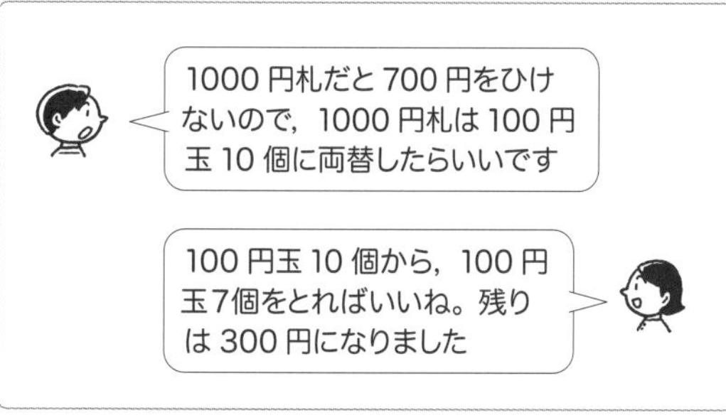

1000 円札だと 700 円をひけないので，1000 円札は 100 円玉 10 個に両替したらいいです
100 円玉 10 個から，100 円玉7個をとればいいね。残りは 300 円になりました

児童の発言に合わせて，お金カードを操作する。

T　100 円玉の個数で式に表しましょう。

C　100 が，10 − 7 ＝ 3 になります。

C　100 が 3 個で 300 だね。

10 や 100 を単位とすれば簡単に計算できることをまとめる。
ふりかえりシートを活用する。

第1時　ふりかえりシート

名前

● どんぐりは 何こ あるでしょう。

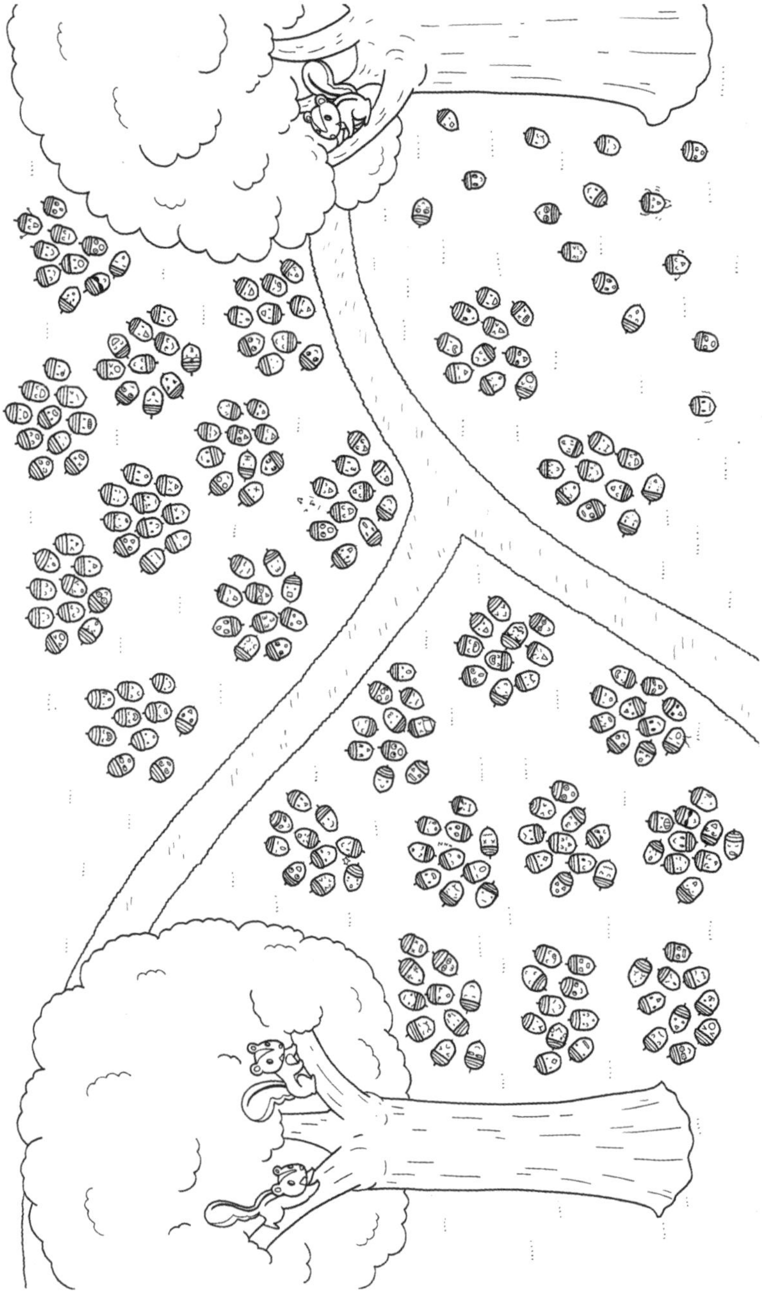

100が □ こ　10が □ こ　1が □ こ

第６時　ふりかえりシート

名前 ＿＿＿＿＿＿＿＿＿＿

● つぎの ↑ の 数(かず)を 書(か)きましょう。

①
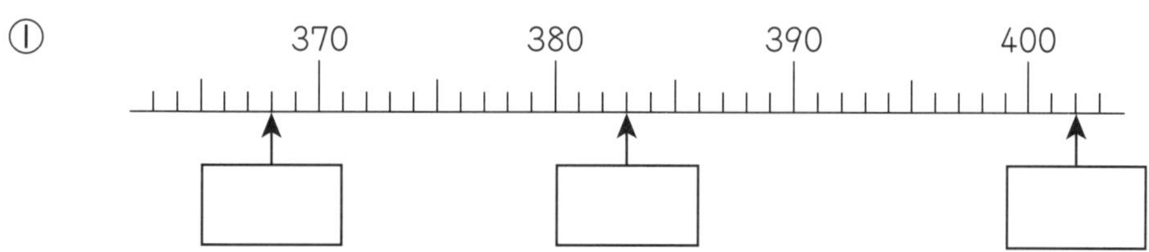

②
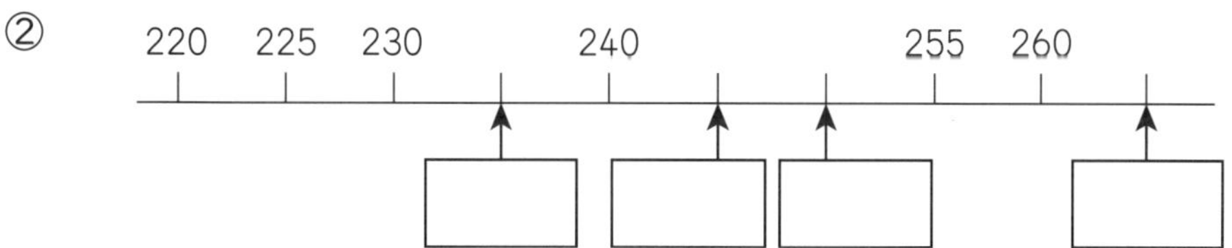

③
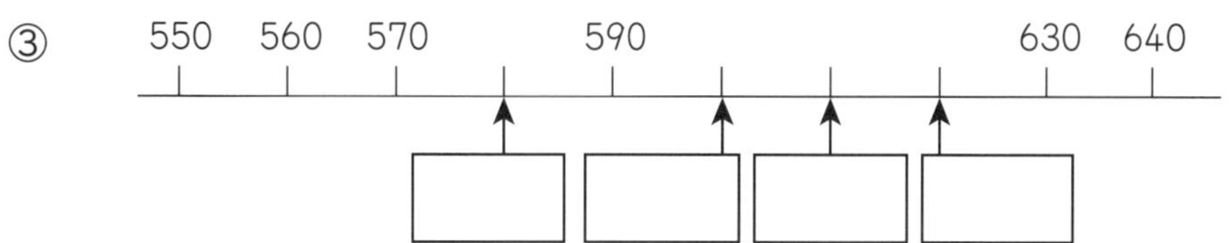

④
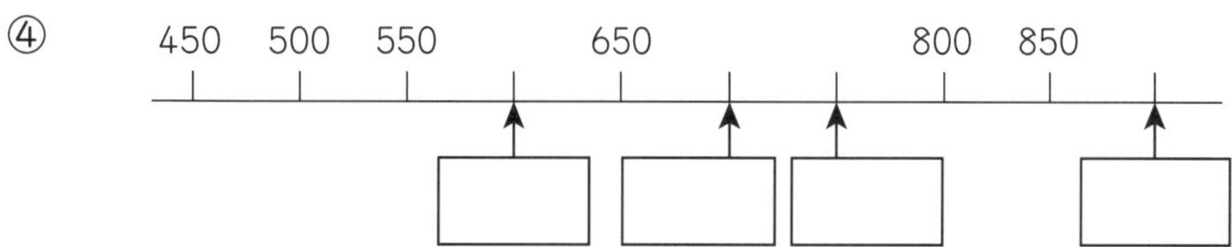

⑤
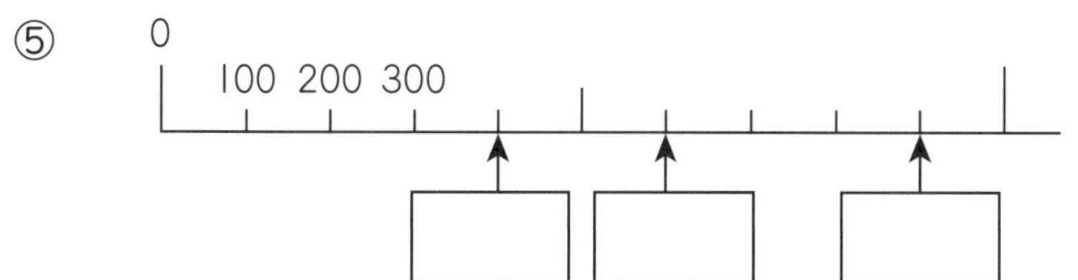

水のかさのたんい

全授業時数 8 時間

◎ 学習にあたって ◎

＜この単元で大切にしたいこと＞

かさの導入は，L から入るのがよいか，dL からがよいか意見が分かれるところです。各社の教科書を見ても 2 つに分かれています。かさの基本単位は L ですが，児童が操作しやすいのは dL なので本書では dL から導入しています。

「かさ」の指導に入る大前提は「保存性」です。児童の中には，入れ物の形が変わったり，入れ物の個数が複数になったりすると，「かさ」が変わっていなくても増えたり減ったりしたように思う児童がいます。

量の指導は，4 段階の学習（直接比較，間接比較，任意単位による比較，普遍単位）をたどることで，保存性を含むかさの概念を身につけることができます。また，ますを使って水のかさを表すことで，連続量を分離量化することができます。

＜数学的見方考え方と操作活動＞

メートル法

記 号	k	h	D		d	c	m
呼び方	キロ	ヘクト	デカ		デシ	センチ	ミリ
意 味	1000 倍	100 倍	10 倍	1	$\frac{1}{10}$	$\frac{1}{100}$	$\frac{1}{1000}$
長 さ	km	(hm)	(dam)	m	(dm)	cm	mm
か さ	kL	(hL)	(daL)	L	dL	cL	mL

「かさ」は L，dL，mL の 3 つの普遍単位を学習します。「長さ」では，m，cm，mm を学習します。右のメートル法の図を見てもわかるように，「長さ」も「かさ」も，数と同じ十進構造を持っています。

これまで学習してきた数の十進位取り法と，単位の仕組みを関連づけて指導します。

＜個別最適な学び・協働的な学びのために＞

教材備品としておそらくどの学校にもある小数ますには，1L を10等分した1cm×10cm×10cm があります。それが，1dL です。それを10等分した1cm×1cm×10cm が1cL です。さらにそれを10等分した1cm×1cm×1cm が1mL です。このような十進構造が明確なますを使うと，長さの学習を生かして理解できますし，それぞれの普遍単位の量感をしっかりとらえることができます。また，単位換算でもイメージしやすいのです。

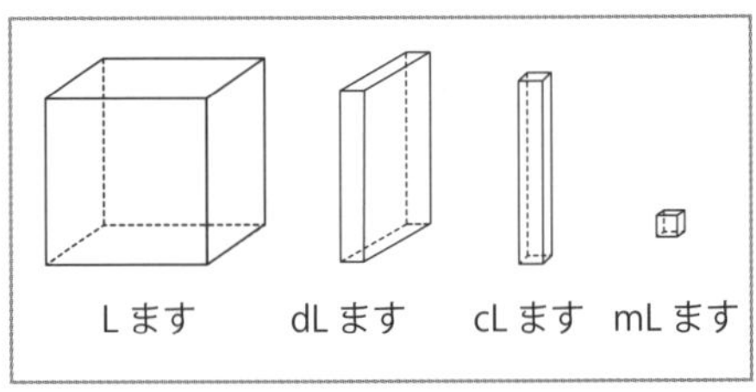

L ……10cm × 10cm × 10cm のブロック
dL ……1cm × 10cm × 10cm のブロック
cL ……1cm × 1cm × 10cm のブロック
mL ……1cm × 1cm × 1cm のブロック

◎ 評 価 ◎

知識および技能	かさの普遍単位を理解し，L ますや dL ますなどを使って，かさを量ることができ，かさの加減の計算ができる。
思考力，判断力，表現力等	かさの普遍単位の必要性やよさに気づき，かさの加減計算の仕方を考えることができる。
主体的に学習に取り組む態度	身のまわりの入れ物の容積表示を進んで見つけ，適切な単位を選んでかさを測定しようとする。

◎ 指導計画 8時間 ◎

時	題	目 標
1	かさ比べ 水運びリレー ①	かさの比べ方を考え，実際に比べてみることで，かさの概念を身につけることができる。
2	かさの単位（dL） 普遍単位	普遍単位の必要性に気づき，かさを表す単位「dL」を知る。1dL ますでかさを量ることができる。
3	かさの単位（L）	かさの単位「L」について知り，1 L ＝ 10dL の関係がわかる。
4・5	L と dL で表す 水運びリレー ②	L や dL を用いた水のかさの表し方が分かる。
6	かさの単位（mL）	かさの単位「mL」について知り，1 L ＝ 1000mL の関係がわかる。
7・8	かさのたし算・ひき算	かさのたし算・ひき算の仕方を理解する。

第1時
かさ比べ　水運びリレー①

本時の目標　かさの比べ方を考え，実際に比べてみることで，かさの概念を身につけることができる。

板書例

水の かさを くらべよう

1 <どちらの ほうが たくさん 水が 入るかな>

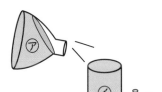

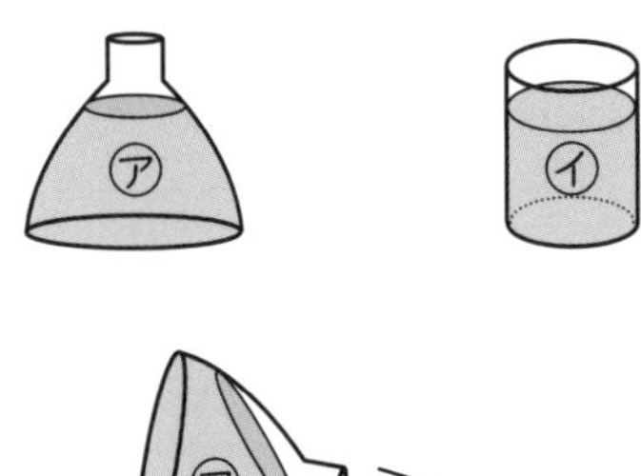

・水が あふれる
→ ㋐が 多い

・まだ 水が 入る
→ ㋑が 多い

㋐に 水を 入れて ㋑に うつす

POINT　1年生で学習した，直接比較，間接比較，任意単位による比較は，本単元で学習する普遍単位の基礎となるため，ここで

1 どちらの入れ物の方が，水が多く入るかな【直接比較】

２つの異なる容器を準備する。
どちらが多く入るかを予想させる。

T　実際に確かめてみましょう。どうやって調べたらいいでしょう。

㋐に水をいっぱい入れて，㋑に移してみる。水があふれたら，㋐の方が多く入るということです
㋐に水をいっぱい入れて，㋑に移す。㋑にまだ水が入るようだったら，㋑の方が多く入ります

実際に確かめる。

2 どちらの入れ物の水の方が多いかな【間接比較】

水の入った２つの異なる容器を準備する。

T　どちらにも水が入っているので，互いに水を移すことができません。どうしたらいいでしょう。

同じ大きさの入れ物に水を入れ替えて比べたらいいです
同じ入れ物なら，水の高さで比べられるね

容器を替えると，かさが増えたり減ったりするように見える児童もいる。元の容器に水を戻してかさが変わらないことを確かめる。（かさの保存性）

準備物	・かさ比べ用容器　・水運びリレー用容器 ・バケツ　・紙コップ ・ロート（各班に１個）

ICT	活動３で紙コップ何杯かを測る際に，動画で撮影をする。撮影したものを見返し，何杯分の水を入れたか確認するとよい。

2

＜どちらの ほうが たくさん 水が入って いるかな＞

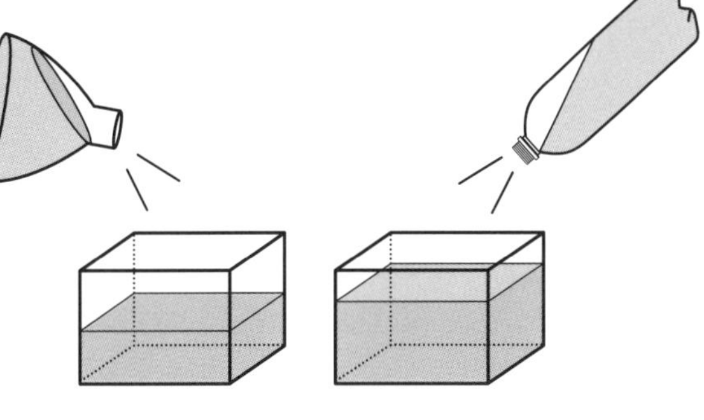

同じ入れものに 入れる

水の 高さで くらべる

3

＜水はこびリレーを しよう＞

はこんだ 水の かさくらべ

くらべ方

紙コップ 何ばい分かで くらべる

・１ぱん　７はい
・２はん　６ぱいと 少し
・３ぱん　６ぱい
⋮　⋮

もう一度学習しておくことが必要です。

3 水運びリレーをしよう【任意単位】

□準備物
・リレー用容器（プリンやゼリーの容器 × 班の数）
・バケツや桶など（班の数 ×2）
　１つには水を入れ，何mか先にもう１つの空のバケツを置く。
・紙コップ（たくさん）
・ロート（各班に１個）

□やり方
❶ 班対抗で行う。
❷ 水運びに使う容器を班で選ぶ。
❸ 容器で水を汲んで，空のバケツに水を入れる。
❹ 戻ってきて，次の人に容器を渡す。
　（容器がバトンの代わりとなる）
❺ 時間になったらストップする。
❻ たくさんの水を運んだ班が勝ちとなる。

T　どこの班がいちばん多く運んだか，どうやって比べたらいいでしょう。
C　同じ入れ物に入れてみたらいいです。

紙コップとロートを使って，紙コップ何杯分になるかを各班で調べる。

T　紙コップ７杯の１班が優勝です！

任意単位（紙コップ）の個数で比べる。このかさを個数で表す学習が普遍単位へとつながる。

第 2 時

かさの単位（dL）　普遍単位

本時の目標　普遍単位の必要性に気づき，かさを表す単位「dL」を知る。1dL ますでかさを量ることができる。

板書例

1dL ますで はかろう

1 ＜ペットボトルの 水の かさ＞

1ぱん　コップ 5 はいと 半分（はんぶん）

2はん　コップ 2 はいと 少し（すこ）

3ぱん　コップ 7 はい

同じ（おな） 大きさの コップで ないと くらべられない

2 せかい きょうつうの かさの たんい

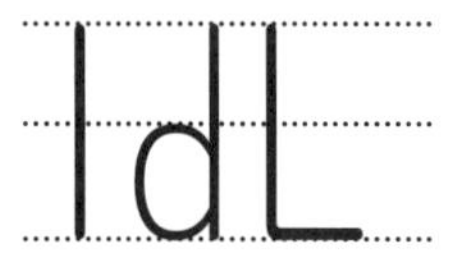

1 デシリットル

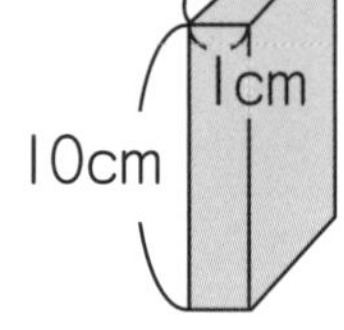

1dL ます

POINT 実際に 1dL ます（円柱形や直方体）や容器を使っていろいろな水のかさを調べる活動が大切です。量感も身につきます。

1 いちばん多く水が入っている入れ物はどれか調べよう

同じくらいの量の水が入る形の違うペットボトル（などの容器）を班の数分準備する。

C　前の時間に比べたように，紙コップ何杯分かで比べたらいいね。

各班にペットボトルと，紙コップを配る。紙コップの大きさは班によって変えておく。

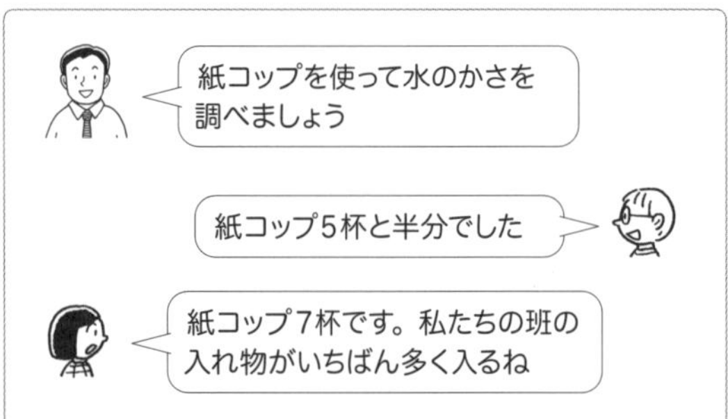

C　紙コップの大きさが違うから，比べられないと思います。同じ大きさのもので調べないと正しく比べられないね。

2 世界共通のかさの単位（1dL）を知ろう

T　長さと同じように，かさを表す単位があります。これが 1dL です。

水を入れた 1dL ます（円柱形）を見せる。

C　1dL ますを使って，何杯分かを調べたら，正しく比べられるね。

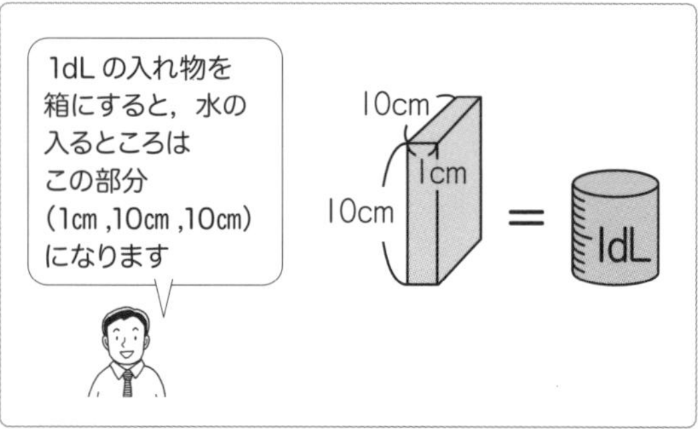

1dL の入れ物を箱にすると，水の入るところはこの部分（1cm ,10cm ,10cm）になります
10cm
1cm
10cm
=
1dL

この直方体の 1dL ますに入った水を円柱形の 1dL ますに移し替えて同じかさになることを確かめる。

dL を書く練習をして，書き方，読み方に慣れる。

準備物	・様々な形の容器（ペットボトルなど） ・紙コップ（大きさ色々）　・1dL ます（各班） ・1dL ます（直方体）　・受け皿（各班） ・牛乳パック　QR ワークシート

ICT	活動４で 1dL ますを使って水のかさを調べる際は，動画撮影をする。何杯移し替えたのかを数え，1dL ます何杯分で○ dL なのかを正しく表記できるようにする。

< 1dL ますを つかって しらべよう >

・ぎゅうにゅう パック　1dL の２つ分と 少し　2dL と 少し

・ジュースの かん　1dL の２つ分　2dL

・ジュースの びん　1dL の３つ分　3dL

1dL（デシリットル）が いくつ分 あるかで，水などの かさを あらわす ことが できる。

3 1dL ますを使っていろいろなかさを調べよう

かさを調べる入れ物をいくつか準備しておく。

T　牛乳パックに入る水のかさは何 dL だと思いますか。（まずは，予想を立てる）

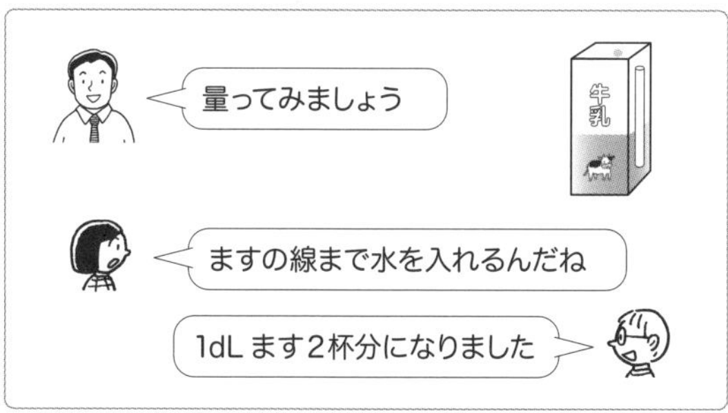

T　1dL の２つ分で 2dL になります。

「1dL の○つ分で□ dL」と書くように指示する。

T　次は，ジュース缶に入るかさを調べます。

同じように，まずは予想させてから量り，「１dL の○つ分で□ dL」とまとめておく。
1dL ますの量り方も丁寧に教えておく。

4 1dL ますを使って，もう一度調べてみよう

紙コップで量った水のかさを，1dL ますを使って班で調べる。

1dL ますの下にお皿をひいておいて，こぼれた水はもとに戻しましょう
上のますの線まで水を入れるよ。1dL ますで６杯だね

T　１班から発表してください。1dL の何杯分で何 dL になりましたか。

C　1dL の５杯分で，5dL でした。

C　1dL の６杯分と少しで，6dL と少しです。

学習のまとめをする。

第3時 かさの単位（L）

本時の目標　かさの単位「L」について知り，1L = 10dL の関係がわかる。

板書例

1L について知（し）ろう

1 ＜何 dL 入るかな＞

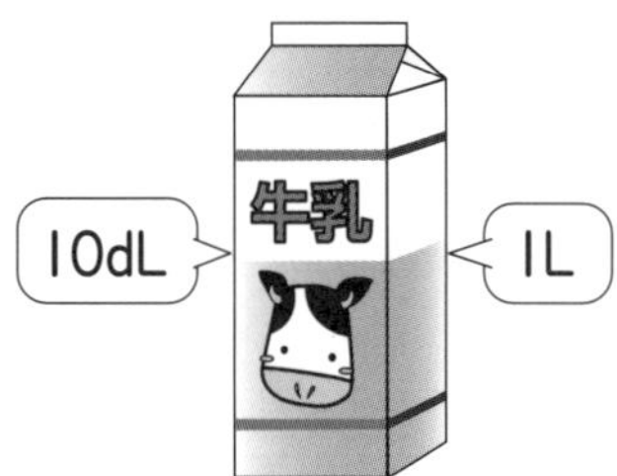

1dL ますで 10 ぱい
10 dL

2

大きな
かさを あらわす
たんい

1 リットル

1L = 10dL

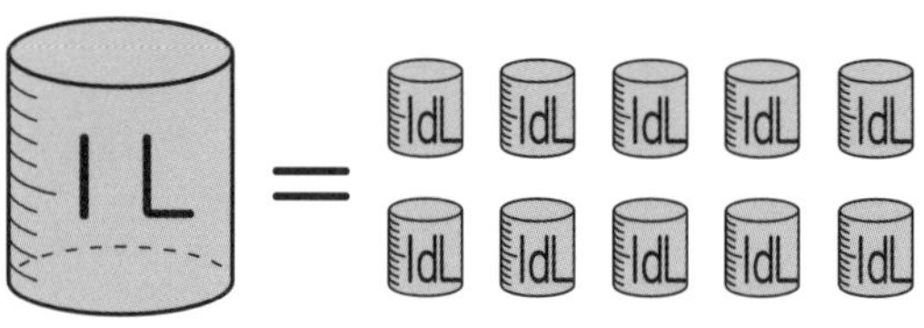

POINT　本時も，1L ますや牛乳パックなどを使って実際に水のかさを調べてみましょう。

1 牛乳パック（1L）に何 dL 入るかな

C　1dL ますで何杯入るか調べたらいいね。

C　7dL，8dL くらいかな。

1L の牛乳パックと 1dL ますを各班に配る。

T　何 dL 入りましたか。

C　10dL くらい入りました。

C　私の班も 10dL でした。

およそ 10dL ということがわかればよい。

2 1dL の 10 杯分は 1L

T　この牛乳パックに入る水のかさを 1 リットルといい，1L と書きます。これが 1 L ますです。

児童に順番に手に持たせ，大きさを実感させる。

C　1dL ますに比べたらかなり大きいね。

T　みんなが 1dL ますで量ってくれたかさは何 dL でしたか。

C　10dL でした。1L と 10dL は同じなのかな。

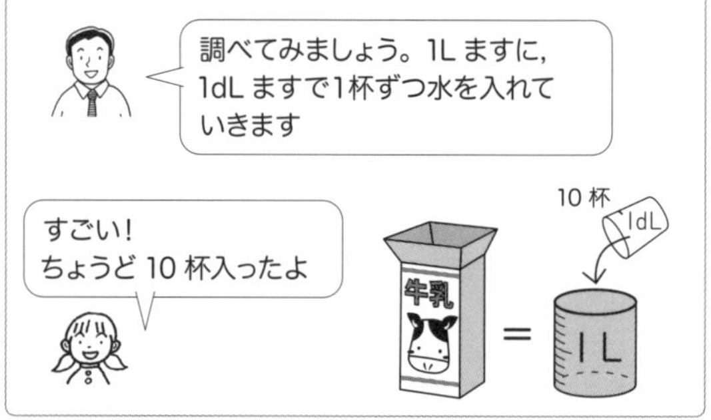

調べてみましょう。1L ますに，
1dL ますで 1 杯ずつ水を入れて
いきます
すごい！
ちょうど 10 杯入ったよ
10 杯
1dL
牛乳
1L

「1L = 10dL」ということをまとめる。

準備物	・1L 牛乳パック ・1L ます（円柱形・立方体）　・1dL ます ・やかん，ポット，鍋，バケツなど QR ワークシート　QR 動画「1L は何 dL かな」	ICT	動画「1L は何 dL かな」を見せ，1L ＝ 10dL の理解を深める。また実際に，自分たちで 1dL ますを使って，1L ますに水を移す時に，動画撮影をする。

4

＜ⅠL ますを つかって しらべよう＞

・やかん　ⅠL の 3 つ分（ぶん）で　3L

・ポット　ⅠL の 2 つ分で　2L

・バケツ　ⅠL の 5 つ分で　5L

水などの かさは，ⅠL（リットル）が いくつ分 あるかでも あらわす ことが できる。

3 1L を箱の形にしたらどうなるかな

前時の直方体の 1dL と比べる。

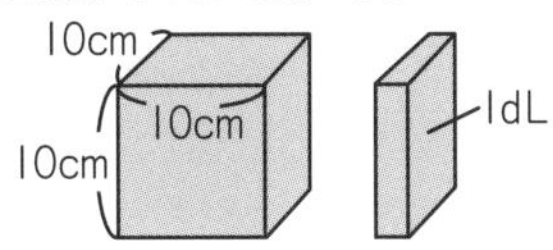

C　どの長さも 10cm のサイコロの形です。

C　1 dL は 1cm だけど，1L は全部 10cm です。

円柱形の 1L ますの水を立方体の 1L ますに移し替えて同じかさであることを確かめる。

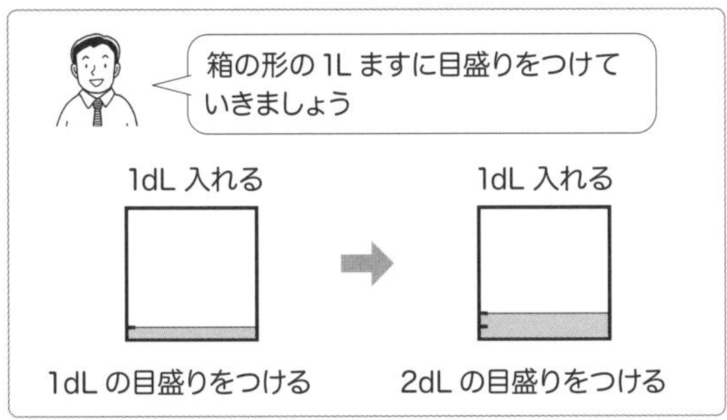

10dL まで目盛りをつける。L を書く練習をする。

4 1L ますを使ってかさを調べてみよう

かさを調べるものをいくつか準備しておく。

T　やかんには何 L の水が入ると思いますか。

まずは，予想を立てる。予想して量ることで，量感を養う。

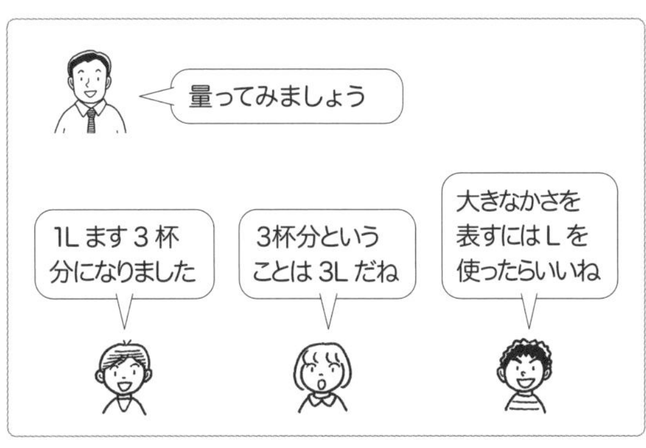

「1L の○つ分で□ L」と書くように指示する。

同じように，ポット，バケツ，鍋なども，まずは予想させてから量り，「1 L の○つ分で□ L」とまとめておく。

1L ますに水を移す操作は児童が交代でする。

学習のまとめをする。

第 4·5 時

L と dL で表す　水運びリレー②

本時の目標　L や dL を用いた水のかさの表し方がわかる。

板書例

水の かさの あらわし方(かた)を 考(かんが)えよう

1 <水の かさは どれだけかな>

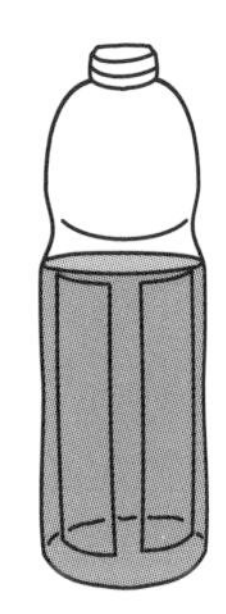

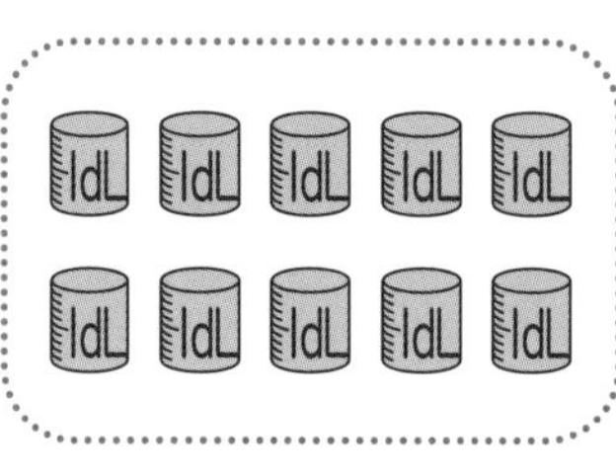

2

13dL

10dL = 1L

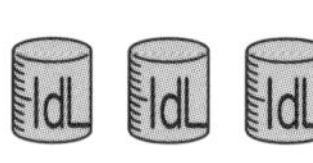

1L 3dL

13dL = 1L3dL

POINT　L と dL を用いた 2 通りの表し方も，具体的な操作を通して理解が深まります。

1　ペットボトルの水のかさはどれだけですか

13dL の水を入れたペットボトルを準備しておく。

C　何 dL かな，1 L 以上はありそうだけど…。

T　どうやって調べますか。

C　1dL ますを使って，何杯分になるか調べたらいいと思います。

C　水の量がたくさんだから，1L ますで調べたらどうかな。

T　1dL ますで調べる班と，1L ますで調べる班に分かれて水のかさを量ってみましょう。

2　調べたかさを比べてみよう

T　調べたかさを発表してください。

C　1dL ますの 13 杯分で，13dL になりました。

C　1L ますの 1 杯分と，残りが 1dL ますの 3 杯分で，1L と 3dL になりました。

他の班の結果も確認する。

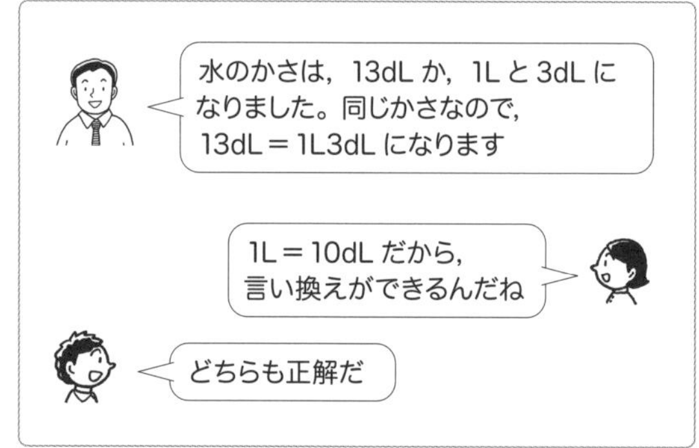

「1L = 10dL」をもう一度おさえておく。

・ペットボトル 1.5L（13dL を入れておく）
・1dL ます，1L ます　・水運びリレー用容器
・バケツ　・ロート
QR ふりかえりシート

ICT

動画を撮影して，杯数を記録する。記録する時に，1dL または 1L が何杯なのかを数えておく。ホワイトボードに杯数を「正」の字で数を記録するとよい。

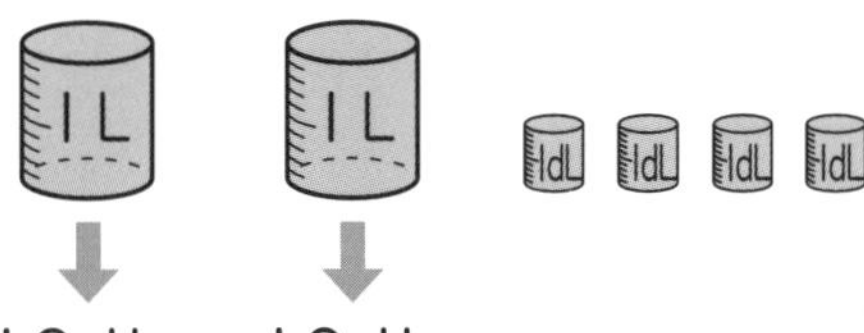

10dL　10dL

2L4dL = 24dL

20dL と 4dL

1L = 10dL を つかって，
□L□dL→□dL　□dL→□L□dL の
いいかえが できる。

3 1L ますと 1dL ますに入った水のかさはどれだけですか

1L ます 2 個と 1dL ます 4 個に水が入ったものを見せる。

C　1L ます 2 個で 2L，1dL ます 4 個で 4dL だから，2L4dL です。

T　2L4dL を dL だけで表してみましょう。

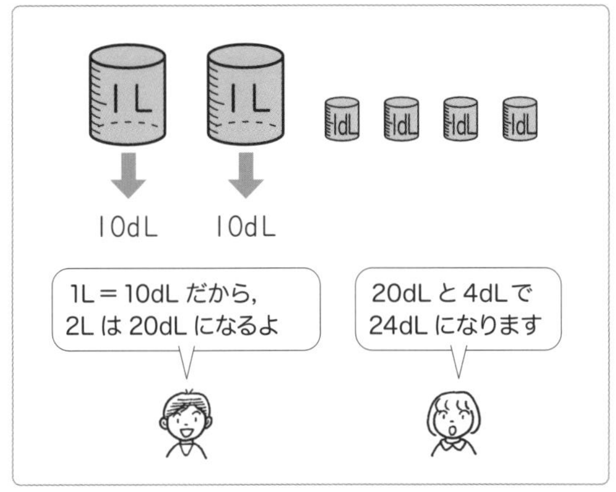

C　2L4dL = 24dL です。

4 水運びリレーをしよう

ゲームのやり方は第 1 時と同じであるが，水のかさが 1L を超えるように，バトン代わりの入れ物を大きめのものに変更する。

T　リレーゲームで運んだ水のかさを，1L ますや 1dL ますを使って調べましょう。

そして，□L□dL と□dL の 2 つの表し方で書きましょう。

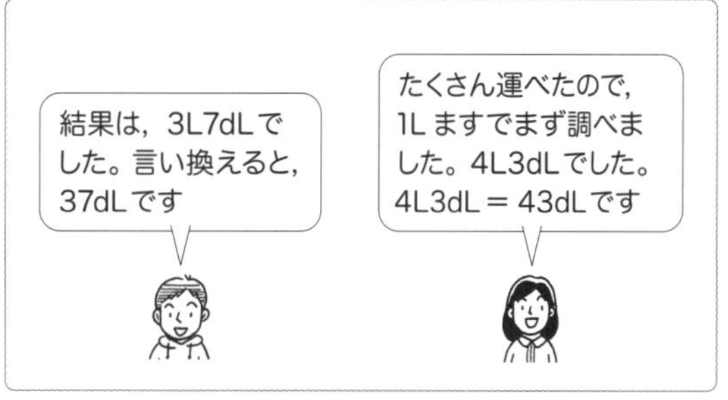

学習のまとめをする。ふりかえりシートを活用する。

第 6 時

かさの単位（mL）

本時の目標　かさの単位「mL」について知り，1L = 1000mL の関係がわかる。

板書例

mL について 学ぼう

1

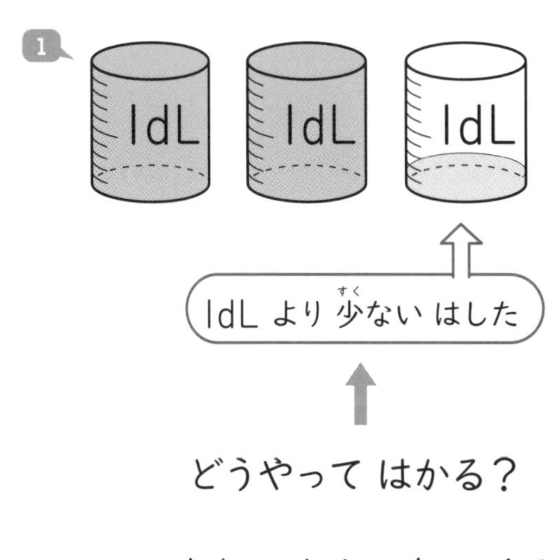

小さい たんいを つくる

2 小さい かさの たんい

・魚の しょうゆ入れ　3mL

・目ぐすり　15mL

POINT　10mL ます 10 杯で 1dL ますいっぱいになった，100mL ます 10 杯で 1L ますいっぱいになった，など実際の操作で目で

1 dL より小さいかさの単位を調べよう

2，3dL くらいの水の入った容器を用意し，1dL ますでかさを量る。はしたがあることを確かめる。

T　1dL ますで量ってもはしたが出ました。このはしたをどうやって量ったらいいでしょう。

小さいかさを表す単位として mL という単位があることを教える。

C　ペットボトルに書いてあるのを見たよ。

C　牛乳パックにも書いてあったよ。

mL 表示のある実物や画像等を準備しておき，確認する。

C　mL はたくさん使われているね。

2 1mL ってどれくらいかな

1mL ますを児童に見せ，大きさを実感させる。
工作用紙や薄いプラスチックでも作ることができる。

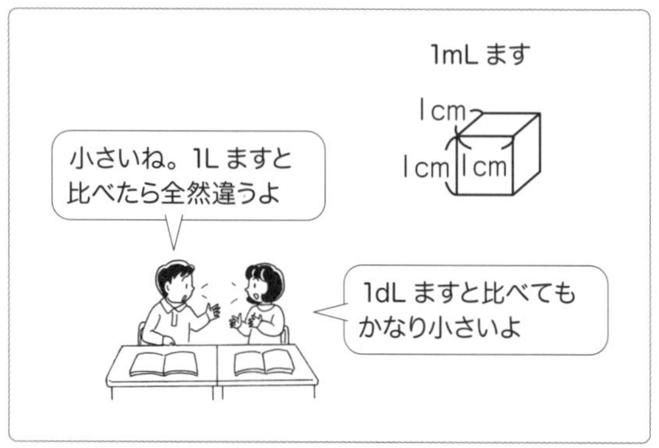

1mL，1dL，1L それぞれのかさを実感させる。

T　魚の形をした醤油入れを知っていますか。お醤油は何 mL くらい入っているでしょう。

予想させてから，実際に量ってみる。
1mL のかさを扱うとき，理科備品の注射器を使うとこぼれずに操作できる。

準備物	・1L ます，1dL ます，1mL ます　・容器 ・mL 表示の画像等　　・mL 表示の容器等 QR ワークシート　　QR ふりかえりシート QR 動画「mL について学ぼう」

ICT	児童にとって 1dL = 100mL の理解が難しい。動画「mL について学ぼう」を見せ，1dL ますの 1 目盛りが 10mL であることの理解を図るようにする。

10mL が 10 ぱい

100mL

1dL = 100 mL

1dL（100 mL）が 10 ぱい

1L = 1000 mL

見て子どもたちが納得できることはとても大切です。

3 1dL は何 mL か予想してから調べよう

C　1mL ます何杯で 1 dL ますがいっぱいになるか調べたらわかるよ。

C　1 mL ますだと時間がかかって大変そう。

T　では，10mL ますを作って 1 dL ますに入れていきましょう。班に分かれて活動してもよい。

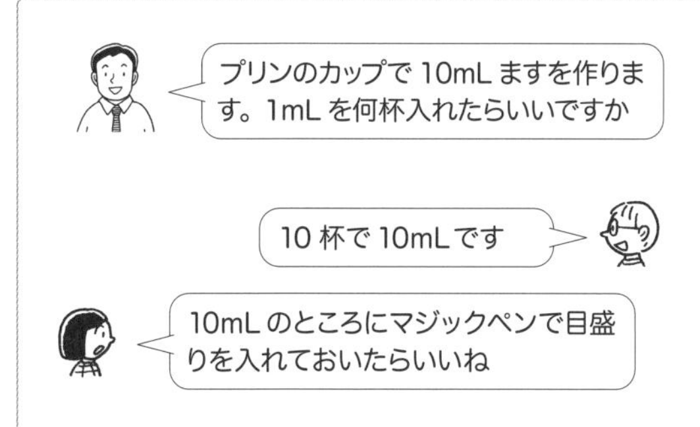

C　1dL ますの 1 目盛りが 10mL になったよ。

C　10mL が 10 杯分でいっぱいになりそうだ。

T　10mL ます 10 杯なので，1dL は 100mL ですね。

4 1L は何 mL か予想してから調べよう

予想を立てた理由も聞いてみる。

C　1L = 10dL で，1dL = 100mL だったから，100mL が 10 個で 1000mL になると思います。

T　では，確かめてみましょう。

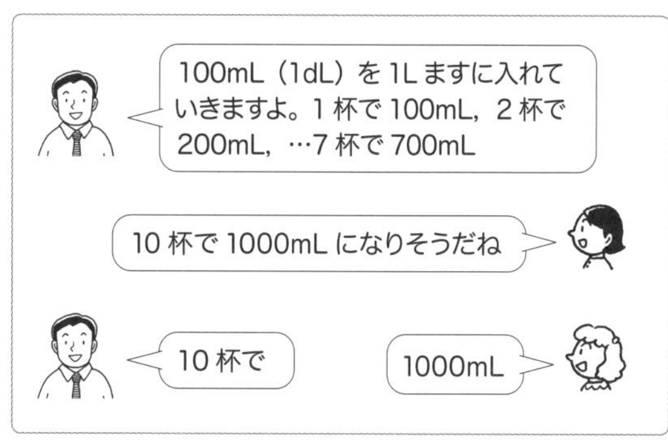

T　100mL（1dL）ます 10 杯なので，1L は 1000mL ですね。

学習のまとめをする。

ふりかえりシートを活用する。

第 7·8 時

かさのたし算・ひき算

本時の目標　かさのたし算・ひき算の仕方を理解する。

板書例

かさの たし算 ひき算を しよう

1 ジュースが 5dL 入った びんと，8dL 入った びんが あります。

5dL　8dL　10dL=1L

<あわせると>

5dL ＋ 8dL ＝ 13dL
＝ 1L 3dL

<ちがいは>

8dL − 5dL ＝ 3dL

2 ジュースが びんに 2L5dL，ペットボトルに 1L3dL 入って います。

2L 5dL　1L 3dL

<あわせると>

2L 5dL ＋ 1L 3dL ＝ 3L 8dL

<ちがいは>

2L 5dL − 1L 3dL ＝ 1L 2dL

POINT　1L ますや 1dL ますを使って説明すれば，同じ単位どうしで計算すればよいことが理解できるでしょう。

1 合わせて何 dL になるか考えよう

ワークシート①を使って学習する。

C　合わせるから，たし算になるね。

C　式は，5dL ＋ 8dL でいいのかな。

教師が，黒板で 1dL ます 5 個と，1dL ます 8 個を合わせる操作をして，答えを確かめる。

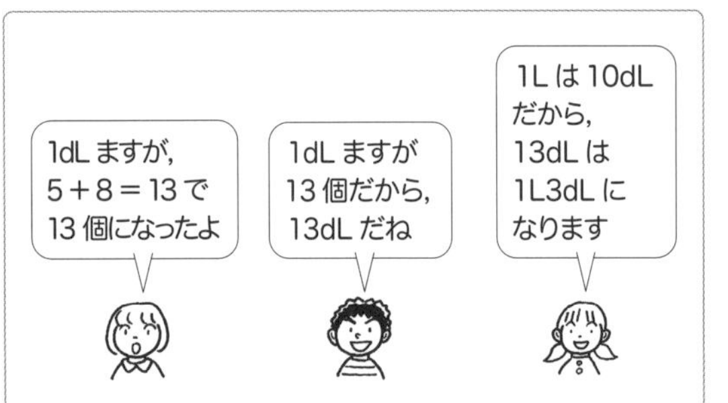

1dL ますが，5＋8＝13 で 13 個になったよ
1dL ますが 13 個だから，13dL だね
1L は 10dL だから，13dL は 1L3dL になります

C　5dL ＋ 8dL ＝ 13dL　長さの計算と同じように単位をつけた式だね。

違いを求めるひき算も，板書で 1dL ますを操作して確認する。

2 合わせて何 L 何 dL になるか考えよう

C　今度は，1L ますと 1dL ますがあるよ。

C　式は，2L5dL ＋ 1L3dL になります。

教師が，黒板で 1dL ますどうし，1L ますどうしを合わせる。操作をして答えを確かめる。

1dL ますは 8 個に，1L ますは 3 個になったよ
L は L どうし，dL は dL どうしをたすといいね
2L5dL ＋ 1L3dL ＝ 3L8dL です

ひき算の場合も，教師が，1L ます 2 個から 1 個を，1dL ます 5 個から 3 個を取る操作をして，同じ単位どうしで計算すればよいことを確かめる。

準備物	・1L ます，1dL ます，1mL ます ・バケツ，牛乳パック，缶ジュースなど QR ワークシート QR ふりかえりシート

ICT	どのように計算したのか，ノートをタブレットで撮影する。全体で交流する際，テレビに映して説明する。マーカーで印をつけるとわかりやすい。

3

<れんしゅう>

2dL + 8dL = 10dL
= 1L

1

③ 3L 2dL + 1L 8dL = 5L

2

④ 5L 2dL − 4L 2dL = 1L ~~0dL~~

⑤ 2L 9dL − 2L 5dL = ~~0L~~ 4dL

同じ たんいどうしで 計算する。

3 たし算・ひき算の練習をしよう

ワークシート②を使って学習する。

T　かさの計算で気をつけることは何ですか。

C　L は L，dL は dL どうしで計算します。

C　同じ単位に印をつけてから計算しよう。

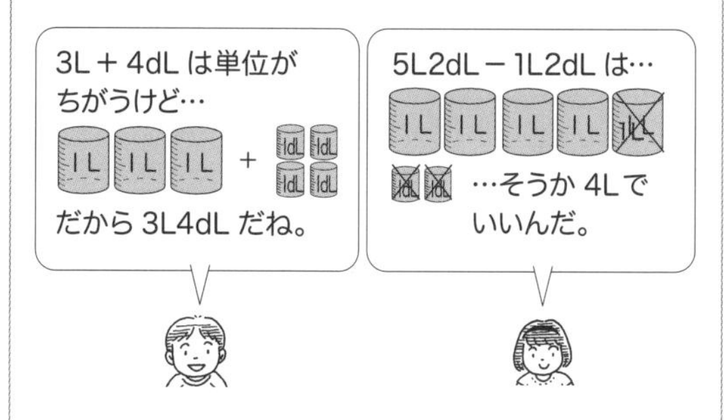

次のような問題で悩む児童がいれば，1L ますや 1dL ますを使って視覚的に説明する。

・3L2dL ＋ 1L8dL ＝ 5L（繰り上がって 1L になる）
・5L2dL − 4L2dL ＝ 1L（dL の答えが 0 になる）
・2L9dL − 2L5dL ＝ 4dL（L の答えが 0 になる）

4 あてはまるかさの単位（L，dL，mL）を書こう

C　缶ジュースのかさが 350L は絶対に違うね。

C　おふろの水が 250mL や 250dL だと少なすぎるよ。

家で見つけた「mL，dL，L」を，児童がタブレット等で撮影し，その画像をもとにクイズ形式で出題してもよい。

本単元の学習だけに終わらず，今後も，身のまわりの「かさ」や「長さ」などを意識するように心掛ける。

学習のまとめをする。

ふりかえりシートを活用する。

時こくと時間

全授業時数 3 時間

◎ 学習にあたって ◎

<この単元で大切にしたいこと>

時間は，持つことも見ることもできない，過ぎ去ってしまう量で，長さやかさのように，量そのものを取り出して学習することも難しいです。また，日常生活の中では，私たち大人も，時間と時刻の表し方を混同して使っています。その上に，時刻や時間の単位は 60 進法です。このような内容をもつ時刻や時間を，3 時間でできるようにしようと思うと，児童を苦しめてしまうことになります。時刻と時間の違い，1 時間は 60 分，1 日は午前と午後で 24 時間などの，基本的なことだけが理解できて，時計などの道具を使って考えることができるようになれば，十分だと考えます。

基本的なことが学習できたら，あとは日常生活の中で身につけるようにしましょう。例えば，日常生活の中で，時間と時刻の言葉を混同しないように使うこともその 1 つです。算数に限らず，他の学習の場面でも時刻と時間に気をつけて活動できるようにします。家庭へも協力を呼びかけます。

<数学的見方考え方と操作活動>

何時間（何分）後や，何時間前（後）を求めるには模型時計を使います。1 日の時刻や時間を求めるには，1 日の数直線を使います。5，10，15，…と 5 とびで数えてできたらまずはよしとします。動かす時計がなくても，図を見てできるようになったり，図がなくても，教室の時計を見て考えたりすることができるようになれば十分です。

<個別最適な学び・協働的な学びのために>

今，私たちの身のまわりにある時計は，テレビや携帯電話など多くはデジタル時計です。その中で，文字盤を見て，何分前，何分後を求めることは非常に難しいことです。前述したように，まずは，模型時計を持ち，針を 5 分，10 分，…と動かしながら考えていきます。ペアで，問題を出し合いながら，確かめ合いましょう。

◎ 評　価 ◎

知識および技能	時刻と時間の区別，日・時・分の単位，午前・午後の意味，及びそれらの関係を理解し，時刻や時間を求めたり，表したりすることができる。
思考力，判断力，表現力等	時刻と時間の関係や求め方を考え，表現することができる。
主体的に学習に取り組む態度	時計や時刻，時間に関心をもち，日常生活で必要な時刻や時間を求めようとする。

◎ 指導計画　3時間 ◎

時	題	目　標
1	時刻から時間を求める	時刻と時間の違いがわかる。時・分の関係と，時計の針の動きがわかり，時間を読み取ることができる。
2	時刻を求める	1時間後･前，〇分後･前の時刻がわかる。簡単な時間と分の換算ができる。
3	1日の時刻と時間	午前・午後の意味や，日と時の関係がわかる。

第 1 時

時刻から時間を求める

本時の目標　時刻と時間の違いがわかる。時・分の関係と，時計の針の動きがわかり，時間を読み取ることができる。

板書例

時こくから 時間を もとめよう

1　㋐ おきる　㋑ 家を 出る　㋒ 学校に つく　㋓ 学校が はじまる

2　家を 出る　8時　　学校に つく　8時 10分

10分間

時間

3　時こく　　時こく

長い はりが 1目もり すすむ 時間は 1分間

POINT　1年生の学習内容である「時計読み」「1分間」を確認します。時刻と時刻の間の時間は，模型時計の針を，5，10，15，

1 ㋐～㋓の時計の時刻を言ってみよう

㋐～㋓の絵図を提示する。（ワークシートを使って学習できる）

T　㋐の，起きた時刻は何時ですか。

C　7時です。1年生のときに習いました。

続けて㋑～㋓の時刻を確認する。

C　㋒の，学校に着いた時刻は何時何分ですか。

（模型）時計の針を㋒の時刻に合わせてみましょう
長い針は，小さい目盛り10個のところだね
長い針が2のところなので，5，10で10分，8時10分です

1年生の時計読みを，どの程度理解しているのか確認する。5分，10分単位での読み取りで躓いている児童には個別支援が必要である。

2 家を出て，学校に着くまでの時間は何分間ですか

C　8時と8時10分の間の時間を調べたらいいね。どれだけ，長い針が進んでいるかな。

C　10目盛り進むから10分間です。

長い針が1目盛りで進む時間が1分間であることを再度確認する。

T　学校に着いてから，始まるまでの時間はどうですか。

時計の針を動かして考えましょう

8時10分から8時30分まで，長い針がどれだけ進んでいるかな。1,2,3，…20目盛りで20分間だ

10分から，5，10，15，20分と5目盛り毎に針を進めて考えたよ

模型時計を動かしながら時間を読み取っていく。

準備物
・模型時計（教師用・児童用）
QR 板書用絵図　QR 板書用時計図
QR ワークシート
QR ふりかえりシート

ICT
ワークシートを児童に配信して，時計の針を動かして時刻を読んだり，問題を解いたりすることを通して，時計の読み方の習熟を図る。

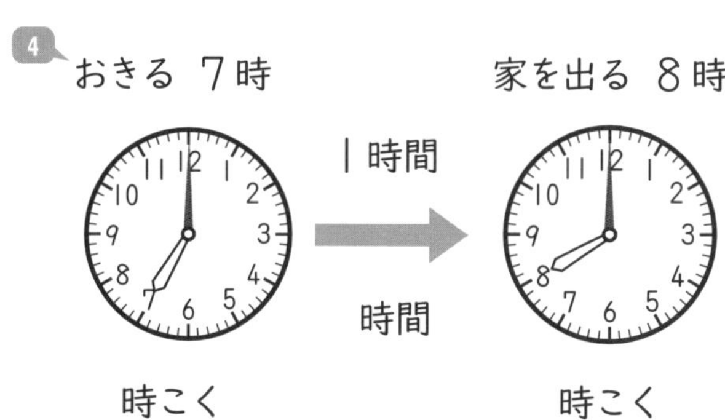

⋮
7時55分
56分
57分
58分
59分
8時

長い はりが ひとまわりする 時間

1時間 ＝ 60分間

…と5とびで動かしながら求めていきます。

3 「時刻」と「時間」の正しい使い方を知ろう

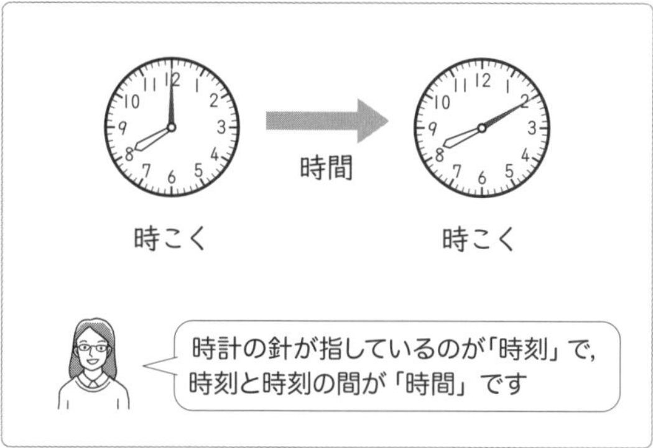

T　先生が今日起きた時間は7時です。この「時間」の使い方は正しいですか？

C　間違っています。正しくは，起きた「時刻」は7時です。

C　時刻は，「その時」の一瞬のことだね。

「時刻」と「時間」という言葉が，日常生活で曖昧に使われていることが多い。普段から，正しい使い分けをするよう教師も留意する。

4 朝起きてから家を出るまでの時間を求めよう

C　朝起きたのは7時で，家を出たのが8時。

T　1目盛りで1分間進むので，60目盛りだと何分間になりますか。

C　60分間です。

長い針が一回りする時間を1時間といい，1時間は60分間であることをまとめる。全員で，7時55分から長針を1目盛りずつ動かしながら8時まで時刻を読んで確かめる。

ふりかえりシートを活用する。

第2時 時刻を求める

本時の目標　1時間後・前，〇分後・前の時刻がわかる。簡単な時間と分の換算ができる。

板書例

時こくを もとめよう

9時30分　1　（10時30分）

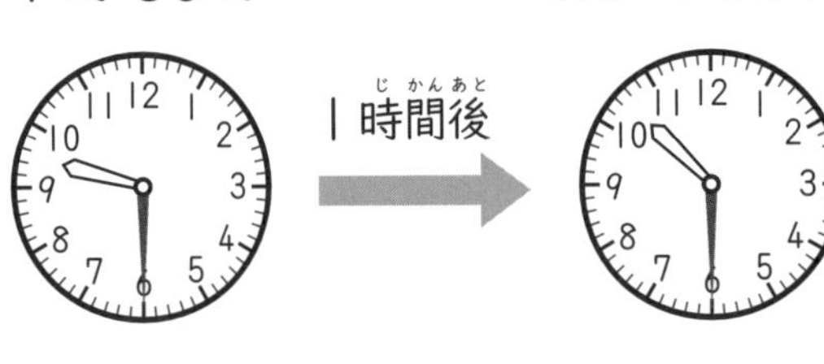

長い はりを ひとまわり すすめる
みじかい はりが 9 → 10

（8時30分）　1　9時30分

長い はりを ひとまわり もどす
みじかい はりが 9 → 8

POINT 学校生活で，時計を見ながら「〇分後に集めます」「〇分間話し合いましょう」など，時刻や時間を意識的に使うようにし

1 9時30分の1時間後，1時間前の時刻を求めよう

T 時計の針を動かして考えましょう。

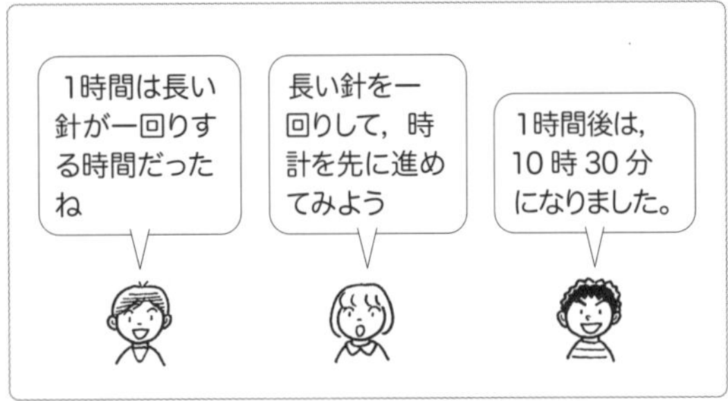

T 9時30分の1時間前の時刻はどうですか。

C 今度は，長い針を逆に一回りしたらいいね。

C 8時30分になりました。

C 「後」は時計を進めて，「前」は戻したらいいね。

2年生では，模型時計を動かして考えることができれば十分である。限られた時間数の中で，児童が解決できる方法で進めたい。

2 9時15分の30分後の時刻を求めよう

C 今度は30分後だね。「後」だから，時計を進めてみるよ。

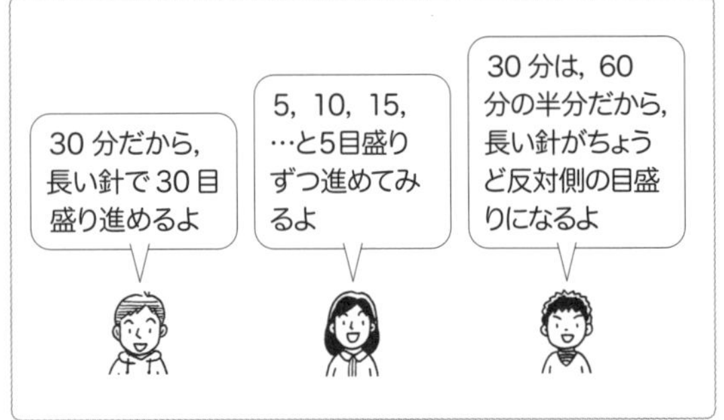

30分だから，長い針で30目盛り進めるよ
5，10，15，…と5目盛りずつ進めてみるよ
30分は，60分の半分だから，長い針がちょうど反対側の目盛りになるよ

T 10時50分の30分前の時刻を求めましょう。

C 今度は，長い針を前に戻していくよ。5，10，15，…30で，10時20分になります。

C 30分は長い針が反対側の目盛りをさすので，4の目盛りになるね。

準備物	・模型時計（教師用・児童用） QR 板書用時計図 QR ふりかえりシート	ICT	ふりかえりシートを児童に配信して，時計盤に針をかき込みながら１時間前・後，○分前・後の時刻を求めることができる。

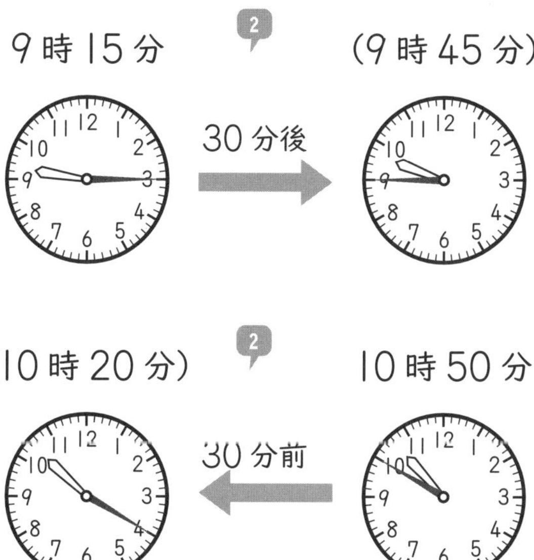

4

＜1 時間 10 分は 何分間（なんぷんかん）かな＞

1 時間 ＝ 60 分間

60 分間と 10 分間で
70 分間

1 時間 10 分 ＝ 70 分間

ましょう。

3 時計を動かしてペアで確かめ合おう

T　次は，3 時 35 分の 15 分後と 15 分前の時刻を求めます。時計を 3 時 35 分に合わせましょう。

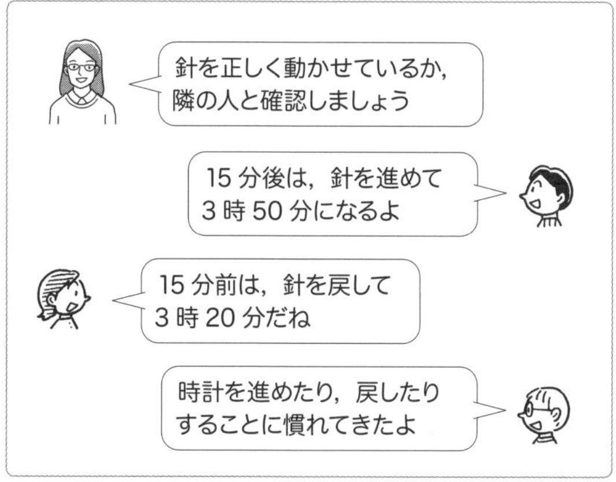

針を正しく動かせているか，
隣の人と確認しましょう
15 分後は，針を進めて
3 時 50 分になるよ
15 分前は，針を戻して
3 時 20 分だね
時計を進めたり，戻したり
することに慣れてきたよ

時間があれば，25 分前（後），40 分前（後）など時計を操作して時刻を求める練習をする。

ふりかえりシートを活用して，時計の図に針を書き込み，5，10，15，…と目盛りを指差しながら求める方法でもよい。（不安な子どもには模型時計を使用させる）

4 1時間 10 分は何分間ですか

「1 時間＝ 60 分間」をもとに考える。

100 分間は何時間何分かも考える。

学習のまとめをする。

第3時 1日の時刻と時間

本時の目標　午前・午後の意味や，日と時の関係がわかる。

板書例

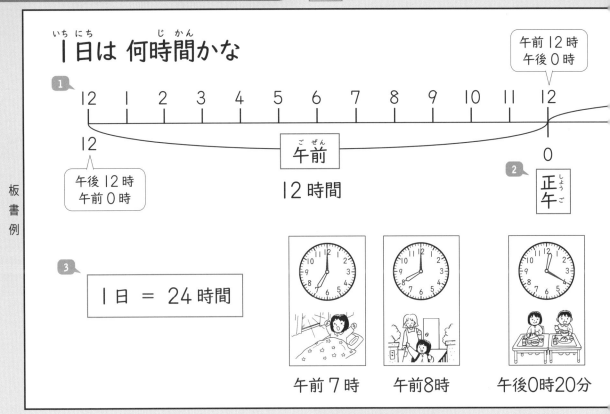

1日は 何時間かな

1　12　1　2　3　4　5　6　7　8　9　10　11　12

12（午後12時 午前0時）　午前 12時間　0（午前12時 午後0時）

2　正午

3　1日 ＝ 24時間

午前7時　午前8時　午後0時20分

POINT　1日の午前と午後の時刻や時間について理解するには，1日の時刻の数直線が有効です。

1 さくらさんの1日の生活を見てみよう

黒板に「1日の時刻の数直線」を提示する。

T　これは，1日を1本の線に表したものです。目盛りは，時刻になります。

目盛りに1～12の時刻の数字を書き入れる。ワークシートも活用できる。

C　1時から12時が2回あるよ。

T　さくらさんの1日の生活を表に表していきます。朝7時に起きました

7時の絵図を目盛りに合わせて貼る。同じように残りの絵図も貼る。

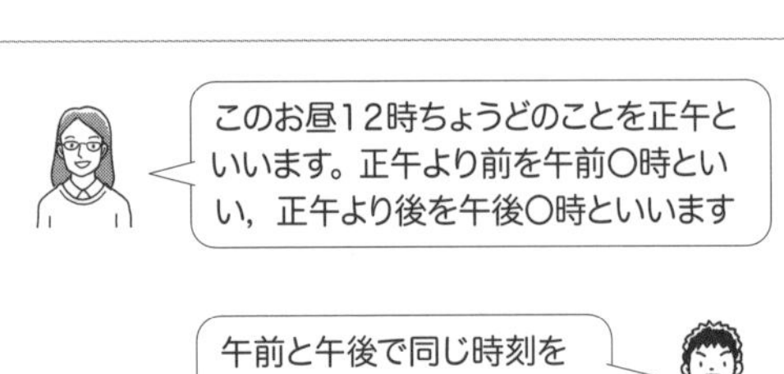

このお昼12時ちょうどのことを正午といいます。正午より前を午前○時といい，正午より後を午後○時といいます
午前と午後で同じ時刻を区別しているんだね

2 さくらさんの1日を，午前と午後をつけて表してみよう

C　起きたのは「午前7時」です。

C　家に帰ったのは「午後3時」です。

C　給食を食べたのは，…午後，何時と言ったらいいのかな。

T　お昼の12時ちょうどを過ぎると午後になります。午後1時までの時刻は「午後0時」で表します。

数直線の12の目盛りに0を付け足す。

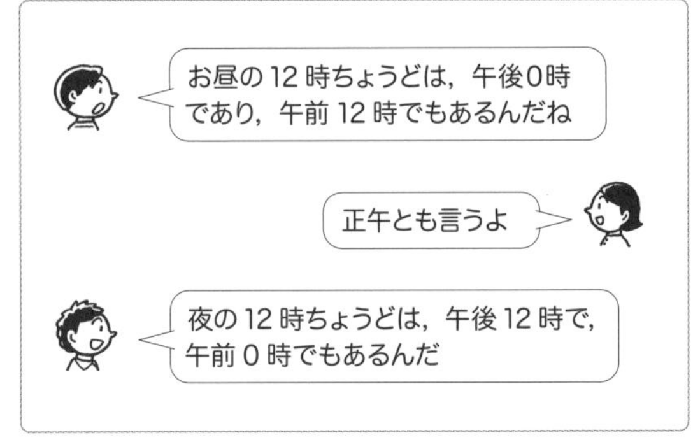

時計にない「0時」を数直線で説明する。

準備物

・模型時計（教師用・児童用）
・板書用数直線
QR 板書用絵図　QR ワークシート
QR ふりかえりシート

ICT

数直線シートを児童に配信することで，1目盛りが1時間であること，午前と午後が12時間，1日が24時間であることが理解しやすくなる。

12時間

午後（ごご）

0

1 2 3 4 5 6 7 8 9 10 11 12

午後3時

午後8時30分

4 家を 出て 帰るまでの 時間

7時間

3　1日は何時間か考えよう

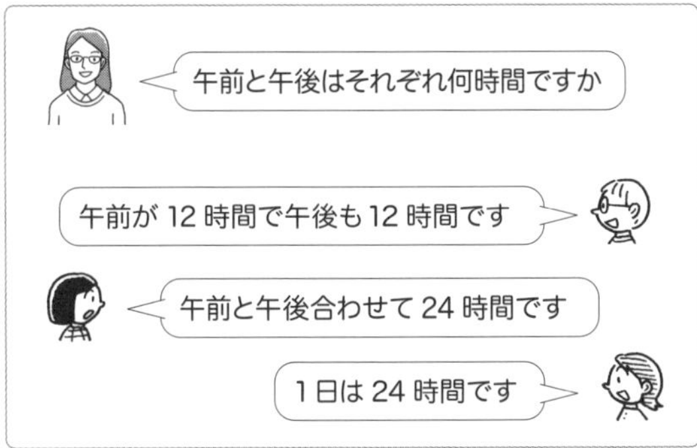

T　何時を示す短い針は，1日に何回回るかわかりますか。模型時計を使って考えてもよい。

C　12の目盛りから始まって，午前1時，午前2時，…正午までで1回，午後も一回りするので合わせて2回です。

ワークシートで練習問題をしたり，子どもたちが休みの日の出来事を「午前・午後」をつけて発表したりする。

4　1日の時刻の線を見て考えよう

T　家を出てから家に帰るまでの時間は何時間ですか。

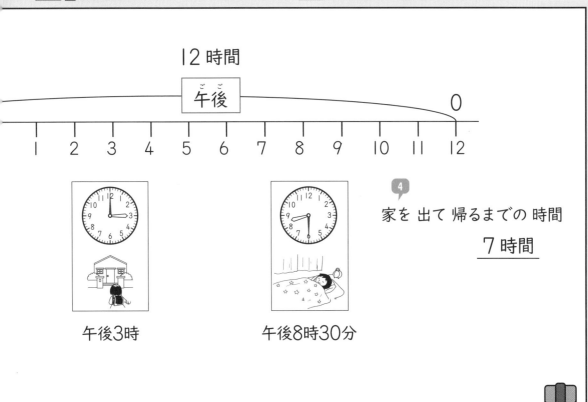

家を出たのは午前8時で，帰ったのが午後3時だから…
午前8時から，1，2，3，…7で午後3時になったよ。7時間です
正午までで4時間で，正午から3時間で7時間だね

1日の数直線を使うと，午前と午後にまたがっている時間を考える場合にも1日が見通せて便利である。また，正午を境にして，午前と午後の時間を合わせる考え方も出てきやすくなる。

ふりかえりシートを活用する。

第１時　板書用絵図

第２時　ふりかえりシート

名前 ＿＿＿＿＿＿＿＿＿＿＿＿＿＿

● つぎの 時こくを 答えましょう。

① 2時20分の Ⅰ時間後の 時こく

② 4時50分の Ⅰ時間前の 時こく

③ 4時10分の 30分後の 時こく

④ 6時40分の 40分前の 時こく

⑤ 6時40分の 20分後の 時こく

⑥ 8時30分の 15分前の 時こく

計算のくふう

全授業時数 2 時間

◎ 学習にあたって ◎

<この単元で大切にしたいこと>

加法における交換法則や結合法則について一般化していくのは 4 年生の学習内容になります。ここでは，具体的な場面を大切にして，その場面でそれらの法則が成り立つことが理解できるようにします。また，その際に数だけの計算にしないで図を使ってそれらの法則が成り立つことが理解できるようにすることが大切です。

3 つの数の計算では，第 1 時にあるように，27 ＋ 8 ＋ 12 の式から，27 ＋ 8 ＝ 35 ＋ 12 ＝ 47 のような誤った式（等しくないから等号は使えない）の表し方をする児童がいます。また，たし算の計算の性質（たす順番を入れかえても答えは同じになる）がひき算にもあてはまるのではないかと考えてしまう児童もいます。

そのようなつまずきは，今後の学習にも関わります。取り上げて話し合うことで，学びが深まります。

<数学的見方考え方と操作活動>

交換法則が成り立つことを確かめようとするときに，数字だけに頼らないで，図を使って確かめようとする考え方が必要です。結合法則の（　　）を使った式では，（　　）を使って表そうとする考え方があることを知り，その良さが活用できるように学習を進めます。

<個別最適な学び・協働的な学びのために>

なぜ，3 つの数の順番を入れかえても答えは同じになるのか，数字の計算だけではなく，ブロックなどを使って，子どもたちが納得できる方法で説明します。

計算のくふうでは，どのように工夫したのかを言葉で伝えられるようにします。

◎評　価◎

知識および技能	具体的な場面から加法で成り立つ結合法則や交換法則を理解し，工夫して計算することができる。
思考力，判断力，表現力等	加法の交換法則を図から見いだしたり，結合法則や交換法則の計算に成り立つ性質を活用して計算の仕方を工夫したりする。
主体的に学習に取り組む態度	加法で成り立つ結合法則や交換法則を活用して，計算を工夫しようとする。

◎指導計画　2時間◎

時	題	目　標
1	3 つの数のたし算	たす順序を入れかえても，たし算は答えが同じになるきまりを使い，工夫して計算ができる。
2	(　) を使った式の計算	(　) を使った式の意味を理解し，順序通りに計算ができる。

第 1 時

3 つの数のたし算

本時の目標　たす順序を入れかえても，たし算は答えが同じになるきまりを使い，工夫して計算ができる。

板書例

みんなで 何人に なるかな

1

公園で 子どもが 27 人 あそんで います。
そこへ，子どもが 8 人 来ました。
また，子どもが 12 人 来ました。
子どもは ぜんぶで 何人に なりましたか。

しき　27 + 8 + 12 = 47

答え　47 人

2

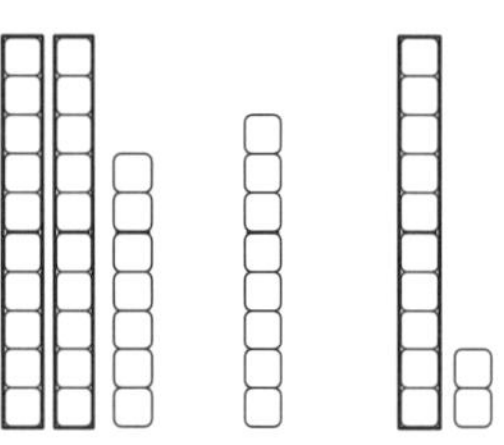

```
  27
+  8
----
  35
+ 12
----
  47
```

```
   8
+ 12
----
  20
+ 27
----
  47
```

POINT　数字だけでなく算数ブロックを使うと，「どんな順番で合わせても（たしても）同じ」ということが納得できるでしょう。

1　公園で遊んでいる人は，みんなで何人ですか

ワークシートを使って学習する。問題文を提示する。

T　式を書いて，答えを求めましょう。

C　27 人いて，そこへ 8 人来て，さらに 12 人来たからたし算になります。

C　3 つの数のたし算で，式は，27 + 8 + 12 です。

27 + 8 = 35　35 + 12 = 47 と 2 つに分けて式を書きました

27 + 8 + 12 = 47 筆算をつなげて計算してみました

```
  27
+  8
----
  35
+ 12
----
  47
```

上の筆算のやり方は便利だが，間違って「27 + 8 = 35 + 12 = 47」と式も繋げてしまう児童もいる。「27 + 8 = 35 + 12」ではないので等号が使えないことを伝える。

2　計算の順番を入れかえても答えは同じか確かめよう

T　ほかの方法で計算した人はいませんか。

C　後から来た 8 人と 12 人を先に計算しました。8 + 12 + 27 = 47 で，答えは同じ 47 人です。

T　順番を入れかえても答えは同じになるのか，算数ブロックで確かめてみましょう。

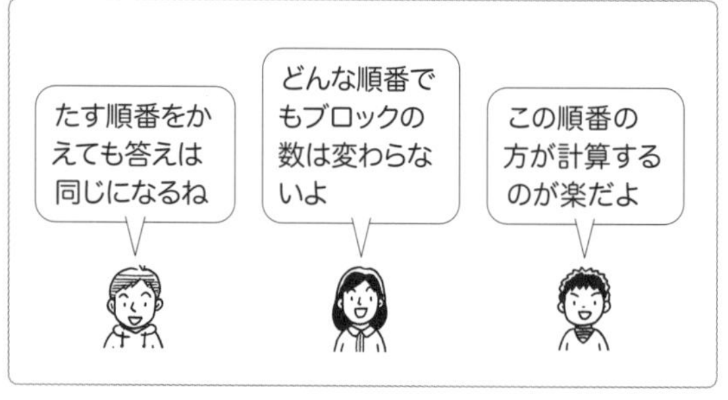

たす順番をかえても答えは同じになるね
どんな順番でもブロックの数は変わらないよ
この順番の方が計算するのが楽だよ

たし算は，たす順序を入れかえても答えが同じになることをまとめる。

準備物	・算数ブロック（板書用） QR ワークシート QR ふりかえりシート	ICT	計算の工夫について算数ブロックを操作する様子をテレビに映しながら説明すると，それまで工夫を見つけられなかった児童にも理解しやすくなる。

3

<くふうして 計算(けいさん)しよう>

37 + (16) + (4) = 57

16 + 4 = 20

たして 何十に なる
2 つの 数(かず)を 見つける

4

① (33) + 29 + (7) = 69
② (5) + 48 + (25) = 78
③ 18 + (16) + (4) = 38
④ (8) + 59 + (22) = 89
⑤ 33 + 7 + 41 + 9 = 90

たし算では，たす じゅんじょを 入れかえても
答えは 同(おな)じに なる。

3 ひき算でも同じきまりが使えるかやってみよう

T　37 + 16 + 4 を工夫して計算しましょう。
C　16 + 4 を先に計算した方が簡単な計算になるよ。37 + 20 = 57 です。ひき算も同じように順序を入れかえても答えは同じになるのかな。
T　35 − 18 − 8 を計算して見ましょう。

順序通りに計算すると，
35 − 18 − 8 = 9 になります

18 − 8 を先に計算しておくと簡単そうだね。18 − 8 = 10 で，35 − 10 = 25

あれ？答えが違うよ

C　順序を入れかえて計算しても答えが同じなのはたし算だけだね。

4 工夫して計算してみよう

練習問題をする。

① 33 + 29 + 7　② 5 + 48 + 25
③ 18 + 16 + 4　④ 8 + 59 + 22
⑤ 33 + 7 + 41 + 9

まずは，たした答えが何十になる 2 つの数を見つける。

33＋29＋7 で，たして何十になる数は，33 と 7 だ。33＋7＝40 を先に計算してから，それに 29 をたす

⑤は，4 つの数のたし算だね。33＋7＝40 と，41＋9＝50 を先に計算して合わせたら簡単だ

答え合わせのときに，どんなふうに工夫をしたのかも発表する。
学習のまとめをする。ふりかえりシートを活用する。

第2時

（　）を使った式の計算

本時の目標　（　）を使った式の意味を理解し，順序通りに計算ができる。

板書例

ぜんぶで 何さつに なるかな

1

教室に，ものがたりの 本が 38 さつと，
じてんが 14 さつ あります。
あたらしく，じてんを 6 さつ 買いました。
教室の 本は，ぜんぶで 何さつに なりましたか。

答え　58 さつ

しき　38 + 14 + 6

㋐ 38 + 14 = 52
52 + 6 = 58

㋑ 14 + 6 = 20
20 + 38 = 58

2

（　）の 中を さきに 計算

㋐ (38 + 14) + 6 = 58
（教室に ある 本）（ふえた 本）

㋑ 38 + (14 + 6) = 58
（ものがたり）（じてん）

POINT （　）を使えば，考え方を表すことができて，計算も楽にできます。（　）を使った式に表す面白さを感じることが何より

1 全部で本は何冊になりますか

ワークシートを使って学習する。問題文を提示する。

T　式を書いて，答えを求めましょう。

C　物語 38 冊と辞典 14 冊と辞典 6 冊を合わせた数だから，たし算だね。

C　式は，38 ＋ 14 ＋ 6　です。

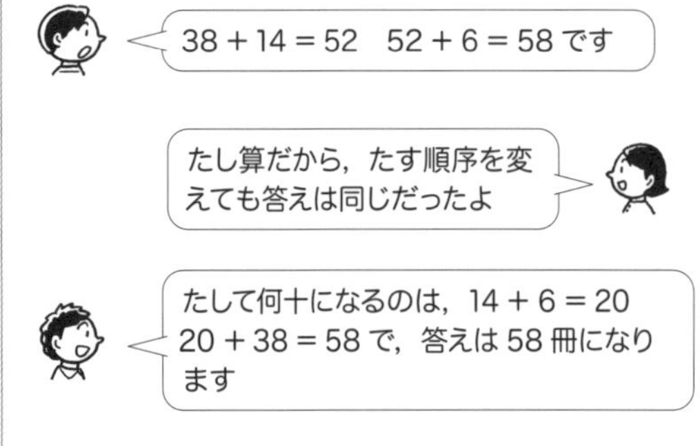

38 + 14 = 52　52 + 6 = 58 です
たし算だから，たす順序を変えても答えは同じだったよ
たして何十になるのは，14 + 6 = 20
20 + 38 = 58 で，答えは 58 冊になります

算数ブロックで，たす順序を入れかえても答えは同じであることを確かめる。

2 （　）を使った式に表してみよう

T　38 ＋ 14 ＋ 6 の答えを 2 つの方法で求めました。（　）を使った式で表してみます。

㋐ (38 + 14) + 6 = 58
今教室にある本の数を先に計算して，後から増えた本の数をたす考え方

㋑ 38 + (14 + 6) = 58
辞典の数を先に計算して，後から物語の数をたす考え方

C　先に計算するところに（　）がついているね。

T　（　）は，ひとまとまりの数を表し，（　）の中を先に計算します。㋐や㋑のように，先に何をまとめて計算したかがわかりますね。

準備物	・算数ブロック（板書用） QR ワークシート QR ふりかえりシート

ICT	デジタルコンテンツを使用して，(　) を使った式の練習問題を解くことを通して，計算を工夫しようとする学びの態度を養うことに繋げることができる。

ちゅうしゃ場に バスが 15 台と，
じょうよう車が 32 台 止まって います。
そこへ，じょうよう車が 8 台 来ました。
車は ぜんぶで 何台に なりましたか。

しき　15 + 32 + 8

答え　55 台

㋐ (15 + 32) + 8
止まって いる 車　あとから 来た 車

㋑ 15 + (32 + 8)
バス　じょうよう車

まとめて たすときは (　) を つかいます。
(　) の 中は さきに 計算します。

大切です。

3 (　)を使った式の意味を考えよう

問題文を提示する。

T　1 つの式に表しましょう。

C　15 ＋ 32 ＋ 8 になります。

T　この式に，㋐ (15 ＋ 32) ＋ 8 と，㋑ 15 ＋ (32 ＋ 8) のように (　) をつけました。㋐と㋑はどのような考え方を表しているでしょうか。

(　) は先に計算するから，㋐はバスと乗用車を先に計算しているね
駐車場に止まっている車の台数を先に計算したんだね
㋑は，乗用車の台数だね。先に乗用車の台数を計算している。車の種類で分けているよ

T　計算は，㋑の方が簡単にできます。

4 式に(　)をつけて工夫して計算しよう

練習問題をする。

① 36 + 7 + 13　② 57 + 8 + 22
③ 46 + 45 + 5　④ 78 + 4 + 16

C　まずは，たした答えが何十になる 2 つの数を見つけていくよ。

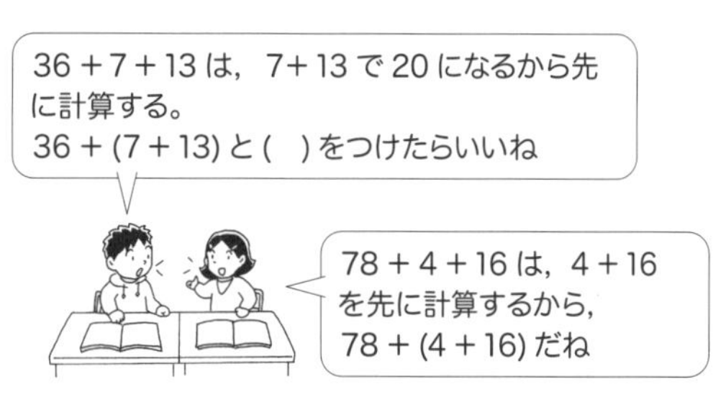

36 + 7 + 13 は，7 + 13 で 20 になるから先に計算する。
36 + (7 + 13) と (　) をつけたらいいね
78 + 4 + 16 は，4 + 16 を先に計算するから，
78 + (4 + 16) だね

学習のまとめをする。
ふりかえりシートを活用する。

たし算とひき算のひっ算

全授業時数９時間

◎ 学習にあたって ◎

<この単元で大切にしたいこと>

この単元は，２年生での２位数どうしのたし算・ひき算の学習を受けて，３年生の３位数±３位数へつなぐ役割をしている単元です。十進位取り記数法を的確に表した筆算の学習を進めます。そのためにも，算数ブロック（タイル）を使って意味の理解を図ることが大切です。また，筆算の方法について，その手順を言葉で表すことも大切にし，言語表現活動で学習の定着を図ります。各時間の導入はできる限り文章問題にし，最後の時間に文章問題作りの学習も積極的に取り入れています。計算を現実の具体的な場面とつながりをもたせて考えられるようにすることも大切だからです。

どのように筆算をすればいいのか，教えられるのではなく，まずは児童が既習をもとにして自ら考えることを大切にします。また，筆算の手順について言語表現をし，学習の定着を図ります。それは筆算の説明にもなります。ペアで伝え合ったり，全員の前で発表したりします。その発表のよさを認め合うことでさらによい表現をしようと意欲を高めて学びを深めます。

<数学的見方考え方と操作活動>

計算の仕方を考えたり，説明したりするのに，半具体物の算数ブロック（タイル）を活用します。算数ブロックは数量の大きさを正確に表すと同時に，繰り上がりや繰り下がりを的確に表現することができます。算数ブロックを使うことに児童が慣れ親しみ，児童自らが活用できるようにします。

<個別最適な学び・協働的な学びのために>

ここでも，数字だけの計算ではなく，ブロック操作と合わせて筆算学習を進めていきます。計算問題が早くできた児童への対応として，「文章問題作り」などを準備しておくと，つまずいている児童への個別支援の時間にもなります。筆算が苦手な児童には，筆算枠をかいたシートを準備しておくとよいでしょう。ブロック操作や役割演技では，数人で１つの計算を完成します。皆で作り上げる楽しさも生まれます。

◎評　価◎

知識および技能	百の位に繰り上がる２位数の加法，及びその逆で，百の位から繰り下がる減法の計算方法を理解し，筆算の手順をもとに，計算ができるようになる。
思考力，判断力，表現力等	既習の筆算をもとにして，２位数の加法及び減法の筆算の仕方を考え表現することができる。
主体的に学習に取り組む態度	既習の筆算から類推して，２位数や３位数の加減の筆算のよさに気づき，生活や学習に活用しようとする。

◎指導計画　９時間◎

時	題	目　標
1	２位数＋２位数＝３位数 (百の位へ繰り上がり)	２位数＋２位数で，百の位へ繰り上がる型の筆算方法を理解し，計算ができる。
2	２位数＋２位数＝３位数 (十・百の位へ繰り上がり)	２位数＋２位数で，十の位と百の位へ繰り上がる型の筆算方法を理解し，計算ができる。
3	2位数＋1，2位数＝3位数	2位数＋1，２位数=3位数の筆算に習熟する。
4	３位数－２位数 (百の位から繰り下がり)	３位数－２位数で，百の位から繰り下がる型の筆算方法を理解し，計算ができる。
5	３位数－２位数 (十,百の位から繰り下がり)	３位数－２位数で，十の位と百の位から繰り下がる型の筆算方法を理解し，計算ができる。
6	(百何)－1，２位数	(百何)－1，２位数の筆算方法を理解し，計算ができる。
7	百 －1，２位数などの計算	百 － 1，2位数など，いろいろな型のひき算の筆算ができる。
8	３位数 ＋1，２位数	３位数＋1，２位数の筆算方法を理解し，計算ができる。
9	３位数 －1，２位数	３位数－1，２位数の筆算方法を理解し，計算ができる。

動画「筆算で100作りゲーム」を収録

第1時
2位数＋2位数＝3位数
百の位へ繰り上がり

本時の目標
2位数＋2位数で，百の位へ繰り上がる型の筆算方法を理解し，計算ができる。

板書例

どんぐりは あわせて 何(なん)こですか

1
ゆうたさんは どんぐりを 73こ，
かおりさんは 54こ ひろいました。
どんぐりは あわせて 何こですか。

しき 73＋54

答(こた)え 127こ

2
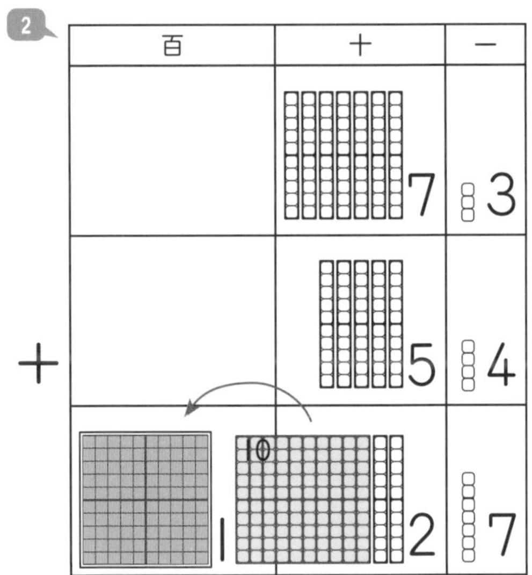

POINT 既習を生かして計算した筆算を，ブロック操作で確かめ，筆算の仕方をお話（説明）しながらできるようにしましょう。

1 問題文を読んで，筆算で答えを求めよう

問題文を提示する。ワークシートも利用できる。

C 式は合わせるからたし算です。73＋54です。

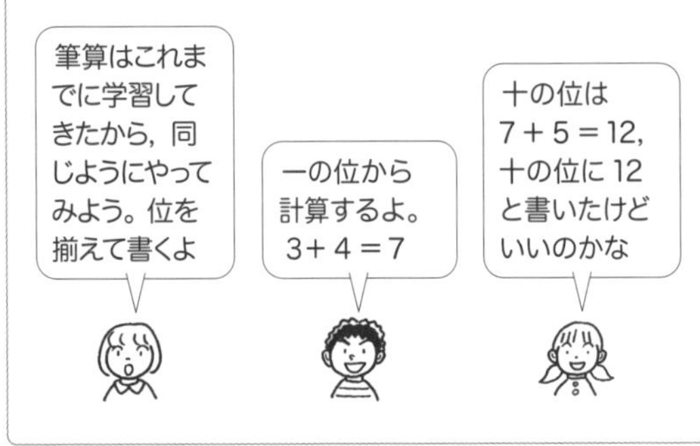

C 1つの位に数字は1つだから変だよ。

C 一の位の計算で繰り上がりがあるとき，十の位に繰り上げたよ。百の位に繰り上げるのかな。

まずは，どのように筆算をするか様子を見る。発表の機会を作り，上のような間違いを生かして，子どもたちから様々な意見を引き出す。

2 73と54のブロックを「位の部屋」に入れて，答えを確かめよう

T ブロックを動かしてみましょう。

位ごとにブロック操作をする児童を決める。

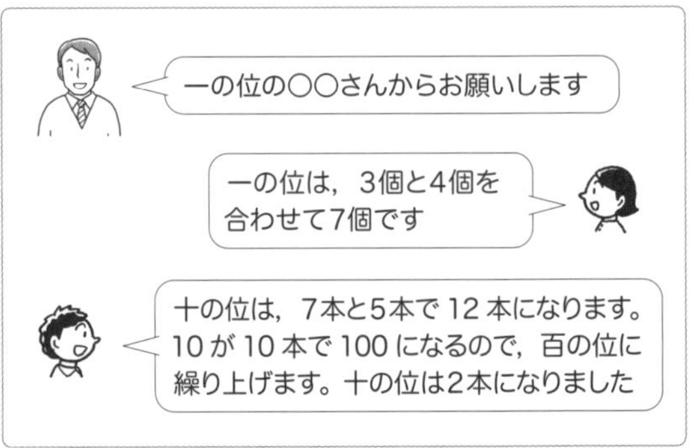

C 答えは，100が1枚と，10が2本と，1が7個で127になります。

T ブロックで操作したことを，数字で書いてみましょう。

筆算の仕方 ❶位を揃えて書く ❷一の位から位ごとに計算する，を再度確認する。

準備物	・算数ブロック（板書用） QR ワークシート QR ふりかえりシート QR 文章問題作りシート

ICT	早く解けた児童は，デジタルコンテンツを活用して，筆算の仕方を確認したり，練習問題を解いたりすることを通して，習熟を図るとよい。

3 ひっ算(さん)で しよう

	7	3
＋	5	4
1	2	7

・くらいを そろえて かく
・一のくらいから 計算(けいさん)する

一のくらい

3＋4＝7

十のくらい

7＋5＝12
百のくらいに 1 くり上げる

3 筆算の仕方をお話（説明）しながらやってみよう

T　まずは，1人でお話しながら筆算をしてみましょう。

各自で筆算をした後，前に出て発表をしてもらう。

前に出てお話してくれる人はいますか

一の位から計算します。3＋4＝7で，一の位の答えは7です。次に，十の位の計算をします。7＋5＝12で百の位に1繰り上げます。十の位の答えは2です。答えは127です。…どうですか，わかりましたか

数名に発表してもらう。

たどたどしい説明でも，一の位から計算をすることや，十の位の計算で百の位に繰り上がることが説明できていればよい。

4 練習問題をしよう

同じ型の練習問題をする。

① 75＋64　② 55＋83　③ 91＋22
④ 53＋84　⑤ 92＋81

筆算の仕方を小さな声で口に出しながらやってみましょう

位を揃えて75と64を書きます。そして，一の位から計算します。
5＋4＝9，7＋6＝13で百の位に1繰り上がります。
答えは139です

T　早くできた人は，75＋64の式になる問題を作りましょう。

文章問題作りシートをたくさん準備しておき，エンドレスな学習につなげる。その間に個別支援をする。
ふりかえりシートを活用する。

第 2 時

2位数＋2位数＝3位数
十・百の位へ繰り上がり

本時の目標 2位数＋2位数で，十の位と百の位へ繰り上がる型の筆算方法を理解し，計算ができる。

板書例

あわせて 何人 来ましたか

1

図書かんに 午前中に 89 人，
午後から 75 人 来ました。
あわせて 何人 来ましたか。

しき　89 + 75

	8	9
+	7	5
1	6 ①	4

一のくらい
9 + 5 = 14
十のくらいに
1 くり上げる

十のくらい
8 + 7 = 15
15 + ① = 16
百のくらいに 1 くり上げる

2

百	十	一
	8	9
+	7	5
1	10 ① 6	4

答え　164 人

POINT 筆算をお話（説明）しながらすることで，定着を図ると同時に説明できる表現力を養います。位ごとの役割を決めてペアで

1 問題文を読んで，筆算で答えを求めよう

問題文を提示する。

C　合わせてだから，式は 89 ＋ 75 です。
C　今度の計算も繰り上がりがあるのかな。

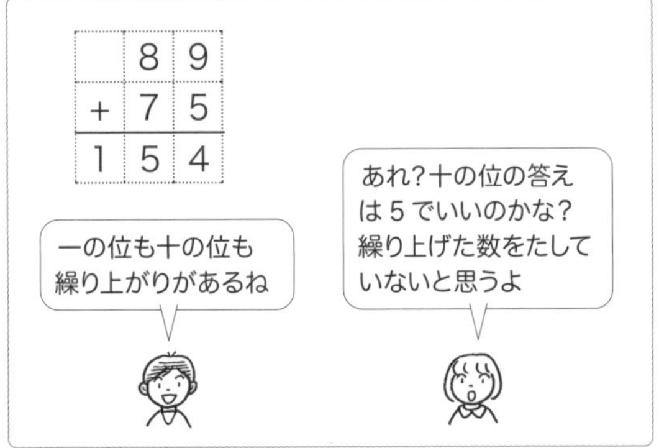

	8	9
+	7	5
1	5	4

一の位も十の位も繰り上がりがあるね
あれ?十の位の答えは 5 でいいのかな?繰り上げた数をたしていないと思うよ

C　十の位に繰り上げた 1 は，忘れないように小さく書いておけばよかったね。
C　十の位の計算は，8 ＋ 7 に繰り上げた 1 をたして 16 になるよ。

2 89 と 75 のブロックを「位の部屋」に入れて，答えを確かめよう

T　位ごとにブロックを合わせてみましょう。

位ごとにブロック操作をする児童を決める。

一の位は，9 個と 5 個を合わせて 14 個です。10 を1本，十の位に繰り上げます

十の位は，8 本と 7 本で 15 本，それに一の位から繰り上げてきた1本をたして 16 本になります。10 が 10 本で 100 になるので，百の位に1繰り上げます。十の位は 6 本になりました

C　答えは，100 が 1 枚と，10 が 6 本と，1 が 4 個で 164 になります。
T　ブロックで操作したことを，筆算でやってみます。お話（説明）をしながらしましょう。
C　繰り上げた数を忘れないように計算するよ。

ブロック操作で，繰り上がりのイメージを視覚化する。

準備物	・算数ブロック（板書用） QR ふりかえりシート QR 文章問題作りシート

ICT	早く解けた児童は，デジタルコンテンツを活用して，繰り上がりのあるたし算の筆算の練習問題を解くことを通して，習熟を図るとよい。

3

76 + 95

	7	6
+	9	5
1	7（1）	1

一のくらい

6 + 5 = 11
十のくらいに
1 くり上げる

十のくらい

7 + 9 = 16
16 + ① = 17
百のくらいに
1 くり上げる

4

48 + 62

	4	8
+	6	2
1	1（1）	0

一のくらい

8 + 2 = 10
十のくらいに
1 くり上げる

十のくらい

4 + 6 = 10
10 + ① = 11
百のくらいに
1 くり上げる

活動することで，どの児童も参加できるようにします。

3 76 + 95 の筆算をお話（説明）しながらやってみよう

T　まずは，1人でお話しながら筆算をしてみましょう。

各自で筆算をした後，隣同士で，一の位と十の位の役割を決めて説明しながら計算する。

まずは，私が一の位をするよ。6 + 5 = 11 で，一の位は 1 になります。十の位に 1 繰り上げます
次は十の位だね。7 + 9 = 16 に繰り上げた 1 をたして 17，十の位は 7 で，百の位に 1 繰り上げます。答えは 171 です

次に，一の位と十の位の役を交代してお話筆算をする。最後に，ペア何組かに前に出て発表してもらう。

ペアで行うことで誰もが参加でき，お互いに教え合うことで，より一層筆算の定着を図ることになる。

4 練習問題をしよう

同じ型の練習問題をする。

① 48 + 62　② 93 + 59　③ 37 + 86
④ 85 + 55　⑤ 44 + 78

小さな声でお話をしながらやってみましょう

48 + 62 は，一の位の答えが 8 + 2 = 10 で 0 になるね。0 を書き忘れないようにするよ

繰り上げた数を忘れずに計算すれば間違いなく計算ができるよ

48 + 62 のように，十の位の被加数と加数で 10 になる場合，戸惑う児童もいるので注意する。

T　早くできた人は，48 + 62 の式になる問題を作りましょう。問題作りをしている間に個別支援をする。

ふりかえりシートを活用する。

第3時 2位数＋1，2位数＝3位数

本時の目標　2位数＋1，2位数＝3位数の筆算に習熟する。

板書例

サイコロ計算ゲームを しよう

1 やり方　となりの 人と たいせん しよう

・赤と 青の サイコロを 2回 ふる
・計算を する
・1人が おわってから，もう1人が する
・答えが 大きい 人の かち

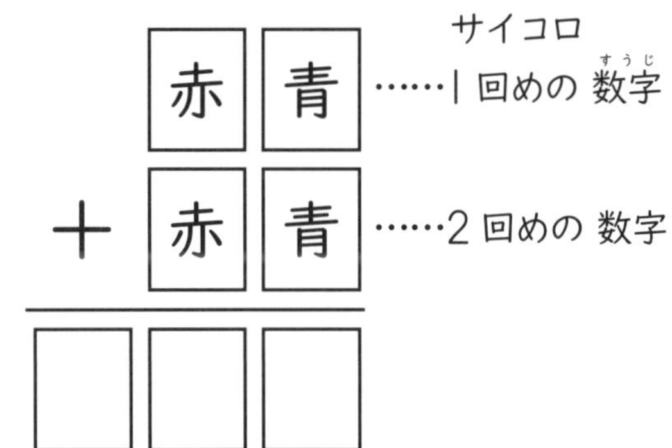

POINT 学校での計算練習です。友達との関わり合いを大切にして，楽しく学び合えるように工夫しましょう。

1 サイコロ計算ゲームをしよう

T　隣の人と対戦しましょう。

□準備物
・サイコロ2種類（赤色と青色）
立方体の積み木などに，4～9の数を書く。
シールを貼ってもよい。

□進め方
❶ じゃんけんで順番を決める。
❷ 勝った人が，
赤と青のサイコロを2回ふる。
赤の数字を被加数の十の位，
青の数字を被加数の一の位
に書く。もう一度ふり，
今度は加数の十の位と
一の位に数字を書く。

❸ ノートに計算をする。
❹ もう1人も同じようにする。
❺ 答えが大きい人を勝ちとする。
❻ 3回対戦したら相手を変える。

T　計算の間違いがないか，しっかり見ておきましょう。
そして，どこが間違っているか教えてあげましょう。

$$\begin{array}{r} 74 \\ +56 \\ \hline 130 \end{array} \qquad \begin{array}{r} 68 \\ +49 \\ \hline 117 \end{array}$$

ぼくの方が
勝ちだね
次は
負けないよ

学級の実態に合わせて，計算間違いは負けにするなどのルールを加えてもよい。

たっぷり時間を取って計算ゲームをする。教師は，ゲームをしている様子を見て回りながら，上手な教え合いができているペアを見つけておく。

準備物	・赤と青のサイコロ（ペアに１組） QR ふりかえりシート

ＩＣＴ	サイコロを児童数分準備ができない場合は，インターネットで検索すると，無料でサイコロを扱うサイトがあるので活用するとよい。

㋐ 87 + 18

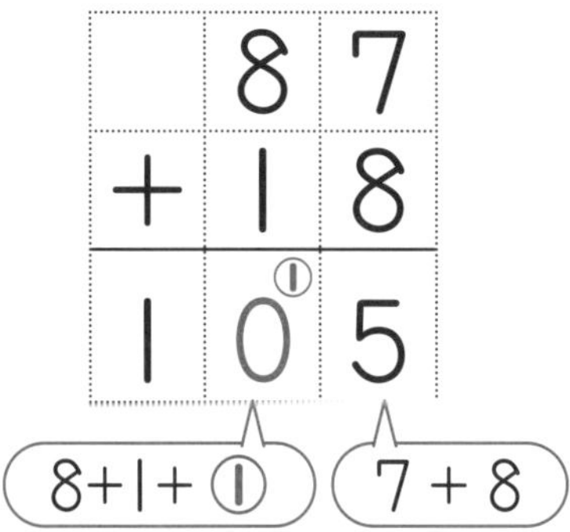

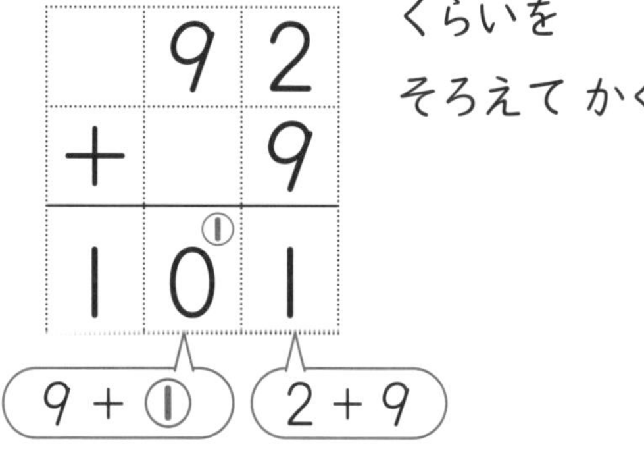

0 に 気をつけよう

2 計算ゲームのふりかえりをしよう

T　計算ゲームをしてどうでしたか。

感想などを発表する。

計算ゲームで1回しか勝てなかったけど，楽しく計算できました

いろいろな計算ができて面白かったです

友達が計算しているところをじっくり見ました。とても綺麗に書いていたので，私も綺麗に書こうと思いました

間違ったときに，どうして間違ったか親切に教えてもらいました

どのような上手な教え合いができていたかを紹介する。

3 計算ゲームに出てきた筆算をやってみよう

T　こんな計算（87 ＋ 18）が出てきて，困っている人がいました。どうやって計算したらいいですか。みんなでやってみましょう。

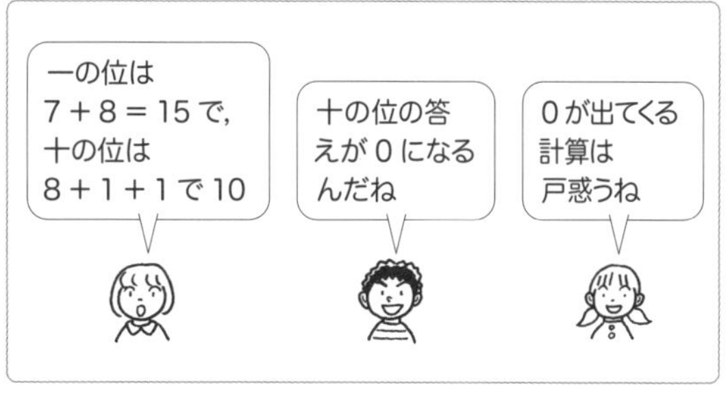

一の位は
7＋8＝15で，
十の位は
8＋1＋1で10
十の位の答えが0になるんだね
0が出てくる計算は戸惑うね

計算ゲームでは出てこない２位数＋１位数＝３位数の計算も扱う。（92 ＋ 9 など）

C　位を揃えて書くよ。

C　十の位の計算が 9 ＋ ① ＝ 10 で，これも十の位の答えが 0 だね。

ふりかえりシートを活用する。

第4時 3位数－2位数 百の位から繰り下がり

本時の目標 3位数－2位数で，百の位から繰り下がる型の筆算方法を理解し，計算ができる。

板書例

のこりの ページは 何(なん)ページですか

1

ここなさんは 136 ページの 本を
読(よ)んでいます。74 ページまで 読みました。
のこりは 何ページですか。

しき 136 − 74

2

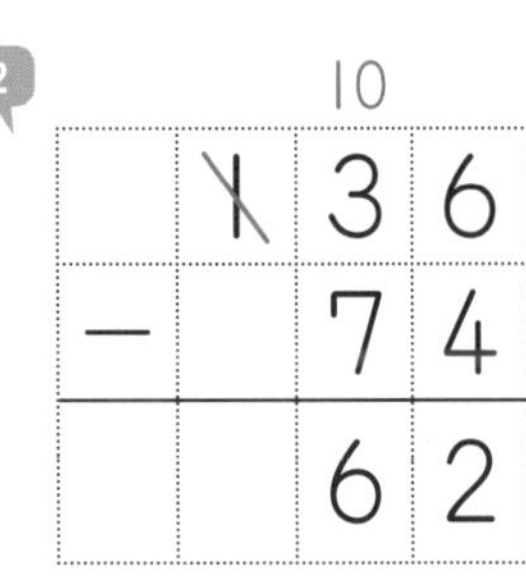

一のくらい
6 − 4 = 2

十のくらい
百のくらいから
1 くり下げる
13 − 7 = 6

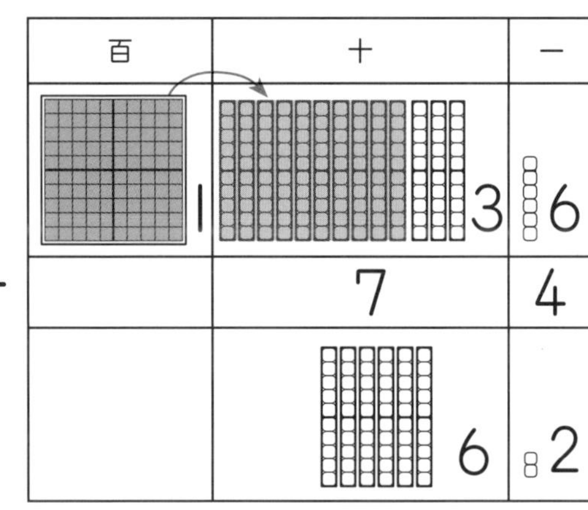

答(こた)え 62 ページ

POINT 役割演技をして，筆算の仕方を考えます。役割を担う人はもちろん，客観的に見ている人も計算の仕組みがよくわかります。

1 問題文を読んで，筆算の仕方を考えよう

問題文を提示する。

C 残りを求めるからひき算です。式は，136 − 74 になります。

ひき算の筆算もこれまでと同じように
やってみよう。一の位から計算するよ。
6 − 4 = 2

十の位は，3 から 7 は
ひけないよ。
どうしたらいいかな

C これまで，一の位でひけないときは，十の位から 1 繰り下げたよ。

C 百の位から 1 繰り下げたらいいのかな。

C 100 を下ろすのかな。

まずは，どのように筆算をするか様子を見る。

2 役割演技をして，筆算の仕方を考えよう（「役割演技」の時間を多く取る）

「一の位のひかれる数」「一の位のひく数」「十の位のひかれる数」「十の位のひく数」「百の位のひかれる数」の5人の役割を決めて交代で演技を何度かする。

一の位，十の位，百の位の「ひかれる数」担当は，ブロックが 136 になるようそれぞれブロックを持つ。

ひく数【一の位】 4 ください。

ひかれる数【一】 4 ですね，はいどうぞ。2 個残りました。

ひく数【一】 ありがとう。

ひく数【十】 7本ください。

ひかれる数【十】 3 本しかありません。…百の位さんにお願いしてみます。百の位さんブロックをください。

ひかれる数【百】 仕方ないですね。100 を 10 を 10 本にして下ろしてあげましょう。何もなくなりました。

準備物
・算数ブロック（板書用）
QR ふりかえりシート
QR 文章問題作りシート

ICT
実際の役割演技のやりとりを実物投影機でブロック操作を示しながら確認すれば，役割演技の仕方を共通理解しやすくなる。

3

	10 ~~1~~	5	5
−		8	3
		7	2

一のくらい
5 − 3 = 2

十のくらい
百のくらいから １本 くり下げる
15 − 8 = 7

十のくらいで ひけない ときは，
百のくらいから １ くり下げて 計算（けいさん）します。

ひかれる数【十】　ありがとう。これで，7本渡せます。

（ひく数【十】に）はい，7本どうぞ。残りは6本になりました。

ひく数【十】　ありがとう。

ひかれる数【百, 十, 一】　残っているのは，62 です。

ひき算は，たし算に比べて複雑になるため，単なるブロック操作よりも，役割演技の方が理解しやすくなる。最初はぎこちなくても，繰り返すうちに上手になり，アドリブも出てきて楽しい活動になる。

T　お話（説明）をしながら筆算をしてみましょう。

筆算でのやり方をまとめる。

3 お話（説明）をしながら筆算をしよう

T　155 − 83 を同じようにお話をしながらやってみましょう。

一の位から計算します。5 − 3 = 2 で，一の位の答えは 2 です。
次に，十の位をします。5 − 8 はできません。
百の位から 1（10 本）繰り下げます。
15 − 8 = 7 で，十の位の答えは 7 です。
答えは 72 です

各自で計算した後，何人かに前で発表してもらう。

練習問題をする。早くできた児童は，126 − 73 の式になる文章問題を作る。

① 126 − 73　② 162 − 81　③ 134 − 72
④ 118 − 40　ひく数の一の位が 0 の計算
⑤ 169 − 99　一の位の答えが 0 になる計算

ふりかえりシートを活用する。

第5時

3位数－2位数 十・百の位から繰り下がり

本時の目標　3位数－2位数で，十の位，百の位から繰り下がる型の筆算方法を理解し，計算ができる。

板書例

白色の 花は 何本(なんぼん)ですか

1

赤色と 白色の 花が 134 本 さきました。
そのうち，赤色は 58 本です。
白色は 何本ですか。

しき　134 － 58

答(こた)え　76 本

2

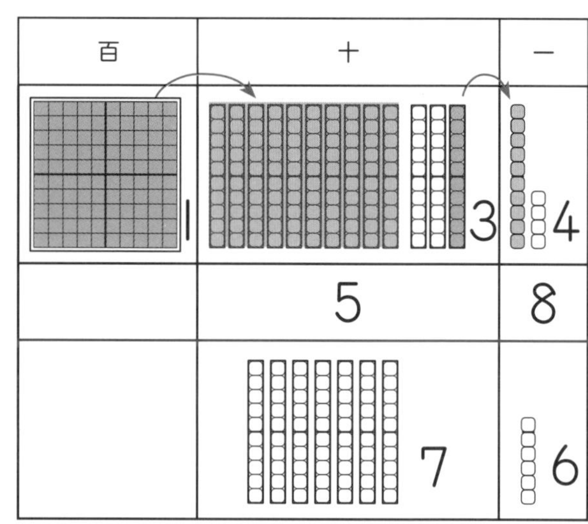

POINT　演技をする人も見る人も楽しい，そして何よりも理解が深まる役割演技をぜひ取り入れてみましょう。

1 問題文を読んで，筆算で答えを求めよう

問題文を提示する。

C　式は，134 － 58 になります。

一の位の計算の 4 － 8 はできないので，十の位から1繰り下げて計算すればよかったね

十の位の計算は，1 繰り下げたから 3 が 2 になっているよ

3 を消して 2 を書いておくのを忘れないようにしよう

C　十の位の計算は 2 － 5 でひけないので，百の位から下ろしてくるんだったね。

C　一の位も十の位も繰り下がりがある計算だ。

まずは，どのように筆算をするか様子を見る。

2 役割演技をして，筆算の仕方を考えよう（「役割演技」の時間を多く取る）

前時と同じように位ごとの役割を決めて演技する。

ひく数【一】　8個ください。
ひかれる数【一】　4 個しかありません。十の位にお願いしてみます。(十の位から 10 個もらう) はい，8個どうぞ。残りは6個になりました。
ひく数【一】　ありがとう。

ひく数【十】　5 本ください。
ひかれる数【十】　一の位に1本あげたので，2 本しかありません。…百の位さんにお願いしてみます。(百の位から 10 本もらう) はい，5 本どうぞ。残りは7本になりました。
ひく数【十】　ありがとう。

ひかれる数【百】　十の位に 10 本あげたので，何もありません。
みんなで　残りは 76 になります。

準備物	・算数ブロック（板書用） QR ふりかえりシート QR 文章問題作りシート

ICT	早く解けた児童は，デジタルコンテンツを活用して，繰り下がりのあるひき算の筆算の練習問題を解くことを通して，習熟を図るとよい。

3

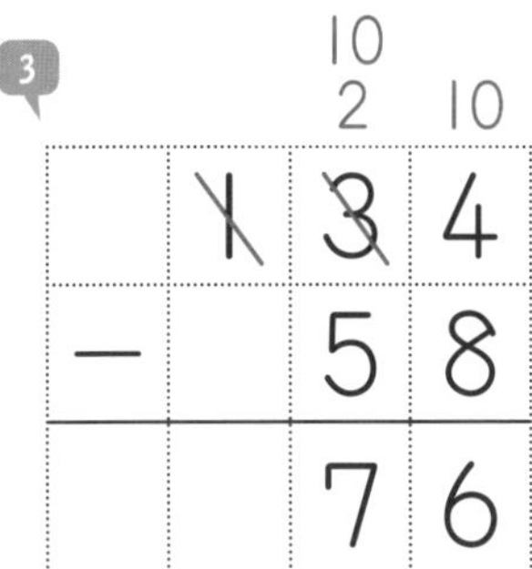

一のくらい

4 − 8 は できません
十のくらいから 1 くり下げる
14 − 8 = 6

十のくらい

1 くり下げたので 3 が 2
2 − 5 は できません
百のくらいから 1 くり下げる
12 − 5 = 7
答えは 76

3

	10	5	10
	1	6	5
−		8	6
		7	9

ひけないときは，
十のくらいから 一のくらいへ，
百のくらいから 十のくらいへ，
1 くり下げて 計算（けいさん）します。

3 お話（説明）をしながら筆算をしよう

一の位から計算します。4 − 8 はできません。十の位から 1 繰り下げます。14 − 8 = 6 で，一の位の答えは 6 です。1 繰り下げたので，3 が 2 になりました。十の位をします。2 − 5 はできません。百の位から 1 繰り下げます。12 − 5 = 7 で，十の位の答えは 7 です。答えは 76 です

全体で筆算のやり方を確認する。
説明通りに補助数字を書き込んでいくことを忘れずにする。また，補助数字を小さく整列させて書くことにも注意する。

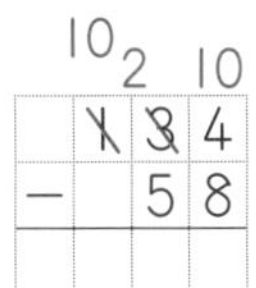

大きく書き過ぎてわからなくなってきた

T　165 − 86 を同じようにお話をしながらやってみましょう。（各自で計算し，何人かが発表する）

4 練習問題をしよう

練習問題をする。早くできた児童は，123 − 45 の式になる文章問題を作る。

① 123 − 45　　② 121 − 62
③ 156 − 58　一の位に 1 繰り下げたことで，十の位でも繰り下がりがある計算
④ 160 − 89　ひかれる数の一の位が 0 の計算
⑤ 113 − 47　ひかれる数の十の位が 0 になる計算

113 − 47 は，一の位に 1 繰り下げたので 0 になったよ。十の位は，10 − 4 になるね

2 回繰り下がりがあるけど，きちんと小さく数字を書いておけば大丈夫だ

学習のまとめをする。
ふりかえりシートを活用する。

第6時 (百何)－1, 2位数

本時の目標
(百何)－1, 2 位数の筆算方法を理解し，計算ができる。

板書例

のこりの あめは 何(なん)こですか

1
あめが 105こ あります。
そのうち，37こ 食(た)べました。
のこりは 何こですか。

2
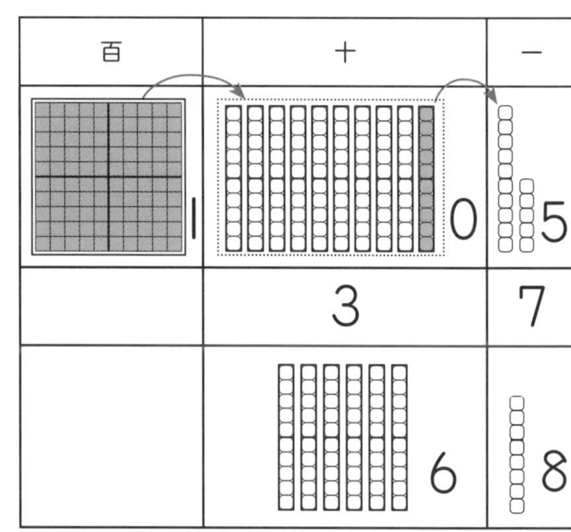

しき　105 － 37

答(こた)え　68こ

POINT この計算の型は「おじいさん型のひき算」と呼ばれるものです。十の位（お父さん）が 0 なので，百の位（おじいさん）

1 105 － 37 の役割演技の仕方をグループで考えよう

問題文を提示して，105 － 37 の式になることを確認する。

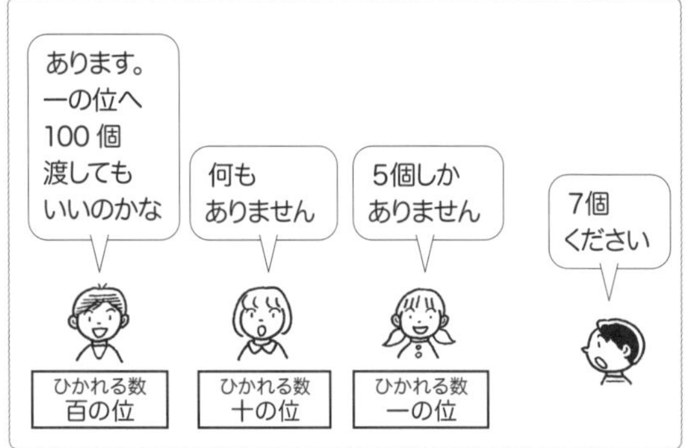

あります。
一の位へ
100 個
渡しても
いいのかな
何も
ありません
5個しか
ありません
7個
ください
ひかれる数
百の位
ひかれる数
十の位
ひかれる数
一の位

C　十の位が 0 なので，どうしたらいいのかな。

C　百の位から，一の位へ一度に持っていけないと思うよ。

T　まずは，百の位から十の位へ，次に，十の位から一の位へブロックを渡してみましょう。どんな演技になるでしょうか。

2 役割演技をして，筆算の仕方を考えよう（「役割演技」の時間を多く取る）

グループで考えた役割演技を順番に発表する。

ひく数【一の位】　7個ください。

ひかれる数【一】　5個しかないのであげられません。十の位さんからもらいます。

ひかれる数【十】　何もないのであげられません。ごめんなさい。

ひかれる数【一】　どうしても必要なのです。

ひかれる数【十】　わかりました。百の位さんにお願いしてみます。百の位さんブロックをください。

ひかれる数【百】　わかりました。私は何も無くなるけど，はい，どうぞ。(10 本渡す)

ひかれる数【十】　ありがとう。この中の1本を 10 個にして 一の位さんへ渡します。
はい，どうぞ。
残りは9本になりました。

準備物
・算数ブロック（板書用）
QR 文章問題作りシート
QR ふりかえりシート
QR 動画「105 − 37」

ICT
実際の役割演技のやりとりを実物投影機でブロック操作を示しながら確認すれば，役割演技の仕方を共通理解しやすくなる。

3

	~~1~~	~~10~~ 9 (~~0~~)	10 5
−		3	7
		6	8

一のくらい

5 − 7は できません
百のくらいから 十のくらいへ
1 くり下げる
十のくらいは 10
つぎに，十のくらいから
一のくらいへ 1 くり下げる
15 − 7 = 8

十のくらい

1 くり下げたので 10 が 9
9 − 3 = 6

3

	~~1~~	~~10~~ 9 (~~0~~)	10 5
−			7
		9	8

十のくらいが 0 の ときは，
百のくらいから 十のくらいへ
1 くり下げて，十のくらいから
一のくらいへ 1 くり下げます。

から繰り下げてくるひき算です。

ひかれる数【一】　ありがとうございます。これで7個渡せます。ひく数【一】さん，どうぞ。残りは8個になりました。

ひく数【十】　3本くださいな。

ひかれる数【十】　9本あるので大丈夫です。3本あげます。はい，どうぞ。残りは6本になりました。

ひく数【十】　ありがとう。

みんなで　残っているのは，68 です。

百の位から十の位へ，十の位から一の位へ繰り下げていく役割演技で，十の位が 9 になることが発見できる。

T　お話（説明）をしながら筆算をしてみましょう。

筆算でのやり方をまとめる。

3 お話（説明）をしながら筆算をしよう

T　105 − 7 を同じようにお話をしながらやってみましょう。

一の位の 5 − 7 はできません。十の位は 0 なので，はじめに，百の位から十の位へ 1 繰り下げて，十の位は 10 になります。次に，十の位から一の位へ1繰り下げます。一の位は 15 − 7 = 8 になります。十の位は，1 繰り下げたので 9 です。答えは 98 になります

各自で計算した後，何人かに前で発表してもらう。
練習問題をする。早くできた児童は，102 − 65 の式になる文章問題を作る。

① 102 − 65　② 103 − 69　③ 106 − 8
④ 106 − 97　十の位が 9 − 9 = 0 で，答えが1桁の計算
⑤ 103 − 95　十の位が 9 − 9 = 0 で，答えが1桁の計算

学習のまとめをする。
ふりかえりシートを活用する。

第7時 百−1, 2位数

本時の目標　百−1, 2位数など，いろいろな型のひき算の筆算ができる。

板書例

おつりは 何円(なんえん)ですか

1

100円で おかしを 買(か)います。
52円の おかしを 買いました。
おつりは 何円ですか。

しき　100 − 52

答(こた)え　48円

	9 ~~10~~	10
~~1~~	~~0~~	0
−	5	2
	4	8

2

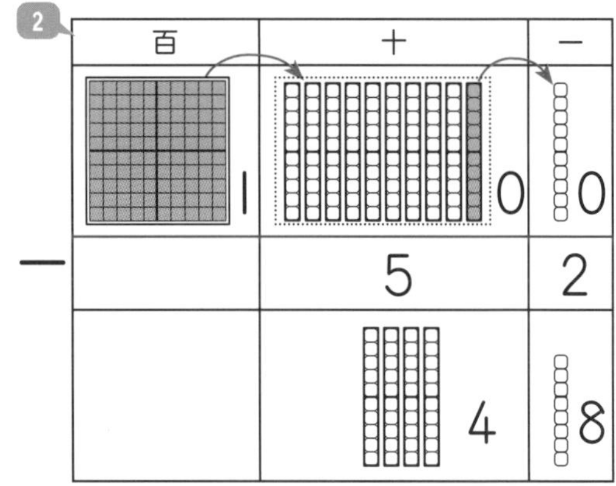

POINT　前時に続き，2段階繰り下がりの計算を扱い，計算の意味をどの児童も理解できるようにします。

1 問題文を読んで，筆算で答えを求めよう

問題文を提示し，まずは，各自で解決を目指す。

C　52円払ったときの残りのお金を求めるからひき算だ。式は，100 − 52 になるよ。

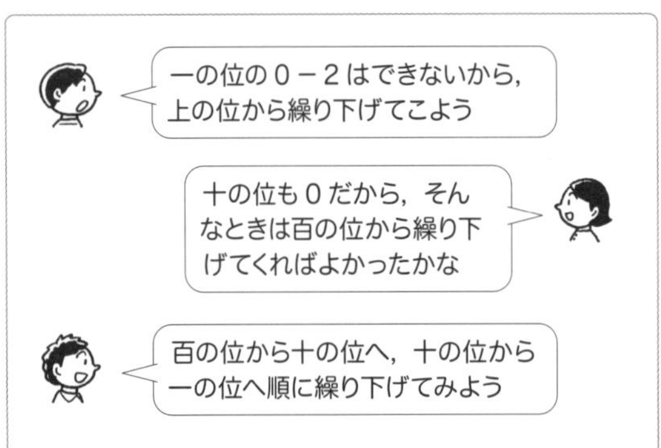

一の位の 0 − 2 はできないから，上の位から繰り下げてこよう
十の位も 0 だから，そんなときは百の位から繰り下げてくればよかったかな
百の位から十の位へ，十の位から一の位へ順に繰り下げてみよう

前時の学習を思い出しながら取り組む。

T　筆算の仕方をお話（説明）できるように練習しましょう。

2 筆算の方法をお話（説明）し合おう

T　まずは，隣の人にお話してみましょう。

頭の中でブロックを動かして考えました。一の位の 0 − 2 はできません。十の位は何もないので，百の位から十の位へ 10 を 10 本にして繰り下げます。その中の1本を 10 個にして一の位へ繰り下げます。十の位は9本になりました。一の位は，10 − 2 = 8 です。十の位は，9 − 5 = 4 です。百の位は，繰り下げたので何もありません。答えは 48 です

その後，数名に前に出て発表してもらう。

表現の仕方は子どもによって違っても構わない。十の位が 0 で繰り下げることができない場合，百の位から十の位へ，十の位から一の位へ順に繰り下げていくということが理解できていればよい。

筆算の方法をブロック操作で確認する。

準備物	・算数ブロック（板書用） ・赤と青のサイコロ（ペアに1組） QR ふりかえりシート

ICT	2種類のサイコロを児童数分準備ができない場合は，インターネットで検索すると，無料でサイコロを扱うサイトがあるので活用するとよい。

3

<サイコロ計算（けいさん）ゲームを しよう>

やり方（かた） となりの 人と たいせん

・赤と 青の サイコロを 2回 ふる

・計算を する

・1人が おわってから もう1人が する

・答えが 小さい 人の かち

3 サイコロ計算ゲームを隣の人としよう

□準備物

・サイコロ2種類（赤色と青色）
立方体の積み木などに数を書く。（シールでもよい）
赤ペンで0～5の数，青ペンで4～9の数を書く。

□進め方

❶ じゃんけんで順番を決める。

❷ 勝った人が，赤と青のサイコロを2回ふる。
赤の数字を被減数の十の位，青の数字を減数の十の位に書く。もう一度ふり，今度は被減数の一の位と減数の一の位に数字を書く。

1回め 2回め
1 赤 赤
− 青 青

❸ ノートに計算をする。

❹ もう1人も同じようにする。

❺ 答えが小さい人を勝ちとする。

❻ 3回対戦したら相手を変える。

※ ルールは，たし算とほぼ同じだが，サイコロの数字を書く場所が異なるため注意する。

T　計算の間違いがないか，しっかり見ておきましょう。そして，どこが間違っているか教えてあげましょう。

$$\begin{array}{r} 114 \\ -\ \ 92 \\ \hline 22 \end{array} \qquad \begin{array}{r} 105 \\ -\ \ 76 \\ \hline 29 \end{array}$$

学級の実態に合わせて，計算間違いは負けにするなどのルールを加えてもよい。教師は，ゲームをしている様子を見て回りながら，子どもが間違えそうな計算問題をピックアップしておき，後に全体で紹介する。

学習のまとめをする。
ふりかえりシートを活用する。

第8時
3位数＋1, 2位数

本時の目標　3位数＋1, 2位数の筆算方法を理解し，計算ができる。

板書例

大きい数(かず)の たし算(ざん)の ひっ算(さん)を しよう

1 ①
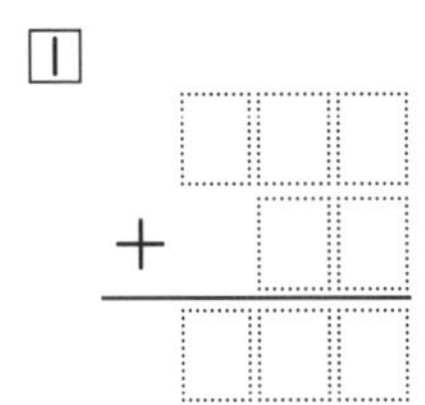

②
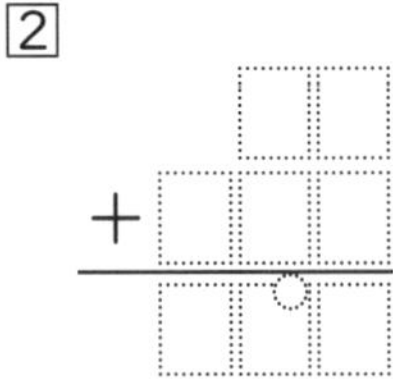

2 ③
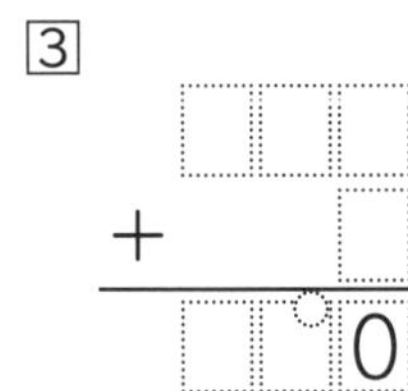

④
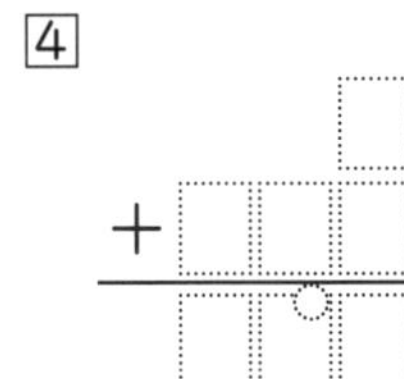

1 計算(けいさん)もんだいを つくろう

[1]　[2]　[3]　[4]

POINT 数が大きくなっても，これまでのたし算の筆算と同じように計算すればよいことに気づくことが大切です。

1 3桁＋2桁の筆算の計算問題を考えよう

ワークシートを使って学習する。

T　① 315 ＋ 73 の筆算をしましょう。

C　大きい数の計算だね。これまでと同じ方法で計算してみよう。全体で答え合わせをする。

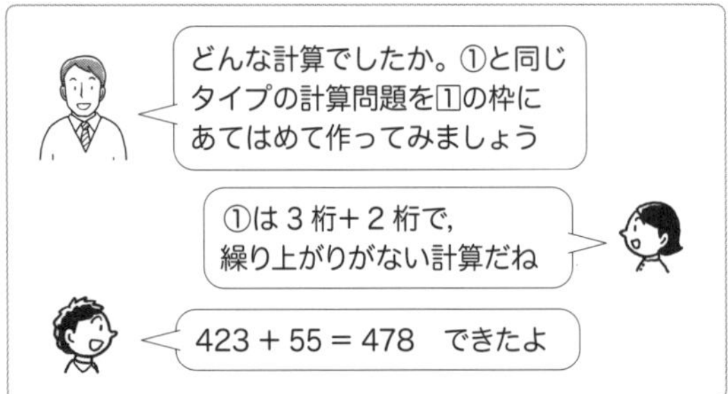

どんな計算でしたか。①と同じタイプの計算問題を[1]の枠にあてはめて作ってみましょう
①は3桁＋2桁で，繰り上がりがない計算だね
423 + 55 = 478　できたよ

同じように，②の計算をして答え合わせをした後，同じタイプの計算問題を作る。

C　今度は一の位の計算で繰り上がりがあるよ。

T　作った問題を隣の人に解いてもらいましょう。

2 3桁＋1桁の筆算の計算問題を考えよう

同じように③と④の問題も進めていく。

3桁＋1桁だから，位を揃えて書かないといけないね
③も④も繰り上がりがある計算だ
③は，一の位の答えが0になっているよ，難しいな

T　隣の人と交換して計算しましょう。

C　897 ＋ 3 ＝ 900 になって，十の位の計算でも繰り上がるよ。9 を 8 にしたら大丈夫だね。

T　○○さんが作った問題は，百の位にも繰り上がる新しいタイプの計算ですね。すごいです。

教科書では，3位数＋1，2位数で百の位へ繰り上がる筆算を扱っていないが，十分解ける問題であり，問題作りで児童から出てきた場合は扱っておくとよい。

準備物
QR ワークシート
QR ふりかえりシート
QR 文章問題作りシート

ICT　計算問題の枠データを配信しておくと，多様に問題を作成でき，計算力の向上に繋げることができる。

＜まちがいを 見つけよう＞

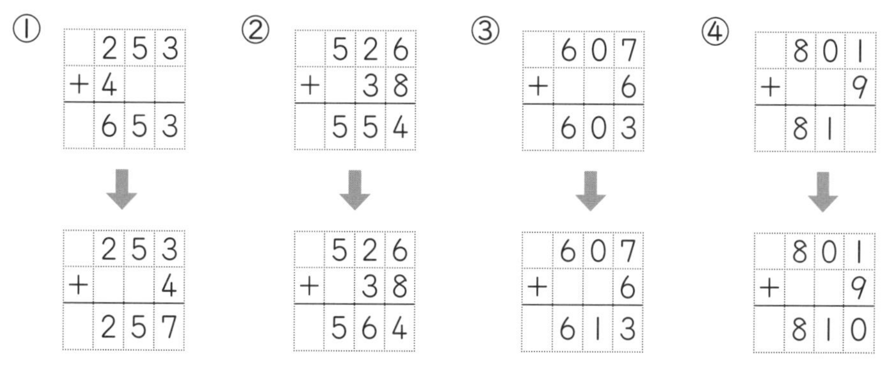

くらいをそろえる　　ぐり上がりをわすれない　　0に気をつける

数(かず)が 大きくなっても，2けたの ときと 同(おな)じように ひっ算できます。

3　筆算の間違いを見つけて正しく計算しよう

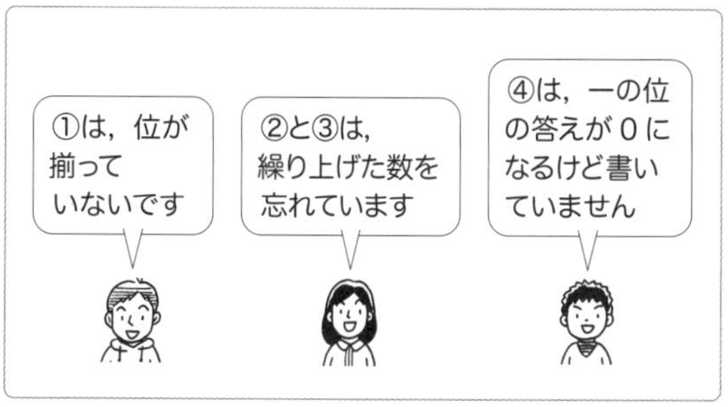

①は，位が揃っていないです
②と③は，繰り上げた数を忘れています
④は，一の位の答えが0になるけど書いていません

C　数が大きい計算でも，気をつけることはこれまでと同じだね。

「位を揃える」「繰り上がりを忘れない」「0の計算に気をつける」を再度確認する。

4　迷路で筆算の練習をしよう

ワークシートを使って学習する。

T　筆算をノートにきちんと書いてやりましょう。早くできた人は，634 + 65 の式になる文章問題を作りましょう。

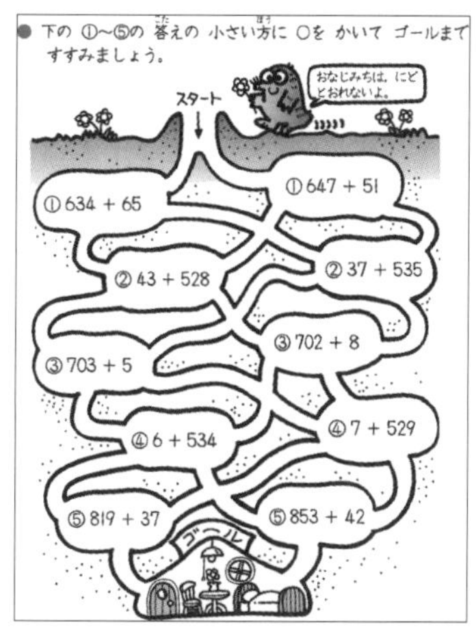

ふりかえりシートを活用する。

第9時
3位数 −1, 2位数

本時の目標　3位数− 1, 2位数の筆算方法を理解し，計算ができる。

板書例

大きい数（かず）の ひき算（ざん）の ひっ算（さん）を しよう

1 ①

	3	4	7
−		3	2
	3	1	5

くり下がりなし

②

		6	10
	9	7	2
−		5	8
	9	1	4

くり下がりあり

③

		2	10
	5	3	6
−		2	7
	5	0	9

くり下がりあり
十のくらいの 答（こた）えが 0

2 ④

		1	10
	8	2	2
−			4
	8	1	8

くり下がりあり

⑤

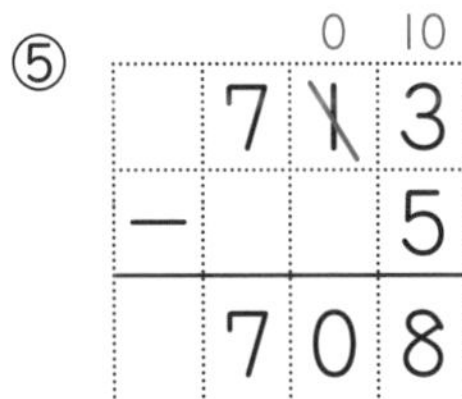

くり下がりあり
十のくらいの 答えが 0

POINT 数が大きくなっても，たし算と同様，これまでのひき算の筆算と同じように計算すればよいことに気づくことが大切です。

1 3桁 − 2桁の筆算をしてみよう

ワークシートを使って学習する。

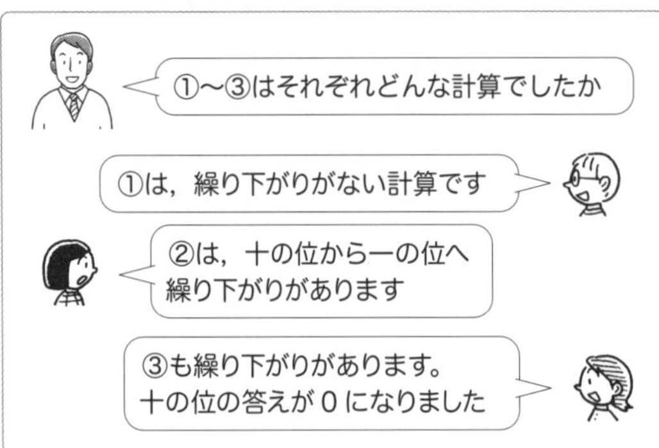

①〜③はそれぞれどんな計算でしたか
①は，繰り下がりがない計算です
②は，十の位から一の位へ繰り下がりがあります
③も繰り下がりがあります。十の位の答えが 0 になりました

答え合わせをした後，同じタイプの計算問題を作る。

C　十の位の答えが 0 になるには，ひかれる数とひく数が同じでないとだめだね。でも，繰り下がりがあるから，…難しいな。

作った問題は隣同士で交換して計算する。難しい場合は，被減数のみ教師が指定したり，ヒントを出したりしながら進める。

2 3 桁 − 1 桁の筆算をしてみよう

同じように④と⑤の問題も進めていく。

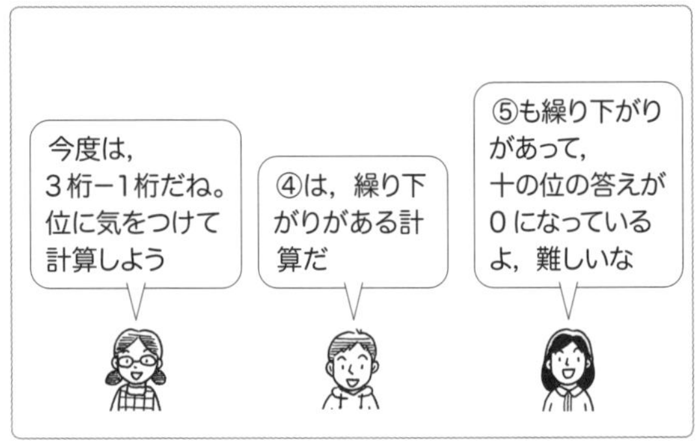

今度は，3 桁− 1 桁だね。位に気をつけて計算しよう
④は，繰り下がりがある計算だ
⑤も繰り下がりがあって，十の位の答えが 0 になっているよ，難しいな

答え合わせをした後，同じタイプの計算問題を作る。

T　隣の人と交換して計算しましょう。

C　十の位の答えが 0 になるには，ひかれる数の十の位を 1 にしたらできるよ。

C　大きな数のひき算もこれまでと同じように計算したらできるね。

準備物	QR ワークシート QR ふりかえりシート QR 文章問題作りシート

ICT	問題の画像を思考ツール「Yチャート」を使用して，仲間ごとに分類すると，児童が視覚的に問題の特徴を掴むことができる。

＜まちがいを 見つけよう＞

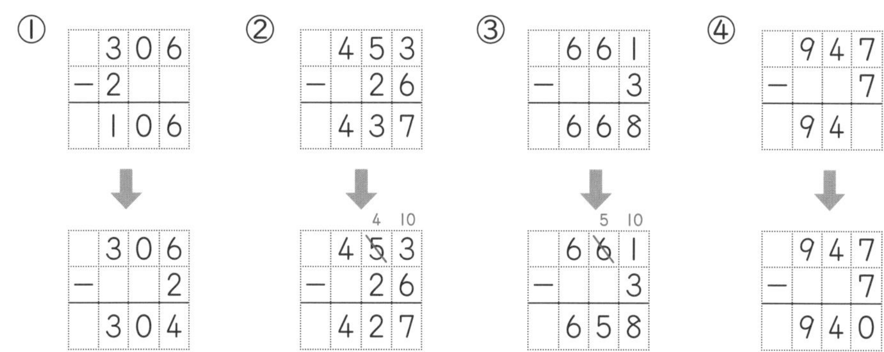

くらいをそろえる　　くり下がりをわすれない　　0に気をつける

数(かず)が 大きくなっても，2けたの ときと 同(おな)じように ひっ算できます。

3 筆算の間違いを見つけて正しく計算しよう

①は，位が揃っていないです
②と③は，繰り下げたことを忘れています
④は，一の位の答えが0になるけど書いていません

C　数が大きい計算でも，気をつけることはこれまでと同じだね。

「位を揃える」「繰り下がりを忘れない」「0の計算に気をつける」を再度確認する。

間違った問題に取り組むことで，ミスを起こしやすい点に気づき，意識して計算できるようになる。

4 迷路で筆算の練習をしよう

ワークシートを使って学習する。

T　筆算をノートにきちんと書いてやりましょう。早くできた人は，672 − 49の式になる文章問題を作りましょう。

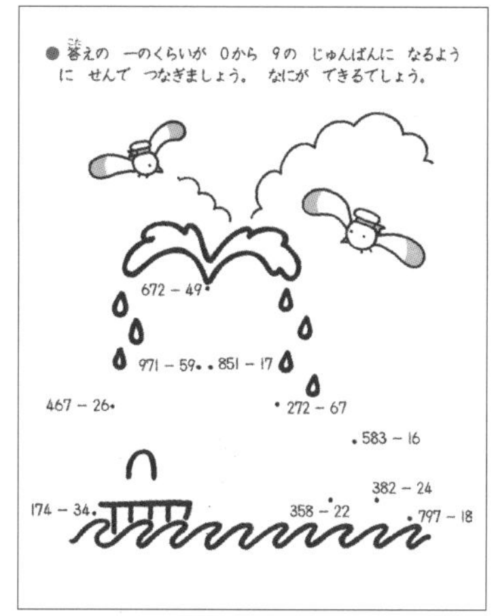

ふりかえりシートを活用する。

第３時　ふりかえりシート

名前

● つぎの 計算(けいさん)を ひっ算で しましょう。

① 87 + 16

② 65 + 37

③ 94 + 9

④ 39 + 67

⑤ 15 + 88

⑥ 82 + 29

⑦ 93 + 8

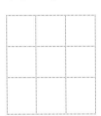

⑧ 98 + 14

⑨ 54 + 49

⑩ 66 + 36

名前

● 答えの 一のくらいが 0から 9の じゅんばんに なるように せんで つなぎましょう。 何が できるでしょう。

672−49
971−59
851−17
467−26
272−67
583−16
174−34
358−22
382−24
797−18

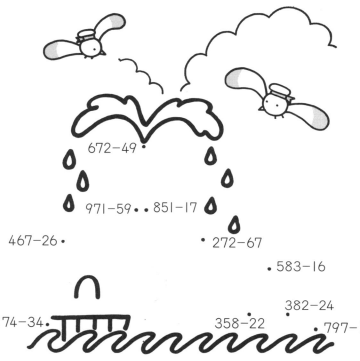

名前

● 下の ①～⑤の 答えの 小さい方に ○を かいて ゴールまで すすみましょう。

同じ道は，通れないよ。

スタート

① 634＋65
① 647＋51
② 43＋528
② 37＋535
③ 703＋5
③ 702＋8
④ 6＋534
④ 7＋529
⑤ 817＋37
⑤ 853＋42

ゴール

三角形と四角形

全授業時数 8 時間

◎ 学習にあたって ◎

<この単元で大切にしたいこと>

子どもたちは，日常会話の中で「さんかく」「しかく」「ましかく」「ながしかく」などといった言葉を使っており，それぞれの区別はできているように思えます。それを，かどの形や辺の長さに着目して調べたり，形を作ったりする活動を通して確かなものにしていきます。

辺や頂点という概念を理解することで，三角形や四角形を正しく認識できるようにします。

「直角」と「90°」と「垂直」はどう違うのでしょう。「90°」は３年生で，「垂直」は４年生で学習します。「90°」は角の開き具合を表し，「垂直」は直線と直線の関係を表します。

ここでは，かどの形としての「直角」を学習します。形としての直角ですから，直角三角形の直角にあたるところにシールを貼り，そこを実際にものにあててみて直角を見つける学習は非常に大切です。また，直角三角形，正方形，長方形を実際に作り，それらを動かして向きを変えながら直角を見つけたり，組み合わせてほかの形を作ったりする操作を大切にした学習を展開します。

<数学的見方考え方と操作活動>

「さんかく」「しかく」を三角形，四角形にするためには「辺」「頂点」という概念が子どもたちに定着していなくてはなりません。つまり頂点が３つあることで三角形，４つで四角形ということになります。辺についても３つで三角形，４つで四角形なのです。ゲームで三角形，四角形を工夫してかく活動を通して学習します。

<個別最適な学び・協働的な学びのために>

「三角形づくりゲーム」や「四角形づくりゲーム」など楽しい活動や，直角づくりや直角探しなど様々な活動を紹介しています。どれも，活動を通して，考え，話し合い，いろいろな発見が生まれます。タブレットで各自が見つけた正方形や長方形を撮影し，共有することで，正方形や長方形の特徴を理解しやすくもなります。

◎評　価◎

知識および技能	長方形，正方形，直角三角形の意味や性質を理解し，分類したり作図したりできる。
思考力，判断力，表現力等	図形の構成要素に着目し，三角形や四角形，長方形，正方形，直角三角形などの特徴や性質を考える。
主体的に学習に取り組む態度	三角形や四角形，長方形や正方形などの形を，身のまわりにあるものから見つけようとする。

◎指導計画　8時間◎

時	題	目　標
1	三角形づくりゲーム	ゲームを通して3本の直線で囲まれたいろいろな三角形を知り，三角形の概念を深める。
2・3	四角形づくりゲーム	ゲームを通して4本の直線で囲まれたいろいろな四角形を知り，四角形の概念を深める。三角形と四角形の弁別をする。
4	直角	かどの形を作ることを通して直角の意味を知り，身のまわりから直角を見つけることができる。
5	長方形	長方形のかどの形（直角）や，辺の長さなどの構成要素に着目して，長方形の意味や性質を理解する。
6	正方形	辺の長さなど，正方形の構成要素に着目して，正方形の意味や性質を理解する。
7・8	直角三角形	長方形や正方形を切って直角三角形を作り，1つのかどが直角になっている三角形を直角三角形と理解する。

第1時

三角形づくりゲーム

本時の目標 ゲームを通して３本の直線で囲まれたいろいろな三角形を知り，三角形の概念を深める。

板書例

三角形づくり ゲームを しよう

1

直線（ちょくせん）	三角形（さんかくけい）
まっすぐな 線	３本の 直線で かこまれた 形（かたち）

○

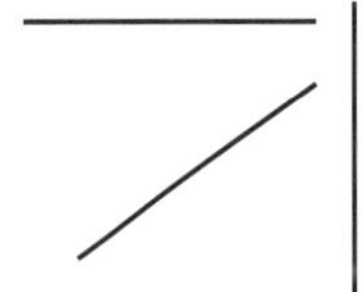

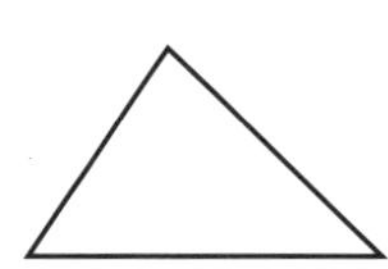

×

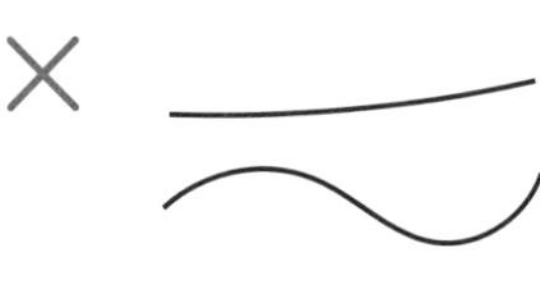

× かこまれて いない

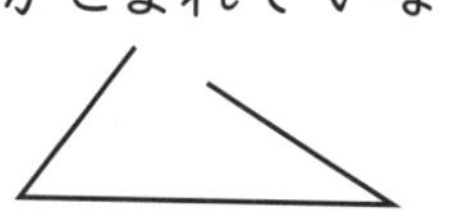

直線では ない

(POINT) ゲームになると，子どもたちは進んで直線をひき，楽しくたくさんの三角形を作ることができます。

1 直線はどんな線だったかな

直線について復習をする。
（本書では，「長さのたんい」第８時で学習済み）

C　曲がっている線は，直線とはいわないよ。

C　糸をピンと引っ張ったような，真っすぐな線です。ものさしを使って直線をかいたね。

T　３本の直線で囲まれた形を三角形といいます。

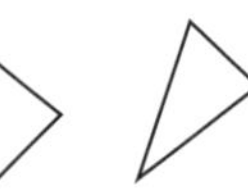

囲まれていない

直線ではない

このような形は，三角形とはいわないんだね

2 三角形づくりゲームをしよう

隣の人と対戦しましょう

□進め方

❶ ２人で，点を30個バラバラに書く。

❷ サイコロをふって，出た数だけ点から点へ直線をひくことができる。交代で行う。

❸ どちらがひいた線かわかるように，それぞれの色を決めて線をひく。
または，三角形に色をぬる。

❹ 自分がひいた直線に続けて，直線をひいたり，三角形を作ったりできる。

❺ ほかの直線に交わらないようにする。

❻ どちらかが，直線をひけなくなった時点でゲーム終了。三角形がたくさんできている方が勝ちとなる。

準備物	・白紙の用紙（ペアで１枚） ・サイコロ（ペアで１個） ・色ペン QR 動画「直線くん」	ICT	三角形づくりのルール確認をする時に，実物投影機を使用してやり方を示すと，どの児童も理解しやすくなり，楽しくルールを守って活動ができる。

ルール

・30 こ 点を かく

・サイコロの 数だけ 直線が ひける

・三角形を たくさん つくった 方が かち

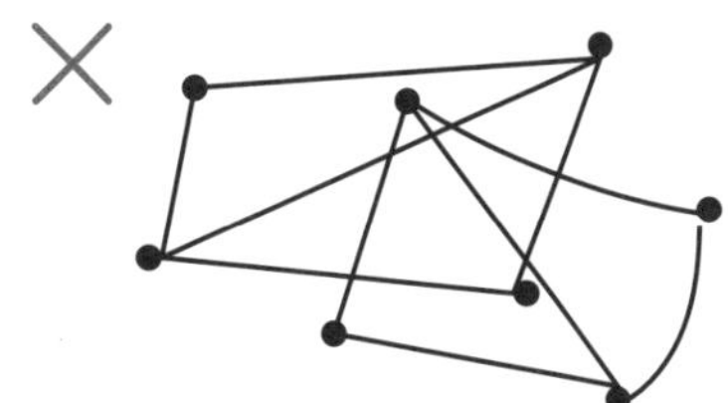

こうさ しては いけない

直線で ないと いけない

3 本の 直線で かこまれた 形を 三角形と いいます。

教科書などには，ある程度整った三角形が示されているため，ゲームを通して様々な形の三角形に触れ，三角形の概念を広げる。

3 三角形づくりゲームの感想を発表しよう

T　たくさん三角形が作れましたか。

直線でないと三角形ではないから，丁寧に直線をひきました
三角形でもいろいろな三角形ができるから面白かったです。とんがっているのがあったり，平べったいのがあったり

T　どのような形のことを三角形というのか，ノートに書いておきましょう。

C 「３本の直線で囲まれた形を三角形といいます」

学習のまとめをする。

第 2·3 時

四角形づくりゲーム

本時の目標 ゲームを通して4本の直線で囲まれたいろいろな四角形を知り，四角形の概念を深める。三角形と四角形の弁別をする。

板書例

四角形づくり ゲームを しよう

三角形（さんかくけい） 1

3本の 直線（ちょくせん）で
かこまれた 形（かたち）

四角形（しかくけい）

4本の 直線で
かこまれた 形

×
かこまれて いない

×
直線では ない

へん

ちょう点

へん　3本
ちょう点　3つ

へん　4本
ちょう点　4つ

POINT ゲームを通して，凹四角形など様々な形の四角形があることに気づけます。四角形や三角形の辺や頂点に印をつけて，それ

1 三角形とはどんな形のことでしたか

C　3本の直線で囲まれた形です。
T　では，4本の直線でかこまれた形は何というでしょう。
C　3本が三角形だから，4本だと四角形かな。
T　4本の直線で囲まれた形を四角形といいます。

三角形と同じように，きちんと線が閉じていない形や直線で囲まれていない形は四角形でないことを説明する。

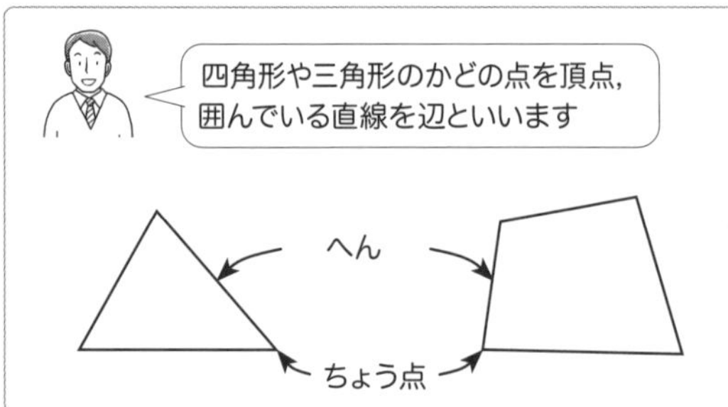

四角形や三角形のかどの点を頂点，
囲んでいる直線を辺といいます
へん
ちょう点

頂点，辺の数をそれぞれ確認する。

2 四角形づくりゲームをしよう

前の時間に「三角形づくりゲーム」をしました。今日は，「四角形づくりゲーム」をします

□進め方（三角形と同じ）

❶ 2人で，点を30個バラバラに書く。

❷ サイコロをふって，出た数だけ点から点へ直線をひくことができる。交代で行う。

❸ どちらがひいた線かわかるように，それぞれの色を決めて線をひく。
または，四角形に色をぬる。

❹ 自分がひいた直線に続けて，直線をひいたり，四角形を作ったりできる。

❺ ほかの直線に交わらないようにする。

❻ どちらかが，直線をひけなくなった時点でゲーム終了。四角形がたくさんできている方が勝ちとなる。

準備物
・白紙の用紙（ペアで１枚）
・サイコロ（ペアで１個）
・色ペン
QR ふりかえりシート

ICT
プレゼンテーションソフトを使って，三角形や四角形の図形を正しく認識できるように確認すると，反復練習を通して習熟を図ることができる。

3 ＜四角形かな？＞

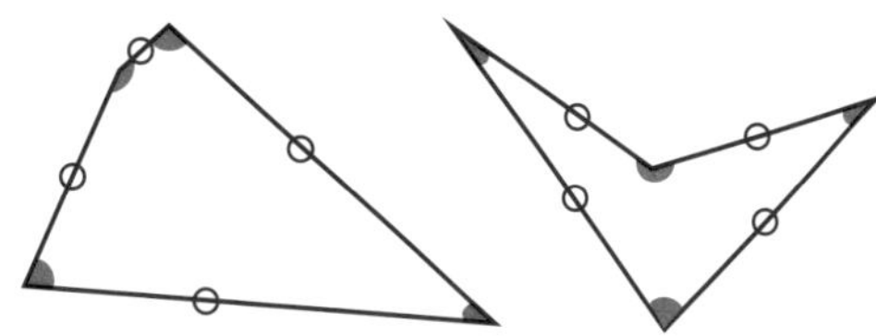

2

ルール

・30 こ 点を かく
・サイコロの 数だけ 直線が ひける
・四角形を たくさん つくった 方が かち

ちょう点　４つ
へん　４本
四角形

４本の 直線で かこまれた 形を 四角形と いいます。

ぞれの形を確かめましょう。

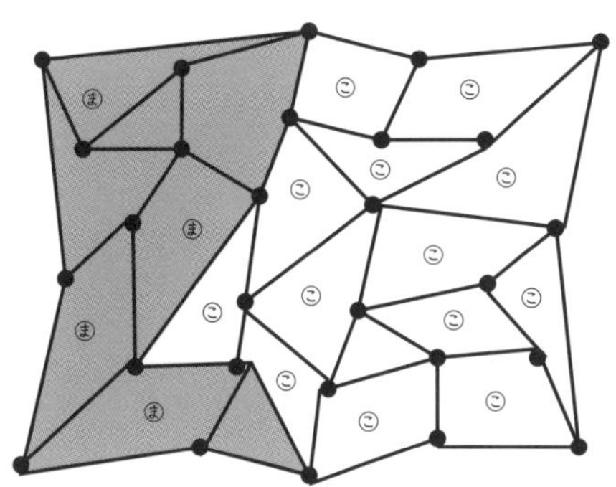

三角形になってしまったよ。よく見たら，直線が５本の形もあるよ

４本の直線で囲まれているけど，四角形かどうか怪しい形もあるよ

3 四角形づくりゲームをふり返ろう

T （凹四角形を示して）四角形といえるかどうか話し合ってみましょう。

三角形みたいな形だね。四角形らしくないよ
凹んだ形をしているけど，４本の直線で囲まれているから四角形だと思うよ
四角形は，頂点が４つだけど，この凹んだところも頂点になるのかな

教科書に凹四角形は出てこないが，ゲームを通して様々な形の四角形があることを知り，凹四角形にも触れておくとよい。ゲームの感想を聞き，学習のまとめをする。

三角形と四角形のまとめをする。（第３時）
ふりかえりシートを活用する。

第4時 直角

本時の目標

かどの形を作ることを通して直角の意味を知り，身のまわりから直角を見つけることができる。

板書例

本の かどの 形(かたち)を つくろう

1 本の かどの 形

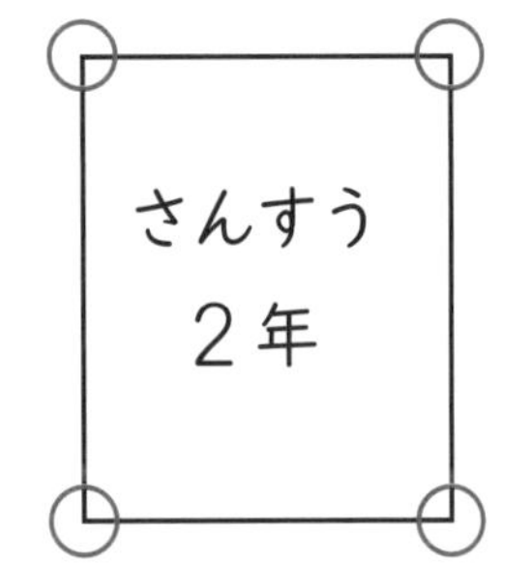

直角(ちょっかく)

2 ひらくと

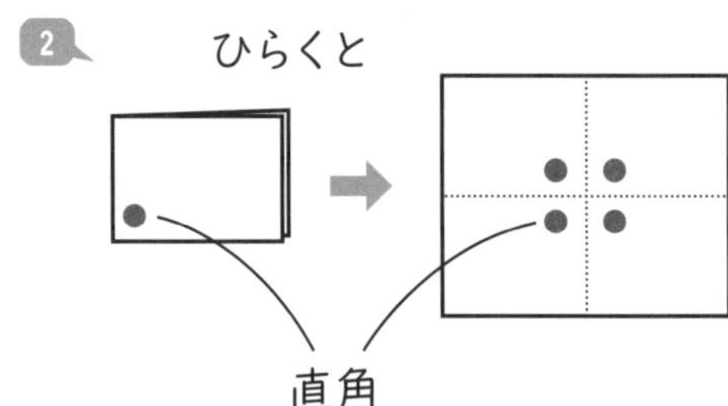

ひらくと

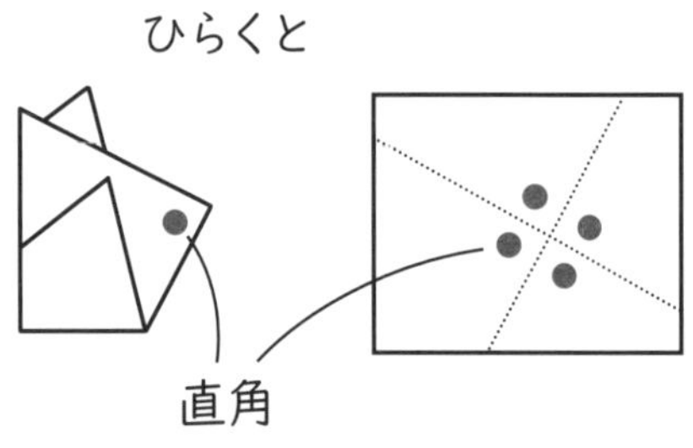

POINT 操作活動を大切に進めます。操作を通して対話する中で，いろいろなものに直角があることに気づきます。

1 教科書のかどの形はどれですか

ワークシートを使って学習する。

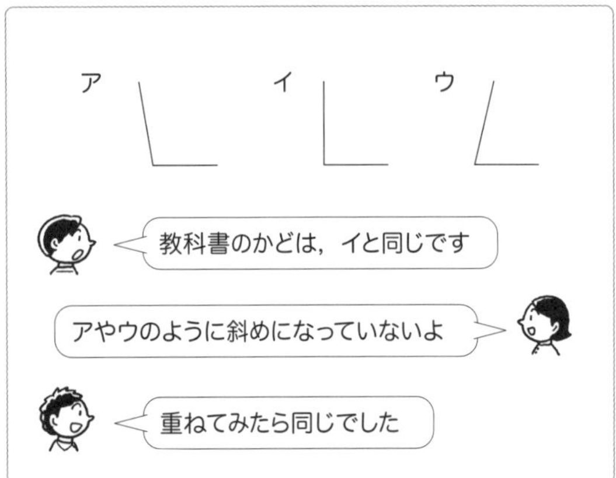

ア
イ
ウ
教科書のかどは，イと同じです
アやウのように斜めになっていないよ
重ねてみたら同じでした

T 教科書のようなかどの形を「直角」といいます。教科書には直角がいくつありますか。

C 4つあります。

C かどの形は4つとも直角だね。

C ノートのかども直角といっていいのかな。

2 紙を2回折って，直角を作ってみよう

児童に長方形の用紙を2枚配る。
ほとんどの児童が図Aのように直角を作ることができる。

T 今度は，はじめに斜めに折ってから直角を作ります。（図B）児童が考える時間を少し取る。

T 2回目を折るときに，1回目の折り目に合わせて折ってみましょう。

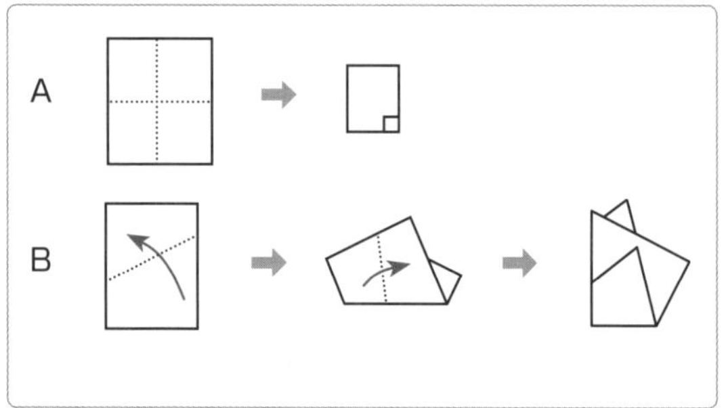

T 折った2枚の紙を開いてみましょう。

C 折り目のところに4つ直角ができている。

C 斜めでも直角といえるんだね。

準備物
- 三角定規（教師用・児童用）
- シール
- Ｂ５の用紙（児童数×２）
- QR ワークシート

ICT
教室や身のまわりから直角を見つけたら，タブレットで撮影し，全体で共有すると直角に対する理解を深めることができる。

3 ＜三角じょうぎ＞

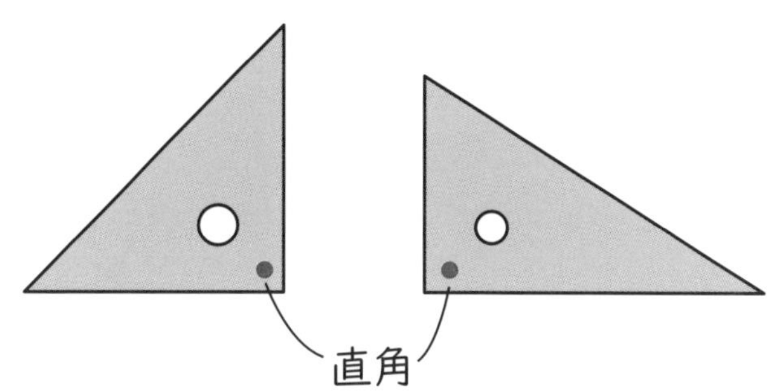

4 ＜直角をさがそう＞

- まどの かど
- ドアの かど
- がようしの かど
- たなの かど
- ノートの かど

⋮

3 三角定規の中の直角を見つけよう

T　今作った直角を，三角定規のかどにあてて調べてみましょう。

C　どちらの三角定規も１つずつありました。

T　直角のところに直角の印のシールを貼りましょう。全員の三角定規を確認する。

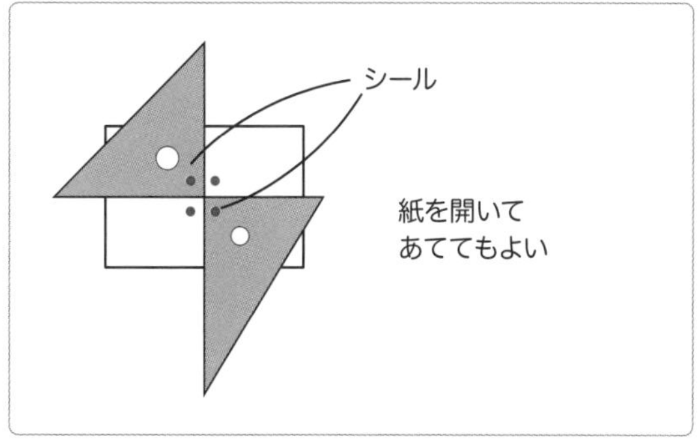

T　三角定規の直角を使って，「直角」を調べることができます。ノートのかどにあててみましょう。

C　ノートの４つのかどは直角でした。

4 三角定規を使って「直角探し」をしよう

T　教室の中や，持ち物の中から，直角を見つけましょう。班に分かれて，三角定規を持って探しに行きましょう。

C　シールを貼ったかどをあててみよう。

C　傾いていても，ぴったり合うから直角だ。

班で見つけた「直角」をノートに書いておきましょう。いくつ見つけられましたか
窓のかど
ドアのかど
棚のかど
ものさしのかど

班で見つけた直角を順番に発表する。教室のものは，教師が三角定規をあてて確かめる。

学習のまとめをする。

第5時

長方形

本時の目標

長方形のかどの形（直角）や，辺の長さなどの構成要素に着目して，長方形の意味や性質を理解する。

板書例

1 直角の 数しらべ

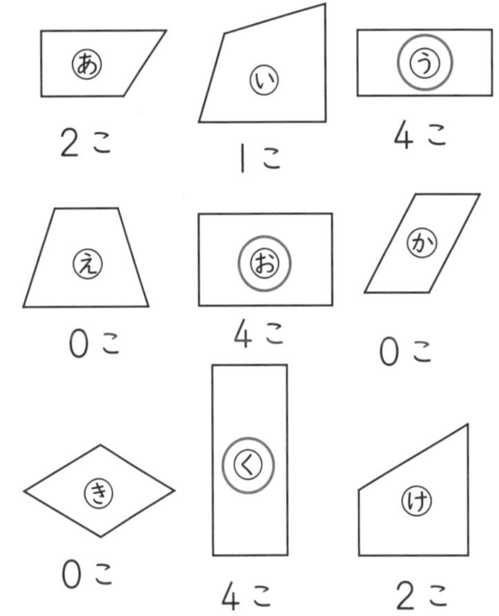

2 直角　4こ　う，お，く

長方形

<教室に ある 長方形>

・本
・ノート
・黒ばん板
・ドア
・まど
・つくえ

POINT 「長方形探し」では，実際には少しかどが丸まっていて，正確には長方形とはいえないものも多数あります。説明をつけ

1 直角の数で仲間分けしよう

ワークシートを使って学習する。

T　あ～けは，何という名前の形ですか。

C　4本の直線で囲まれた形なので，どれも四角形です。

T　あ～けには，それぞれ直角がいくつあるでしょう。直角の数で仲間分けしてみましょう。

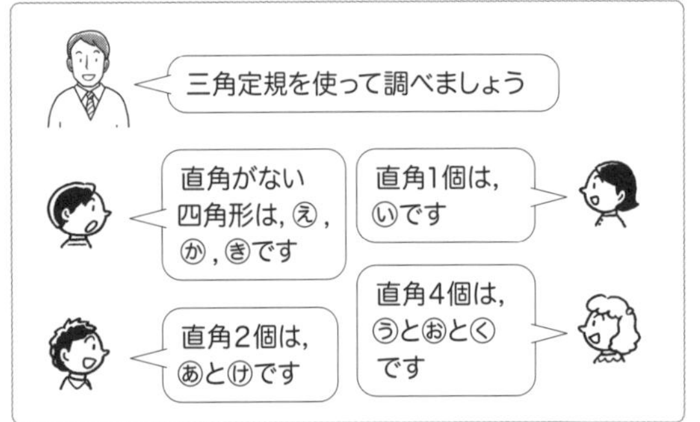

三角定規を使って調べましょう
直角がない四角形は，え，か，きです
直角1個は，いです
直角2個は，あとけです
直角4個は，うとおとくです

C　うとおとくは，4つの全てのかどが直角だね。

C　「ながしかく」の形をしているね。

2 長方形を見つけよう

T　う，お，くのように，かどがみんな直角になっている四角形を「長方形」といいます。

T　教室の中にも長方形がたくさんあります。探してみましょう。長方形の形をしたものでよい。

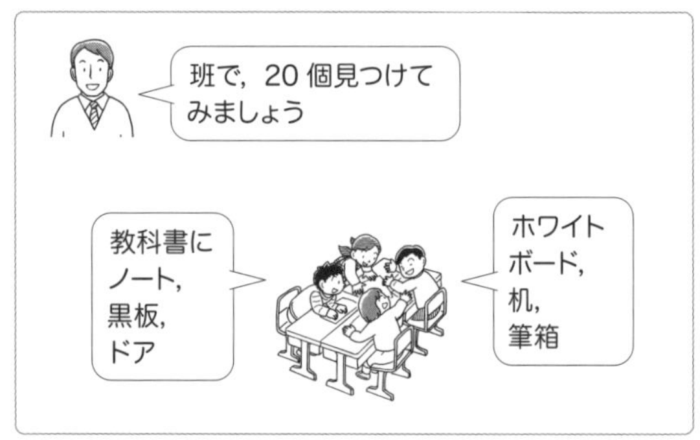

班で，20個見つけてみましょう
教科書に
ノート，
黒板，
ドア
ホワイトボード，
机，
筆箱

班で見つけたものを順番に発表する。

T　家にも長方形がたくさんあります。見つけた長方形を（タブレット等で）撮影して，みんなに紹介しましょう。

準備物
・三角定規（教師用・児童用）
・長方形の紙
QR ワークシート
QR ふりかえりシート

ICT
図形の画像を思考ツール「Xチャート」「Yチャート」を使用して仲間ごとに分類すれば，児童は長方形の特徴を理解しやすくなる。

3

長方形の へんの 長（なが）さ

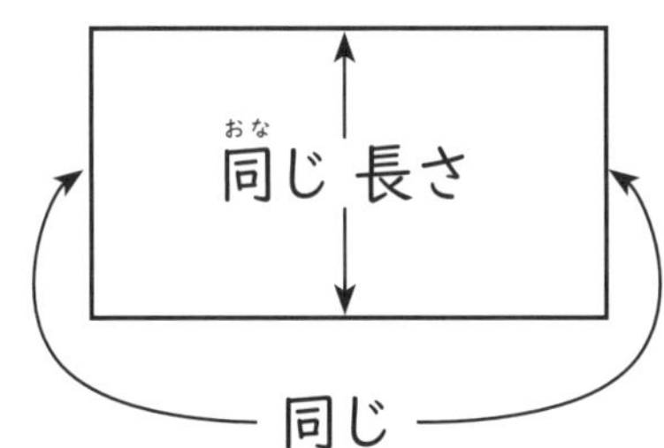

おって たしかめよう

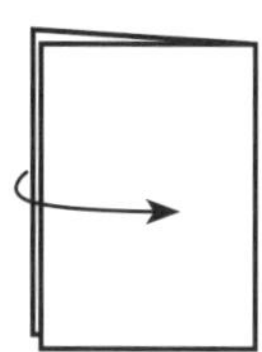

むかい合（あ）って いる
へんの 長さは 同じ

4

4つの かどが，みんな 直角に なって いる
四角形を 長方形と いいます。

足しておくといいでしょう。

3 長方形の辺の長さを調べよう

大きさの違う何種類かの長方形の紙を人数分準備する。

T　みんなに長方形を配ります。かどがみんな直角になっていますね。三角定規で確認する。

T　長さが同じ辺があるか調べてみましょう。

C　ものさしで長さを測ったらいいよ。

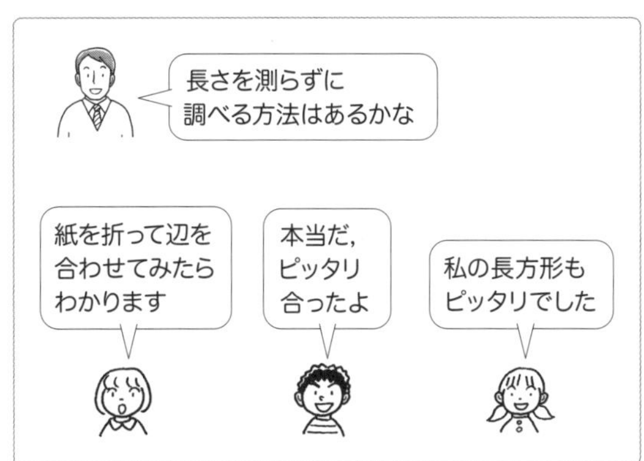

長さを測らずに
調べる方法はあるかな
紙を折って辺を
合わせてみたら
わかります
本当だ，
ピッタリ
合ったよ
私の長方形も
ピッタリでした

長方形の向かい合っている辺の長さが同じであることを説明する。また，大きさの違う長方形でも確かめる。

4 長方形を見つけよう。長方形ではない理由を説明しよう

T　㋐と㋓は，どうして長方形だといえないのですか。

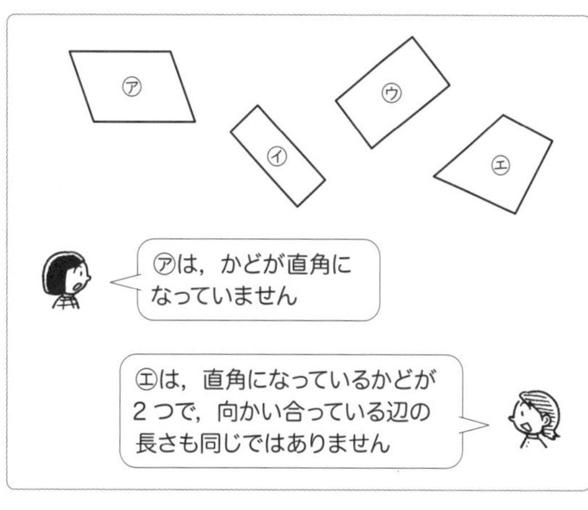

㋐
㋑
㋒
㋓
㋐は，かどが直角に
なっていません
㋓は，直角になっているかどが
2つで，向かい合っている辺の
長さも同じではありません

C　長方形は，㋑と㋒です。

T　直角のところに印をつけて確かめましょう。

長方形の定義や性質である，かどの形や辺の長さに着目して，自分の言葉で説明できるとよい。

学習のまとめをする。ふりかえりシートを活用する。

第 6 時

正方形

本時の目標　辺の長さなど，正方形の構成要素に着目して，正方形の意味や性質を理解する。

板書例

おり紙の 形を しらべよう

1

正方形

長方形と くらべる

・かどが みんな 直角
・4 つの へんの 長さが みんな 同じ

・かどが みんな 直角
・むかい合って いる へんの 長さが同じ

2

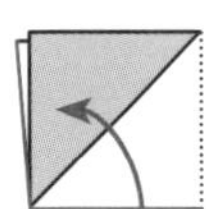

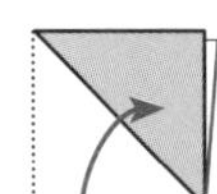

POINT　正方形の辺の長さが全て等しいということを，実際に折り紙の辺と辺を合わせる作業を通して確かめることが大切です。

1 折り紙の形を調べよう

折り紙を児童に配る。

T　この折り紙の形を「正方形」といいます。

C　真四角の形だね。

T　長方形と比べて，同じところはありますか。また，違うところはどこでしょう。

C　長方形は，4 つのかどがみんな直角で，向かい合っている辺の長さが同じ四角形だったね。

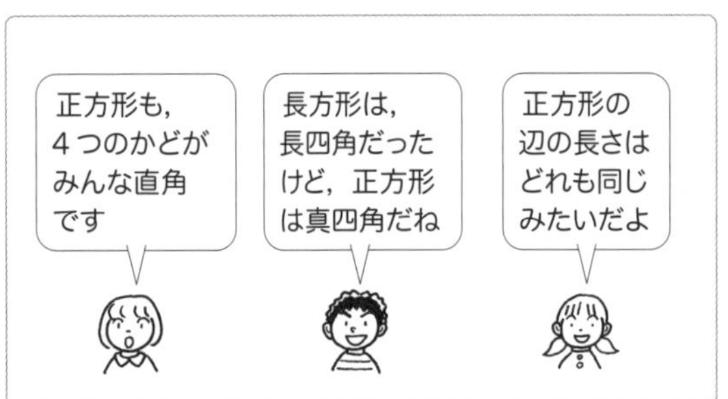

正方形も，4 つのかどがみんな直角です
長方形は，長四角だったけど，正方形は真四角だね
正方形の辺の長さはどれも同じみたいだよ

三角定規で直角を確かめる。

2 正方形の辺の長さを調べよう

T　正方形の 4 つの辺の長さが同じかどうか，折り紙を折って調べましょう。

各自で調べる時間を少し取った後，全体で確かめる。

向かい合っている辺は，折るとピッタリ合ったから同じ長さです
下の辺を右と左の辺にも合わせてみました。ピッタリ合いました
4 つの辺の長さはみんな同じでした

T　正方形は，どんな四角形といえますか。

C　4 つのかどがみんな直角です。

C　4 つの辺の長さがみんな同じです。

C　長方形との違いは，辺の長さです。

準備物	・色紙　・三角定規 ・はさみ　・長方形の紙 QR ワークシート QR ふりかえりシート

ICT	身のまわりから正方形を見つけたら，タブレットで撮影し，全体交流すると，児童は正方形の特徴を理解しやすくなる。

3

<長方形から 正方形を つくる>

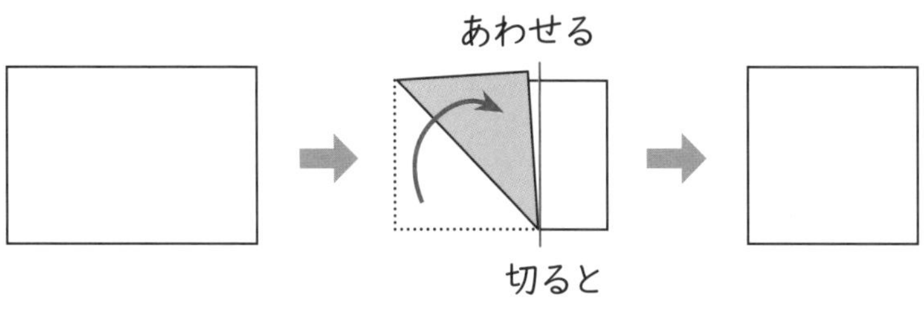

4

4つの かどが みんな 直角で，
4つの へんの 長さが みんな 同じに なって いる
四角形(しかくけい)を 正方形と いいます。

調べる方法も子どもたちから考えが出てくるようにします。

3 長方形から正方形を作ってみよう

長方形の紙を児童に配る。

T　ものさしを使わずに，長方形から正方形を作れないでしょうか。

C　正方形は4つの辺の長さが同じだから，辺の長さを，長方形の短い長さに合わせたらいいのかな。

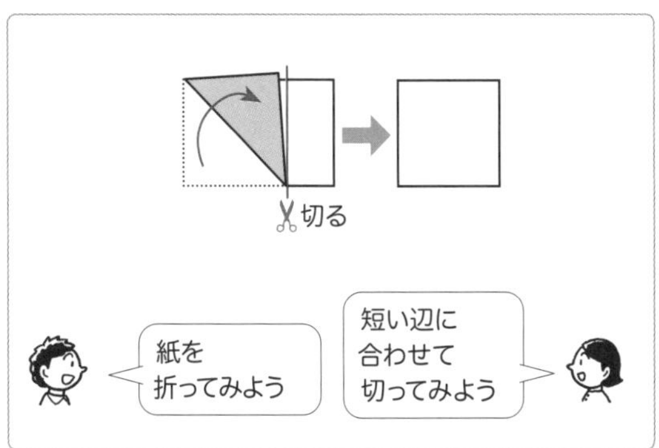

切る
紙を
折ってみよう
短い辺に
合わせて
切ってみよう

作り方を教えてしまうと簡単だが，試行錯誤して自力で発見することが大切である。

できた正方形を隣同士などで重ね合わせて確かめる。

4 正方形を見つけよう

ワークシートを使って学習する。

ここでも，見た目だけで答えるのではなく，正方形の定義をもとにして，「直角」や「辺の長さ」という言葉を使って説明できるようにする。

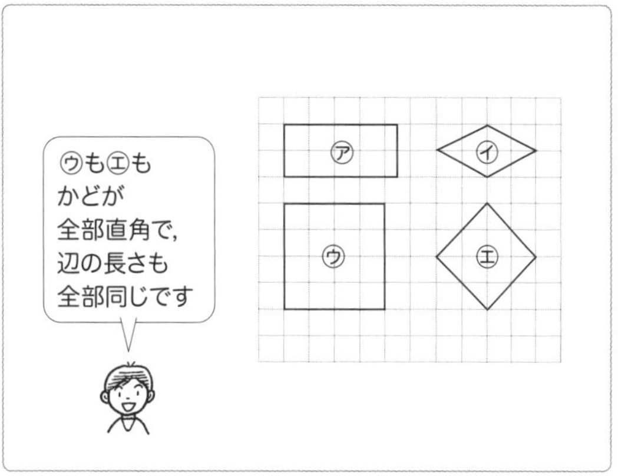

㋒も㋓も
かどが
全部直角で，
辺の長さも
全部同じです
㋐
㋑
㋒
㋓

三角定規やものさしを使って確認する。

㋐や㋑が正方形とはいえない理由が説明できることを大切にする。

学習のまとめをする。ふりかえりシートを活用する。

第 7·8 時

直角三角形

本時の目標 長方形や正方形を切って直角三角形を作り，1つのかどが直角になっている三角形を直角三角形と理解する。

板書例

正方形や 長方形から 三角形を つくろう

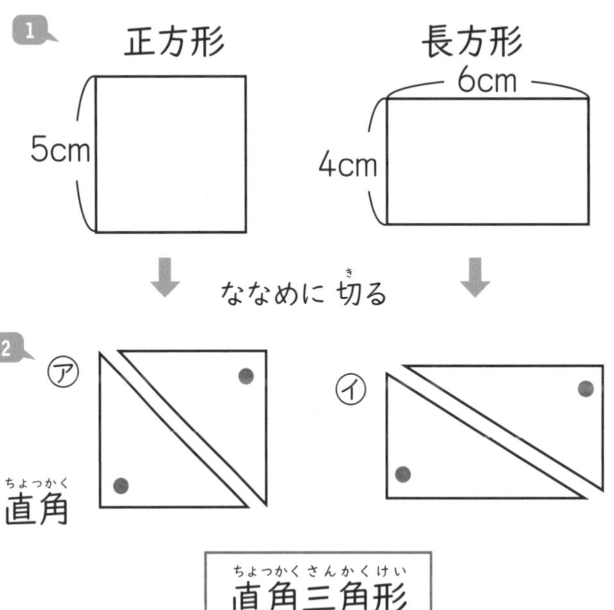

直角の かどが ある
三角形を
直角三角形と
いいます。

POINT 操作活動を中心に進めます。実際に切ったり，動かしたり，組み合わせたりすることで，いろいろな発見があるでしょう。

1 正方形と長方形をかこう

1cm 方眼の工作用紙（正方形，長方形ともに1辺の長さをかいておく）を児童に配る。

T　1つの辺の長さが 5cm の正方形をかきましょう。

C　正方形は，4つの辺の長さがみんな同じだから，残りの3つの辺も 5cm にしたらいいね。

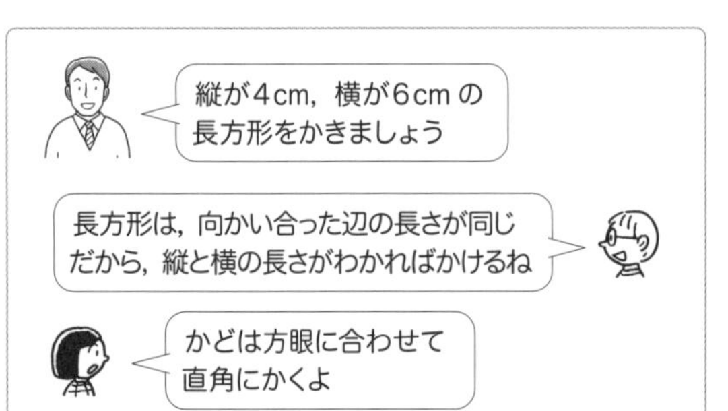

これまでの学習から，正方形は1辺の長さ，長方形は隣り合う2辺の長さがわかればかけることに気づかせる。

T　きちんと直線で囲まれた四角形になっていますか。かどは直角になっていますか。

2 正方形と長方形に斜めの線を入れて切ってみよう

教師が見本を見せ，黒板に貼る。

C　どちらも同じ形の三角形が2つずつできました。

T　㋐と㋑の三角形は，形が違うけれど同じところがあります。

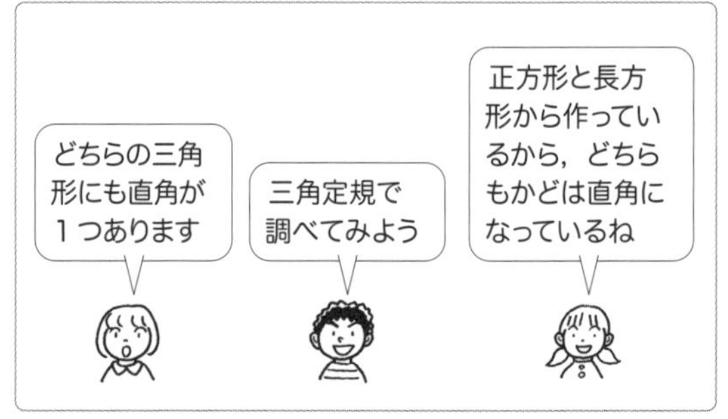

どちらの三角形にも直角が1つあります
三角定規で調べてみよう
正方形と長方形から作っているから，どちらもかどは直角になっているね

T　このように，1つのかどが直角になっている三角形を直角三角形といいます。

C　三角定規はどちらも直角があるので，直角三角形といえるね。

準備物
・1cm 方眼工作用紙　・はさみ
・三角定規（教師用・児童用）
QR ワークシート
QR ふりかえりシート

ICT
同じ直角三角形を2つ使ってできた形をタブレットで撮影し，全体交流すると直角三角形の特徴を理解しやすくなる。

3

あ　い　う　え　お

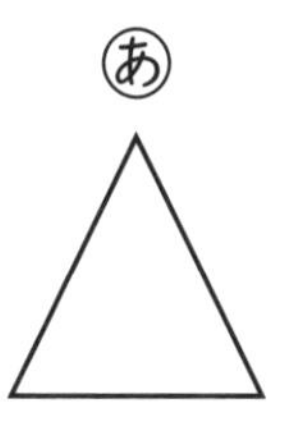

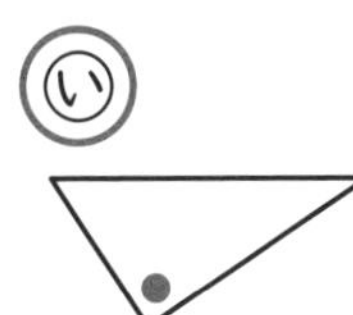

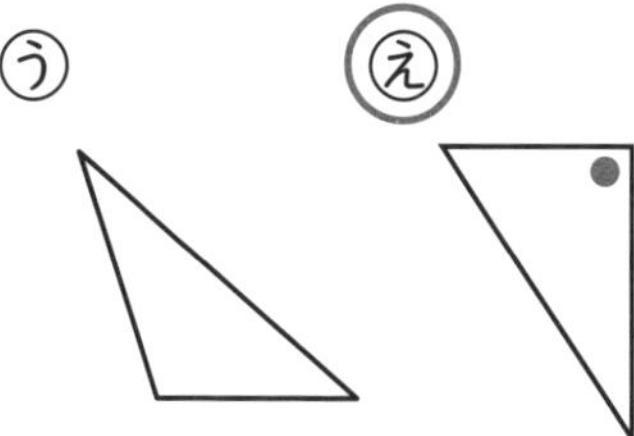

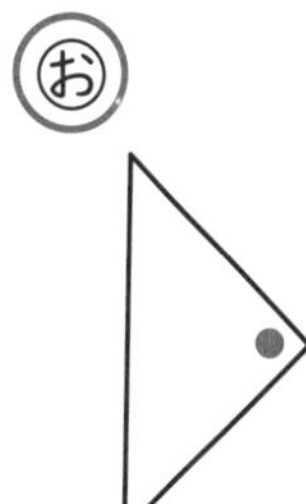

4

<いろいろな 形（かたち）を つくろう>

ア　イ

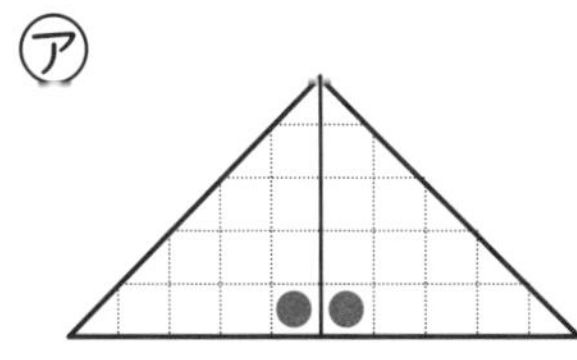

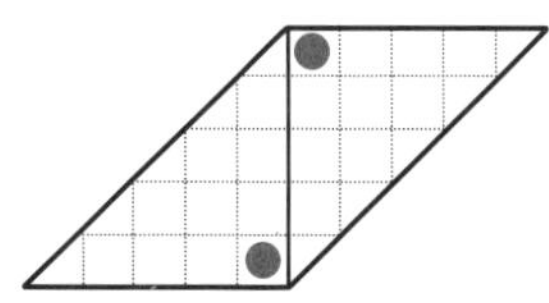

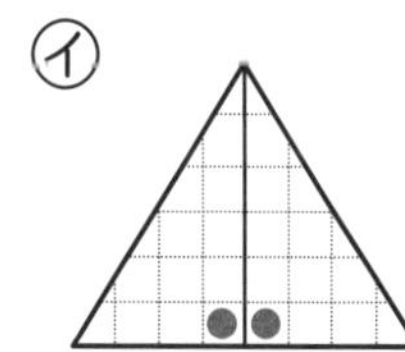

※ 児童が作った形を紹介する。

3 直角三角形を見つけよう 直角三角形をかいてみよう

ワークシートを使って学習する。

直角三角形は右のように提示されることが多い。三角形の向きが変わると，どこが直角かわからなくなる児童も多い。

工作用紙などで直角三角形を作り，自由に動かしていろいろな向きから直角三角形を見るようにするとよい。

直角三角形の作図をする。はじめは，底辺がかかれているもので練習をする。ふりかえりシートを活用して，正方形，長方形，直角三角形の作図に取り組む。

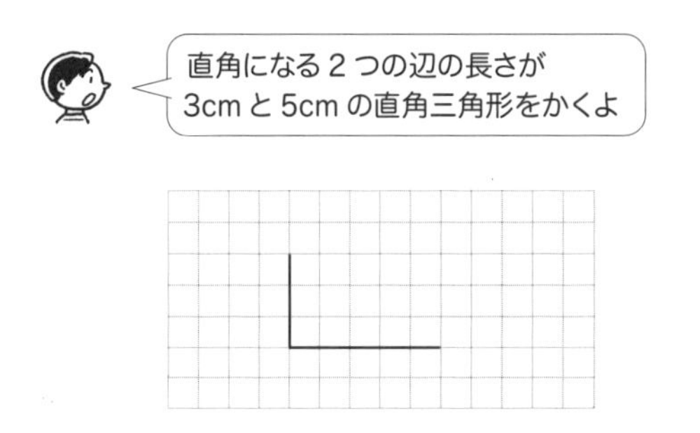

4 同じ直角三角形を2つ使って，いろいろな形を作ってみよう

ペアやグループで，展開2で作った直角三角形を使って形作りをする。

T　㋐（正方形からできた直角三角形）を使って，どんな形ができましたか。

大きな直角三角形ができました
斜めになった四角形もできました
もとの形の正方形もできるね

㋑（長方形からできた直角三角形）からできる形も確かめる。

学習のまとめをする。ふりかえりシートを活用する。

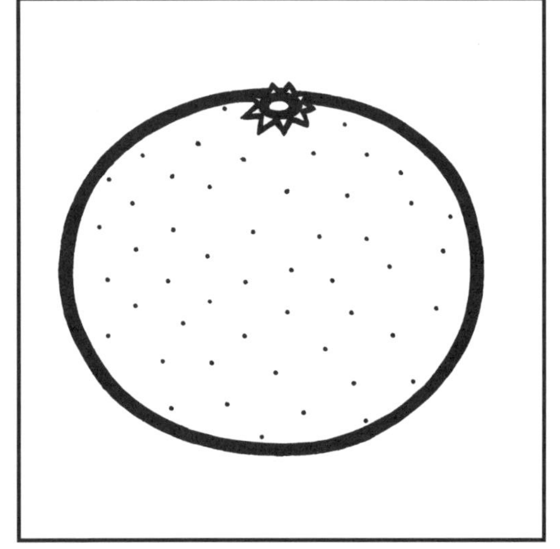

【企画・編集】
原田 善造　　わかる喜び学ぶ楽しさを創造する教育研究所　著作研究責任者
新川 雄也　　元愛媛県公立小学校教諭

【ICT 欄執筆】
田中 稔也　　神戸市立小寺小学校教諭
南山 拓也　　西宮市立南甲子園小学校教諭　　※ 2024 年 3 月現在

旧版『喜楽研の DVD つき授業シリーズ 新版 全授業の板書例と展開がわかる
DVD からすぐ使える　映像で見せられる　まるごと授業算数 2 年』（2020 年刊）

【監修者・著者】
石原 清貴　板垣 賢二　市川 良　新川 雄也　原田 善造　福田 純一　和気 政司

【授業動画】
石原 清貴

【発行にあたりご指導・ご助言を頂いた先生】
大谷 陽子

喜楽研の QR コードつき授業シリーズ
改訂新版　板書と授業展開がよくわかる
まるごと授業　算数　2 年（上）

2024 年 3 月 15 日　第 1 刷発行

イ ラ ス ト：山口 亜耶
企画・編集：原田 善造　新川 雄也（他 5 名）
編　　　集：わかる喜び学ぶ楽しさを創造する教育研究所　桂 真紀

発　行　者：岸本 なおこ
発　行　所：喜楽研（わかる喜び学ぶ楽しさを創造する教育研究所：略称）
〒 604-0854　京都府京都市中京区二条通東洞院西入仁王門町 26 - 1
TEL 075-213-7701　FAX 075-213-7706
HP https://www.kirakuken.co.jp
印　　　刷：株式会社イチダ写真製版

ISBN：978-4-86277-454-5　　Printed in Japan